中国气质·大宅第

顾问

阮仪三　程泰宁

主编

戴志康

执行主编

郜晓琴

文匯出版社

序一

宅为居之器，居承生活之理。古人崇天循礼，天人合一，建屋造宅，安居生息，求安避患，遮雨隔热，筑墙盖顶，四维封闭。自“穴”而“室”、而“家”，而“广”、而“厦”、而“宫”，设院子、置天井，合院为屋，上通天，下接地。偌大中国，东南西北，汉唐以降，上下千年，北方四合院，南方厅堂式，徽州四水归堂，云滇一颗印，三合一照壁，四合五天井，无不合院成宅，围而不隔，厅堂楼榭，廊庑院落，隔而不断，内外相通，秉天接地。熙熙家居，融融天地，此诚为中国宅居之精粹。惜数亿古屋承世事巨变，于今仅万余可保；叹今日建筑纳各国风潮，“欧陆”竟触目遍野。凡此种种，或技术进步乎？或疏典忘祖乎？此不惑乎？

中国建筑之传统博大精深，中国宅居之流承艰辛珍惜，沧桑变迁，今日可见者惟清、民国居多，唐、宋、辽、金仅山西或见。老宅古屋，蕴含珠玑；文化名城，纳风藏气，保护之道，至为重要。止乎欣赏？仅作旅游？实属管见蠡测。余数十年奔走呼号，虽沧海仅拾一粟，亦冀此为中国传统不灭之遗存，留之后世，诚为之师。住宅木构为筑，柱梁檩枋，卯榫拱替，构造独创，异乎西洋，百千年来，抗震减灾，呵护国民，君不见丽江古城，遭遇地震（7级）而房舍依存，实木构奏其功，后一举入世遗名录，此非国人之荣耀乎？

盖世界各有建筑不同，与其文化源流符合若节。汉民族尊卑有序，男女有别，亲疏有分，则四合院有主间、次间、四合、两厢、倒座；中国人讲“天人合一”，则有天井、庭院、园林，乃至叠山理水、借景对景，更以文人画意与诗情为营构之旨。“君到姑苏见，家家尽枕河”，“四面荷花三面柳”，“留得残荷听雨声”，“与谁同坐？明月清风我”。中国城市自周以降，则有左祖右社，前朝后市，左文右武，左双右单，左衙右府。天人感应，天人合一，集山川河脉、地理形势、人居生息于一隅，与其地域、民族、习俗经千年流转，聚“精神”、凝“情结”，文脉与人情俱集。

虽时代进步，历史文化源流仍在，幸有诸建筑名家，奋力以当代精神重新解读建筑传统，亦以中国传统精神贯注于其建筑实践中，实为构筑今日“中国”当代建筑之先驱者与实践者。其理念与作品巍然矗立，直指当下，亦可为当时之世提供有益之思考，乃至启发未来，诚为此书编撰诸君之初衷也。

此书略从沧浪亭起述，南至粤南，北至晋中，西至蜀西，东至浙东，穷半年之力劳车舟畏途，实地踏察，考证历史，收摄民风；更遍访名家，求教追诘，搜寻爬剔，念兹在兹，率成书稿，亦成大观。甚可嘉许，为之序。

阮仪三

2006年10月

Preface I

Living is part of our way of life, and houses are where we live. In the antiquity, people worshiped heaven and observed the rites out of their belief in union of heaven and the human being. They built houses and rooms to live in and to protect themselves from danger. The walls and roofs form an enclosure that provides shelter from rain and insulation from heat and chill. Walking out of caves into houses, and moving from houses to halls, buildings and palaces, people developed the courtyards and dooryards, around which houses are built. Living inside, they could extend their view to the horizon and up into the sky. Throughout the vast land of China, stretching from east to west, extending from north to south, for more than ten centuries since the Tang dynasty, the siheyuan (courtyards) have dominated the northern landscape, while the hall structure has featured the southern provinces. The si-shui-gui-tang architecture (lit. rainwater from four roofs meeting in the inner yard) in Huizhou and the yikeyin (the seal-like compound) in Yunnan province provided two alternative styles.

All of these, however, have one thing in common: houses are combined into courtyards. Each house stands independent yet not separated from neighboring ones, and the inner yard can be accessed from the outside. The roofs of adjacent wings match each other, while their platforms stay connected on the ground. Several households live together to form a friendly little community. This is the very spirit of traditional Chinese housing. Unfortunately, millions of ancient houses have suffered damages and turned into ruins, only about ten thousand have survived the wars, quakes and social changes. Modern architecture exhibits a surprisingly wide variety with different cultural backgrounds. Continental European style buildings can be found almost everywhere. However, a question arises here: Is this technological advancement, or merely forgetting our own origin and indigenous culture?

China has a rich and glorious architectural heritage. The evolution of Chinese residence building is a history of struggles between ruining and protection, while ideas and styles undergoing fundamental and swift changes. Today, most extant historic buildings were handed down from the Manchu-Qing (1644-1911) and Republican era (1912-1949), while only a few in Shanxi province were identified to be erected in the Tang (618-907), Song (960-1127), Khitai-Liao (907-1125) and Jurchen-Jin (1115-1234) dynasties. These historic buildings and old houses are jewels of classical architecture. They appear at renowned historic sites and in cultural towns, reminiscent of the lost old days and forgotten customs. The importance of protecting them cannot be over-emphasized. Are they only tourist attractions for sight seeing? Such views are as shortsighted as measuring the sea with mussel shells. For decades I have been appealing to government institutions and promoting public awareness for protecting historic buildings. I hope my personal efforts contribute to the cause of protecting our tradition for the future generations so that they can learn from these living examples. Chinese housing buildings have long been characterized by a unique wooden structure, with columns, crossbeams, purlins and bars jointed by rivets, rabbets, arches and brackets. It is drastically different from what is found in Western buildings. Such a structure has been adopted for thousands of years for its proven earthquake resistance; it provides security and protection for the people living inside. If you travel to the old town of Lijiang, Yunnan, you will be amazed by the fact that those old houses have survived a recent Richter 7 quake owing to their wooden structure. All of us are greatly honoured to know that the old town has now been recognized as a World Heritage Site.

Despite differences in many ways, buildings in different parts of the world exhibit, with rare exception, a clear relation with their cultural backgrounds. The Han Chinese valued a harmonious social order and morality between family members. Therefore, a siheyuan typically comprises a main building or mansion, a secondary building for unmarried daughters, a quadrangle area, two side chambers, and a southern row in the front. The Chinese people also believed that the human world should mirror heavenly grace; thus, there should be dooryards, courtyard, gardens and even man-made landscape with hills and rivulets. The courtyard or garden may be built in the picturesque images and poetic beauty in an artist's mind. "If you come to Suzhou, you will see every gable facing the river." "Lotus blossom in four corners; willow trees stand on three low banks." "Wind-beaten lotus listen raindrops falling in the pond." "Who is sitting beside? The moon, the evening breeze, and myself."

Cities and towns have emerged throughout the country since the Zhou era (11 c. BC), with ancestral temples on the left and Land God temples on the right, court buildings in the front and markets in the back. Civilian officials stood on the left, military generals on the right. Similarly, left hand side denotes even numbers and right hand side represents odd numbers. Government officials had their mansions erected with offices on the left and residence houses on the right. Since the human world was believed to bear the mandate as well as the image of heaven, cities were founded beside mountains and along rivers, their geographical locations making them strategic points. People with different ethnic backgrounds and distinct beliefs and customs flocked into the same corner of the country and made their homes there. The cities and towns became centres of culture as well as people's daily life as they built up their own local identity, regional character and love for the land.

It is important to go back to the origin of our history and culture as time progresses. Generations of prominent architects and scholars had made great efforts in re-interpreting our architectural heritage from a modern perspective in order to realize the spirit of classical architecture in their career. They were pioneers of contemporary "Chinese" architecture. Standing upright along the city skyline, their works, together with their ideas, still constitute the guidelines for today's practice. Their notions are inspiring today and illuminating for future generations. The editors of this book believe this is the very objective of this publication.

For the sake of brevity, this book begins with an account of the Canglang Pavilion. The geographical distribution of the source materials ranges from south Guangdong to middle Shanxi, and spans from west Sichuan to Zhejiang's Pacific coast. The authors spent half a year trekking around the country surveying each site, verifying historical records, taking notes and pictures of the daily life local people. The team also visited most prominent scholars and experts in this field, challenging them with questions concerning every detail that could be valuable. Information from different sources was critically reviewed to eliminate factual errors. Months of dedicated study have resulted in this volume, which provides a general picture of the art. This preface is written in appreciation of their excellent work.

Yisan Ruan
Shanghai
October, 2006.

序二

住宅作为文化，本质就是要为人们的生活提供依归。现在很多住宅千篇一律，更要紧的是已经偏离了主旨。这个时候，“回归本原，继承传统”，成为我所关注的一个话题。

从国内很多的城市来看，到处高楼林立，充斥着钢筋水泥，人们以为这些就是西方现代文明的象征和高档生活的再版，但是我发现巴黎、米兰、伦敦等国际化大都市的生活并非是我们今天这样。后来我去了周庄、西塘、丽江等古镇，那里小桥流水，诗情画意，古朴的民风，和睦的邻里，时时处处弥漫着浓厚的文化底蕴和历史沉淀。我不禁想改变现在这种已经异化的生活，希望能够渗透和融入一些古人留下的传统文化和精神元素，从而给现代人们的生活带来更多的梦想和甜蜜的回忆。

不仅如此，我还认为对传统文化的尊重、追寻和继承的意旨也应该融入和渗透到当代的的实践当中。证大在浦东和矶崎新、严迅奇等建筑师共同建造的“九间堂别墅”，是希望在汲取中式宅院精华的基础上还能有所创新，同时又不脱离中国传统的社会民俗。文化是一种生活的方式，我看到国外的社区都有教堂、博物馆，就像中国传统生活中有祠堂、庙宇和会馆一样，它们是民众精神的归宿。“证大喜玛拉雅中心”项目是我的一个梦想，我希望她成为一个能够唤起传统记忆的现代精神场所，能像艺术品一样永久伫立在上海滩。

出版这样一本《中国气质：大宅第》，我们的意愿，是想尝试对中国传统的住宅文化做一个综合梳理，同时也使中国气质在当代建筑中的实践有所呈现，但愿能够对建筑界和各方人士有所启发和帮助。

我相信中国文化的底蕴本身就是一笔无可比拟的财富，但是在当今的资本时代，中国文化的潜在价值还有待开掘。这个事业不仅是文化人的责任，我们商人也应视为已任。

戴志康

2006 年 10 月

Preface II

The cultural significance of housing is that is provides a home for people to live. Unfortunately, the problem with many residence buildings in today's time lies more in the deviation from their intended functions than their uniform look. Therefore, returning to tradition by going back to its root has become one of my favorite topics.

Many cities and towns in our country look like a jungle of highrise buildings and concrete blocks. Some people think this is a symbol of modern civilization and affluent life. However, when I went to internaional metropolises like Paris, Milan and London, I found they were substantially different from the cities we are living in. More recently, I visited the old towns of Zhouzhuang, Xitang and Lijiang, I was amazed by the small bridges on the babbling rivers, the pastoral landscape full of poetic charm, and the artless warm-hearted people in the friendly neighborhood. One can feel a rich cultural heritage like a dense historic deposition. It made me dream about a departure from a long-alienated life, an imersion in our cultural tradition and a whole-hearted embrace of its spiritual elements that are handed down to us. They bring new dreams and sweet memories to our modern life.

I also believe that our respect to traditional culture and determination to actively pursue and develop it should become an indispensable part of our daily life. The Mandarin Palace project jointly masterminded by Arata Isozaki and Xunqi Yan, developed by Zendai at Pudong, proves to be a successful effort to bring innovations to the essence of Chinese traditional housing without departing from the social customs and values of the Chinese people. Culture is a way of life. This is particularly true when we look at the churches and museums in a foreign community, or the ancestral shrines, Buddhist and Taoist temples and clan assembly halls in a tradntional Chinese society. These are the ultimate spiritual homes of the people. The Zendai Himalayas Center project helps me make my dreams come true. I wish it could become a special place that can awaken our memory of traditional culture. I hope it can add lustre to Shanghai's urban landscape as a piece of artwork.

By publishing the Chinese Taste: Large Residence Buildings, we wish to offer a roadmap to the kingdom of Chinese traditional housing culture, to provide examples illustrating Chinese taste in contemporary architecture, and to inspire more people in the construction industry brainstorm their own projects.

Chinese culture is an unparalleled gold mine that is worth further digging to unveil its true value, especially in this age of capital. It is not the exclusive responsibility of artists and scholars, but also the duty of business people including myself.

Zhikang Dai
Shanghai
October, 2006.

目录

Table of Contents

上卷 天人合一——中国传统大宅第

Part I: Dwelling in Heavenly Order: Traditional Residence Buildings in China

下卷　现代实践 ——当代建筑名家访谈录

Part II: Chinese Taste And Its Modern Practice: Interviews with Prominent Contemporary Architects and Scholars of Architecture

附录
Appendices

上卷

天人合一——中国传统大宅第

沧浪之水其清兮

苏州沧浪亭

就功能而言，苏州园林大概可分为宅地园林、寺庙园林和公共园林，而历史最久的沧浪亭，则于此三项都先后担任过。沧浪亭在苏州城南三元坊附近，五代时，广陵王钱元璙好治园圃，他的近戚吴军节度使孙承祐便在此一带积山潴水，创池馆别业，后来却荒芜了。到了北宋，庆历四年（1044年），诗人苏舜钦因遭贬谪，南游吴中，以四万钱买下这废别墅，临水建园，名沧浪亭。南宋绍兴初，沧浪亭被韩世忠占为蕲王府（俗称韩家园），进一步扩建，规模很大。到了元代，原为宅园的沧浪亭逐步变为僧居庵院，元延祐元年（1314年），沧浪亭成了妙隐庵，在其东侧，又建大云庵（一名结草庵）。明洪武二十四年（1391年），此两庵列入南禅寺。嘉靖十三年（1534年），这地方被改筑成韩蕲王祠。嘉靖二十五年（1546年），僧文瑛复建沧浪亭。清初，沧浪亭建为苏公祠。康熙三十四年（1695年），巡抚宋荦修复又已荒废的沧浪亭，移亭土阜之上，以文徵明隶书“沧浪亭”为额，并建轩、廊等建筑，临池造石桥作为入口，成为沧浪亭现在的布局基础。道光七年（1872年）再修，巡抚陶澍于园之隙地建五百名贤祠。咸丰十年（1860年），沧浪亭毁于兵火。

今日所见之沧浪亭，有赖同治十二年（1873年）巡抚张树声的再度重修之功，除亭址仍旧，其余改变很多，增筑了明道堂、瑶华境界、闻妙香室、印心石屋、看山楼、名贤祠，临水建面水轩、藕花水榭。光绪年间，沧浪亭复为僧居。民国初，园内设吴县修志局。民国十六年（1927年），颜文梁受公益局之聘，任沧浪亭保管，创议修复，吴子深捐款五万，恢复同治年间旧观。修复后，沧浪亭设为美术馆，后改为苏州美术专科学校。民国二十一年（1932年），苏州美专在园东建希腊柱廊式新校舍，建筑风格与沧浪亭对比鲜明。1953年全面整修。文化大革命期间，沧浪亭园中陈设和砖雕等受损，园名一度改作“工农兵公园”，1967年起闭园四年，设为中医诊所，同时，园南建多层楼房，令观山楼被挡，无山可观。1978年，沧浪亭整修，恢复。

→ 建于“真山林”之上飞檐凌空的沧浪亭。文衡山文徵明的隶书“沧浪亭”已不存，现在的亭额“沧浪亭”，为俞樾所书。“沧浪亭”面北石柱上的一副对联，也是他的笔迹：“清风明月本无价，近水远山皆有情”。上联出自欧阳修《沧浪亭》诗，下联则为苏舜钦《过苏州》诗中句。此妙联，是在清嘉庆年间对沧浪亭的又一次修复时，由当时的江苏巡抚、楹联大师梁章钜集得。或许，此联最能为沧浪亭写意。

滄浪亭
清風明月本無價
近水遠山皆有情

浩歌仰啸苏人轻

在近千年的历史里，沧浪亭多次荒芜损毁而又修复再筑，且屡易其主，在里面呆得更久一些的倒是那些僧侣。然而，作为其创始者，苏舜钦的人格力量和诗歌精神却于其间持续不断，尽管，这位诗人在修建和命名此园以后短短四年，就逝去了。

从一般词典，可查到他的简介：苏舜钦（1008—1048），字子美，开封人，北宋文学家、书法家，有《苏学士文集》传世。

明何良俊《四友斋丛说》 书中有云："苏子美豪放不羁，好饮酒，在外舅杜祁公家，每夕读书，以五斗为率。公深以为疑，使子弟密觇之。闻子美读《汉书·张良传》，至良与客狙击秦始皇误中副车，抚掌曰，惜乎击之不中，遂引满一大白；又读至良曰始臣起下邳与上会于留，此天以与陛下，又抚掌曰，君臣相遇，其难如此，复举一大白。公闻之大笑曰，有如此下酒物，一斗不足多也。"

就像《宋史·苏舜钦传》所言："舜钦少慷慨有大志，"为官后曾一再直接上疏皇帝，其性格刚强，胸怀磊落，秉正直言，敢于犯颜。据说他曾弹劾宰相，议政论军，指责时弊，为民请命。欧阳修在为其所撰的墓志铭里说他"官于京师，位虽卑……敢道人之所难言"。

苏舜钦更为引人注目的方面，则在于他那北宋诗文革新运动的倡导者身份。叶燮《原诗》谓："开宋诗一代之面目者，始于梅尧臣、苏舜钦二人。"苏舜钦继承唐韩愈、柳宗原的古文运动，以实乃另一种形式主义的复古主义去反对当时雕章丽句的形式主义文风。如此人物，当然易于竖敌，何况作为政治革新派之一员，保守派是其顽强的对立面。果然，据《宋史·苏舜钦传》：

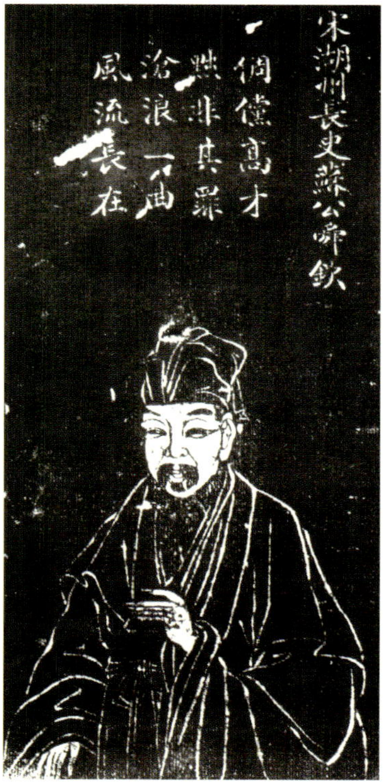

↑ 上图：《沧浪亭图》石刻。

↑ 下图：《沧浪补柳图》石刻。

← 沧浪亭"五百名贤祠"中苏舜钦石刻像。

舜钦娶宰相杜衍女，衍时与仲淹、富弼在政府，多引用一时闻人，欲更张庶事。御史中丞王拱辰等不便其所为。会进奏院祠神，舜钦与右班殿直刘巽辄用鬻故纸公钱召妓乐，间夕会宾客。拱辰廉得之，讽其属鱼周询等劾奏，因欲摇动衍。事下开封府劾治，于是舜钦与巽俱坐自盗除名。同时会者皆知名士，因缘得罪逐出四方者十余人。世以为过薄，而拱辰等方自喜曰："吾一举网尽矣。"

带点儿幽默和讽刺意味的是，对方说"一举网尽"，被罗织于罪网的苏舜钦却反倒自比起渔父来了。削职为民的苏舜钦那年36岁，于是南游，到苏州一带流连。选择苏州的前因，或许是他做官时有一次去越地，曾经过苏州，那时写下的《过苏州》诗里说："绿杨白鹭俱自得，近水远山皆有情。万物盛衰天意在，一身羁苦苏人轻。"所以，当其摆脱了为官的"羁苦"，便一心要想要"苏人轻"一回了。而沧浪亭的出现，正由于苏舜钦此一念头。这在他的《沧浪亭记》里交代得清楚：

予以罪废，无所归。扁舟吴中，始僦舍以处。时盛夏蒸燠，土居皆褊狭，不能出气，思得高爽虚辟之地，以舒所怀，不可得也。一日过郡学，东顾草树郁然，崇阜广水，不类乎城中。并水得微径于杂花修竹之间。东趋数百步，有弃地，纵广合五六十寻，三向皆水也。杠之南，其地益阔，旁无民居，左右皆林木相亏蔽。访诸旧老，云钱氏有国，近戚孙承祐之池馆也。坳隆胜势，遗意尚存。予爱而徘徊，遂以钱四万得之，构亭北碕，号"沧浪"焉。

苏舜钦当时处境虽跟《史记》所述屈大夫"正道直行，竭忠尽智，以事其君，谗人间之，可谓穷矣"相仿佛，其态度，却更愿意如渔夫般"避世隐身，钓鱼江滨，欣然自乐"（王逸《楚辞章句》）。其理由，在那篇《沧浪亭记》里也有说明：

噫！人固动物耳。情横于内而性伏，必外寓于物而后遣。寓久则溺，以为当然。非胜是而易之，则悲而不开。惟仕宦溺人为至深。古之才哲君子，有一失而至于死者多矣，是未知所以自胜之道。予既废而获斯境，安于冲旷，不与众驱，因之复能乎内外失得之源，沃然有得，笑闵万古。尚未能忘其所寓目，用是以为胜焉！

筑沧浪亭后，苏舜钦自号"沧浪翁"，似乎悟得了"随缘任运"的人生之道，从此"与风月为相宜"或"扁舟急桨，撇浪载鲈还"，仿佛做一名渔父，方觉"迹与豺狼远，心随鱼鸟闲"，避世隐居，似乎找到了归宿。他的沧浪亭"前竹后水，水之阳又竹，无穷极。澄川翠干，光影会合于轩户之间，尤与风月为相宜。"于是，"予时榜小舟，幅巾以往，至则洒然忘其归。觞而浩歌，踞而仰啸，野老不至，鱼鸟共乐。形骸既适则神不烦，观听无邪则道以明；返思向之汩汩荣辱之场，日与锱铢利害相磨戛，隔此真趣，不亦鄙哉！"《沧浪亭记》里的这段述说，传达了苏舜钦终于自适的诗人意气。他的七律《沧浪静吟》，则更把沧浪亭咏成了自己独一无二的最佳归宿：

独绕虚亭步石矼，静中情味世无双。
山蝉带响穿疏户，野蔓盘青入破窗。
二子逢时犹饿死，三闾遭逐便沉江。
我今饱食高眠处，唯恨醇醪不满缸。

不过，早有人指出，这位沧浪亭的主人以避世隐居自称只是表面姿态，闲居的无奈和等待东山再起，才是这种"隐士"的深层本质。一位叫宋杰的诗人所作的《沧浪亭》诗，说得更好：

沧浪之歌因屈平，子美为立沧浪亭。
亭中学士逐日醉，泽畔大夫千古醒。
醉醒今古彼自异，苏诗不愧离骚经。

因葑溪而广水

在《中国园林美学》一书里，金学智先生指出，沧浪亭实乃中国园林史上“突出个性，突出主体情致，强调自我实现的文人写意山水园”的一大经典。作为苏州现存最古老的园林，它不同于后来其它那些如陈从周先生所述，“总感到它封闭在高墙内，窈然深锁，开畅不足”的苏州园林，而“非属封闭式”。这固然跟园主苏舜钦的个性气派有关，这也跟沧浪亭建园的环境条件有关。陈从周先生在短文《苏州沧浪亭》里说此园“因葑溪之水，自南园潆回曲折……涟漪一碧，与园周匝，从钓鱼台至藕花水榭一带，古台芳榭，高树长廊，未入园而隔水迎人，游者已为之神驰遐想了。”

葑溪是沧浪亭前那湾溪水的古称，溪水两岸叠石，并无堆凿痕迹，古趣盎然，正可见出宋代造园家的独特匠心。沧浪亭的特色，便是“崇阜广水”，以往“积水弥数十亩”，船可通达盘门，现在园外的水面仍然很宽，十分难得。隔水南望，廊阁起伏，轩榭临水，古树郁然，园墙和漏窗隐约透出园中景色，让人身在园外，似已入园。水在园外的布局，较之其它那些水在园中的苏州园林，沧浪亭可谓独树一帜。

由于水在园外，入园就得过桥，向南过了平桥，便是沧浪亭正门大厅。门厅为抱厦，是一种空间开敞、有屋顶可遮阳防雨的古建筑样式。门厅又称碑石厅，因东西两壁嵌有苏舜钦《沧浪亭记》及清人宋荦、梁章钜、张树声《重修沧浪亭记》及僧济航《沧浪亭图》等碑石。碑石厅两侧石柱刻联：

景行维贤　监貌辨色
求古寻论　勒碑刻铭

此联采《千字文》成句，咏园内五百名贤祠中历代人物，也提示了此园有别于其它苏州园林的功能。苏舜钦修筑的这座自己享用了不到四年的沧浪亭，后“长时期以来，略似公共园林，‘官绅’讌宴，文人‘雅集’，胥皆于此，宜乎其设计处理，别具一格。”（陈从周《苏州沧浪亭》）

↑　三曲石板平桥跨葑溪而至沧浪亭正门葑溪之水。《楚辞·渔父》中渔父开导被放逐的屈原的《沧浪之歌》：“沧浪之水清兮，可以濯我缨；沧浪之水浊兮，可以濯我足。”

↑ “真山林”西侧“流玉”潭。有此一潭，正如诗眼，映出“真山林”的生机、灵动和气势，潭前大石上镌有俞樾篆书“流玉”。

← 濠上观。

↓ 莲花繁茂，一水皆香。

抱幽山以崇阜

沧浪亭别具一格的特色，除了绕于园外的“广水”，更有所谓的“崇阜”，也即被叫做“真山林”的沧浪亭主山。一出碑亭，这一横卧的土石山便到眼前，它几乎占据了沧浪亭前半部的整个区域，然而并不迫塞庞然。跟其他园林在小范围内挖池堆山不同，沧浪亭“真山林”的重点，在于起脚、磴道的布置以及林木的配置。“真山林”土多石少，以土代石，减了人工，又省物力。四周山脚，垒石护坡，沿坡砌了数处磴道，山体石土浑然，匠心在于混假山于真山之中，具天然貌。“真山林”东段用黄石，曲折高下，石板为桥，幽峻而质朴；它的西段，杂用湖石，玲珑巧透，石壁峭然，下临一潭。这些都是宋代遗迹。至于山上，宋代画家郭熙《林泉高致》云：“山以水为血脉，以草木为毛发。”“真山林”因而体现着生命力。

被名作“沧浪亭”的那座方形石亭，就在“真山林”顶上，靠东北部，森森乔木将其周围。然而，苏舜钦《沧浪亭记》写的是：“构亭北碕，号‘沧浪’焉。前竹后水，水之阳又竹，无穷极。澄川翠干，光影会合于轩户之间，尤与风月为相宜。”可见他建此园时，“沧浪亭”临水，并不像现在这样在“真山林”顶上。现在这一局面，是宋荦抚苏，于康熙三十四年（1695年）谋划重构修复沧浪亭的结果。在他的《重修沧浪亭记》里，宋荦对移亭于“真山林”上有所交代：

> 予来抚吴且四年，蕲与吏民相恬以无事，而吏民亦安予之简拙，事以寖少，故虽处剧而不烦。暇日披图乘，得宋苏子美沧浪亭遗址于郡学东偏，距使院仅一里而近。间过之，则野水潆洄，巨石颓仆，小山翳于荒蔓草间，人迹罕至。予于是亟谋修复，构亭于山之巅，得文衡山隶书“沧浪亭”三字揭诸楣，复旧观也。亭虚敞而临高，城外西南诸峰，苍翠吐欱。檐际亭旁，老树数株，离立拏攫，似是百年以前物。

“沧浪亭”在“真山林”上“虚敞而临高”，也使此亭成了沧浪亭园林里的一个中心，其余轩廊堂祠、楼宇径庭，似乎全都有了依据，宋荦高标苏舜钦的精神人格，并贯穿于重修的沧浪亭园林的意图，实在相当明显。重修的沧浪亭，还增添了物化苏舜钦诗文的景点，这从宋荦《重修沧浪亭记》后面的文字里也能见出大概。

“真山林”上的“沧浪亭”飞檐凌空，檐下为斗，石刻四枋上有鸟兽、花卉和仙童图案。此亭结构古雅，协调于四周景色。值得一提的是，“沧浪亭”四边以石栏相围，弥补了踞于山顶的这座石亭体量过大，与“真山林”山体比例不当的疵病，匠心可嘉。亭中的那张石棋桌和四只石圆凳，为康熙年间旧物。想象里，苏舜钦当初会友吟咏，是在此写下《沧浪亭》诗的吗：

一径抱幽山，居然城市间。
高轩面曲水，修竹慰愁颜。
迹与豺狼远，心随鱼鸟闲。
吾甘老此境，心随事机关。

相传那位苏诗人死后还常魂游亭中，人们于月明之夜每闻吟哦斟酒之声则更属于传说。不过此“沧浪亭”，的确是一班文人雅士墨客骚人观景、赏月、吟诗、弈棋的理想之地。

“真山林”除这座“沧浪亭”外，另有两亭，曰“御碑亭”，曰“闲吟亭”。御碑亭在山的西麓，是座半亭，亭中有康熙五十八年（1720年）皇帝南巡时的御书碑文和诗。闲吟亭在山的东麓，置有乾隆十二年（1749年）皇帝的御笔石刻。此二亭更道出沧浪亭的公共园林性质。乾隆帝六次南巡，四到沧浪亭，其《游沧浪亭》诗云：

沧浪亭是延宾馆，点缀湖山其水清。
大法小廉应视此，憩于此者合循名。

倒是对苏舜钦名此园为“沧浪亭”有不错的理解。

↑ 藏在“真山林”葱茏绿树中的沧浪亭。

· 东西横卧的“真山林”。黄石抱土，土阜露石，古树参差。沿坡砌磴道和山间小道。

← 计成之《园冶》。中国造园艺术历史极为悠久，明清两代更出现了一大批造园家以及有关造园的著作，其中以明代吴江（今苏州吴江市）计成最为杰出，以其于崇祯四年（1631年）所著的《园冶》一书最具历史影响。《园冶》共三卷。一卷分兴造论、园说及相地、立基、屋宇、装折四篇。二卷全志栏杆。三卷分门窗、墙垣、铺地、掇山、选石、借景六篇。《园冶》全面论述了宅园、别墅营建的原理和具体手法，不但是计成本人造园实践经验的记录，而且是对中国传统造园思想的高度概括与总结，是世界上最早、最完整的造园学专著。

廊自水墙曲

沧浪亭的造园者，于“崇阜广水”间修筑了一条复廊，一道漏窗花墙将此廊分成南北两边，北边临着水溪，南边傍着“真山林”。北边半廊以看水为佳，南边半廊以赏山为宜。敞轩和花窗使园内的山林水流互为照应，联成一气，南侧阳光使廊北景物相对明亮，便于两面观景。这一复廊的独特设计，把沧浪亭园景分成了南北不同的两种境界。

“水令人远，石令人幽”，陈从周先生在他的短文《苏州沧浪亭》里引述前人的说法，并就此复廊继续写道：“园周以复廊，廊间以花墙，两面可行。园外景色，自漏窗中投入，最逗游人。园内园外，似隔非隔，山崖水际，欲断还连。此沧浪亭构思之着眼处。若无一水萦带，则园中一丘一壑，平淡原无足观，不能与他园争胜。园外一笔，妙手得之，对比之运用，‘不着一字，尽得风流’”。他又站在“沧浪亭”的立场再论此廊，说是在亭间“游者可凭陵全园，山旁曲廊随坡，可凭可息。其西轩窗三五，自成院落，地穴门洞，造型多样；而漏窗一端，品类为苏州诸园冠。”

园林专家对沧浪亭内外呼应、巧于因借的造园艺术，看来颇有意会，心领神往。山情水意似被复廊相隔，实则融合一体，这种分景和借景的处理手法，实中有虚，虚中带实，虚实相孕，意趣无限，后来的造园者，多从此中有所采用吧。

除了复廊，沧浪亭园内也是回廊迂曲，蜿蜒通幽，体现的依然是虚实韵味。而沧浪亭复廊和回廊壁上更有众多漏窗，传为一百零八式图案花纹，并无雷同，仅在“真山林”周遭便有六十式之多，构作精巧，为园中一胜。宋荦《重修沧浪亭和欧阳公韵》所谓：

回廊约略纷点缀，管领风月凌平泉。

绝无雷同的廊、壁漏窗。

沧浪亭复道游廊

心随鱼鸟闲

沧浪亭园内的主要建筑，则堂、轩、楼、榭，不一而足。其临水建筑“观鱼处”和“面水轩”常能让人想象苏舜钦的精神形象，因它们都跟苏舜钦“心随鱼鸟闲”的思想有关。“观鱼处”在沧浪亭复廊东侧，为一座三面临水的方亭，于山崖水际挑出，原先曾名“濠上观”，意取庄子与惠子游濠梁上关于鱼之乐的那段对话。在此亭中凭栏观鱼，确为一乐。有苏舜钦《沧浪观鱼》诗为证：

瑟瑟清波见戏鳞，浮沉追逐巧相亲。
我嗟不及群鱼乐，虚作人间半世人。

“面水轩”则在复廊西侧，四面落地长窗，傍溪而建，它作为复廊衔接的转折和收头，是又一赏景佳处。轩名来自苏舜钦“高轩面曲水”句。轩中一联：“短艇得鱼撑月去，小轩临水为花开”，是对苏诗人当时日常的愉快追摹。沧浪亭的另一临水建筑，在这座园林的西部，名“藕花水榭”。

沧浪亭的厅堂建筑并不繁复，跟苏州的另一些名园如拙政园、留园等相比，甚至可以说是简约的，而这恰是沧浪亭的风格。“明道堂”是其中部主厅，高敞四合，面阔三间，北面屏山，与山亭呼应。它的东西两侧廊道与南端的瑶华境界相连，中间是宽广的石板庭院。明清时，这儿用作文人讲学之所，清末曾为戏院，达官显贵在此附庸风雅。明道堂取苏舜钦《沧浪亭记》：“形骸既适则神不烦，观听无邪则道以明”意，堂内一副楹联：

百花潭烟水同情，年来画本重摹，香火因缘，合以少陵配长史；
万里流风波太险，此处缁尘可濯，林泉自在，从知招隐胜游仙。

这倒是对苏舜钦所“明”之“道”很好的发挥和阐述。苏诗人一向颇有“兼济”之志，被诬削职，筑园“独善”，《沧浪亭记》说自己“箕而浩歌，踞而仰啸，野老不至，鱼鸟同乐”，“返思向之汩汩荣辱之场，日与锱铢利害相磨戛，隔此真趣，不亦鄙哉！”。其“道”当是儒道结合之“道”，却又偏于出尘。“明道堂”跟“沧浪亭”一样，是苏舜钦人格和精神在建筑上相当具体的物化体现。要是想到宋时常以议论为诗文，议论即“道”，则此堂额颇具宋代诗文特点，切合讲学之所，跟沧浪亭的质朴风格正好相契。

瑶华境界 明道堂正南，共小轩三间，原为园主会客之所，品茗清谈，别有趣味。瑶华境界与明道堂回廊组成了幽静的庭院，这种如同四合院的建筑在苏州园林里并不多见。清朝的时候，明道堂对面曾有一戏台，它的位置很可能就是现在瑶华境界的位置。当时这里以演昆曲为主，是专为官吏文士的一时雅好而设，梁章钜、林则徐等都曾在此宴集觞咏，度曲观剧。

出瑶华境界，园的南端有石屋两间，横额石刻“印心石屋”，为清道光帝御书。石屋外用黄石砌面，屋前假山围成小院。屋内置石凳，最宜暑夏纳凉。石屋之上，有一飞檐翘角小楼，名“看山楼”。它建于同治十二年（1873年），因明道堂和五百名贤祠遮挡沧浪亭西南视野，所以筑起“看山楼”来远眺。这楼共三层，楼下嶙峋着湖石，楼上砖木结构，歇山顶高阁，外形精美，在苏州园林建筑里颇为别致。此楼本属造园手法中远借的佳例，可惜现在园外高楼重围，视野被挡，不复旧观了。

不过还好，登“看山楼”俯视，楼下翠竹环抱，竹林有径，向西伸往名“翠玲珑”的一座小轩。竹是沧浪亭的特征植物，园内素以“修竹为盛”。苏舜钦《沧浪亭记》里说“前竹后水，水之阳又竹，无穷极。”足见竹之于沧浪亭的历史。“翠玲珑”小轩由三个单间相互贯通，曲折有致。主房与附房不在一条直线上，而是对角线串联成一个四面临界的空间，使之内外景观交融为一。从东向西行，窗外景象如画幅长卷。主房的精妙处在于，四面门框窗棂就象四幅不同的画轴；屋内家具均以竹节纹饰，简洁明了，又正与“翠玲珑”之名相合。“翠玲珑”之名出自苏舜钦《沧浪怀贯之》诗中“月光穿竹翠玲珑”句，既是对竹景的生动刻画，也是对苏舜钦精神形象的又一次怀想。

↑ 上图：“翠玲珑”小轩。
下图：“翠玲珑”中的竹节家具。
← 苏舜钦诗句：“月光穿竹翠玲珑”。

《浮生六记》。沈复，字三白，乾隆年间吴中人，著有《浮生六记》（今存四记：闺房记乐、闲情记趣、坎坷记愁、浪游记快）。曾与芸娘居沧浪亭爱莲居西间壁。“闺房记乐”中描写中秋日携新妇共游沧浪亭的情景：“……过石桥，进门折东，曲径而入。叠石成山，林木葱翠，亭在土山之巅。循级至亭心，周望极目可数里，炊烟四起，晚霞灿然。隔岸名‘近山林’；为大宪行台宴集之地，时正谊书院犹未启也。携一毯设亭中，席地环坐，守着烹茶以进。少焉，一轮明月已上林梢，渐觉风生袖底，月到被心，俗虑尘怀，爽然顿释。芸曰：‘今日之游乐矣！若驾一叶扁舟，往来亭下，不更快哉！’时已上灯，忆及七月十五夜之惊，相扶下亭而归。吴俗，妇女是晚不拘大家小户皆出，结队而游，名曰‘走月亮’。沧浪亭幽雅清旷，反无一人至者。”

吴中灵毓

在沧浪亭，“五百名贤祠”或为跟“沧浪亭”同等重要的一处建筑，它建于清道光七年，祠中三面粉壁上嵌着594幅与苏州历史有关的人物平雕石像。五百名贤列于一堂的格式让人想到寺庙里的五百罗汉像。不过“五百名贤祠”里的画像均有所本，多数临自古籍，有的摹自名贤后裔家传遗像，自有其文献价值。五百名贤祠收录诸多人物，跨越悠久年代，加之图像绘制精工，于清代石刻群像中相当罕见，可谓姑苏一绝。“五百名贤祠”内有一抱柱联曰：

千百年名世同堂，俎豆馨香，因果不从罗汉证；
廿四史先贤合传，文章事业，英灵端自让王开。

要是沧浪亭更多说出一种风雅，那么，五百名贤祠展示和强调了沧浪亭那风骨的一面，五百多先贤名人，许多人并没有官员身份，但即使一辈子不走仕途，只要会丹青，能吟诗，有才华，即当垂于后世。此一价值观与苏舜钦建沧浪亭的初衷正相契合，修此祠于沧浪亭，便也顺理成章了。

（撰文／陈东东　摄影／施政）

- 看山楼
- 五百名贤祠
- 中图：“仰止亭”内的文徵明石刻像
- 右图：文徵明的《千林曳杖图》

文徵明（1470—1559），初名壁（也作璧），徵明是他的字，后来又改字徵仲，别号衡山，自称衡山居士。长洲（今苏州）人，五十四岁时才做了个翰林院待诏的小官，早年因为字写得不好而不许参加乡试，因而发愤图强，终于成为诗、文、书画方面的全才。绘画方面，与弟子成为“吴门派”；又和沈周、唐寅、仇英合称“明四家”；书法各体无一不精，尤以行书、楷书为人所称道，在当时名重海内外，对后世产生了极大的影响。

吴下千年成大观

苏州拙政园

拙政有深意

现在的我们很难确切知道明朝正德年间，文徵明第一次受邀踏入尚在建中的拙政园时，心中所想的念头。但我们却能依稀感觉到他那时的情绪：舒展、激赏，也许还有几丝欲使斯景恒在的渴望。

拙政园的前身可追溯很远。三国时，这一带是郁林太守陆绩的宅第。东晋时，名士戴颙居于此。至晚唐，为诗人陆龟蒙之家。当时其地低洼，有池石园圃之属，不出郛郭，旷若郊墅。陆龟蒙的诗人好友皮日休羡慕得紧，两人在园里吟酒对诗，自在得不得了。到了北宋，山阴簿胡稷言得陆氏旧宅，追陶潜之风，庭前种柳，命名“五柳堂”。元代时苏州很多园林被改成寺庙，拙政园为大弘寺。

陆龟蒙题自家宅园之诗《奉和夏初袭美见访题小斋次韵》：

四邻多是老农家，百树鸡桑半顷麻。
尽趁晴明修网架，每和烟雨掉缲车。
啼莺偶坐身藏叶，饷妇归来鬓有花。
不是对君吟复醉，更将何事送年华。

拙政园的始建者是明代苏州人王献臣，其人在历史上的面目有些模糊。我们只知道他是明代弘治六年（1493年）的进士，后官至御史。和他同时的人说他“弱冠登进士，以不阿法，抗中贵”。又据说一次他在巡大同时令士卒为导游山玩水，真是有诗人气质。结果这事被东厂告发，给他扣上擅委军政的罪名，关到牢里打了三十杖，谪为上杭丞。此后官越做越小，地方越来越蛮荒。在偌大中国版图上走过几回后，王献臣索性罢官回了家，买下了大弘寺寺产，开始营建园宅。“拙政园”的园名取晋代文学家潘岳《闲居赋》中“筑室种树，逍遥自得……灌园鬻蔬，以供朝夕之膳，……此亦拙者之为政也”句意。王献臣的意思很清楚，做官像我这样的愚人不行，盖房子修园子种种树浇浇菜我总还可以吧。是自嘲，也是愤激。拙政园从正德四年（1509年）开始动工，嘉靖九年（1530年）方告完成。

同是苏州老乡，文徵明在历史上的声名当然比王献臣大许多。他毕生致力于诗书画，是明代的大艺术家。究其诗风，清丽抒情，接近唐柳宗元、白居易。书法尤长行书与小楷，法度谨严，颇有晋唐书风。然数绘画最富成就，他是吴门画派的开创者，以山水画为最佳，画誉自明代起就如日中天。不过就仕途不顺、怀才不遇而言，文徵明和王献臣显然怀有共同的情感。他屡试不第，一辈子最大的官就是个翰林院待诏(故后人称其为文待诏)，而且没当两天即致仕归田。文徵明甚为赞赏王献臣的道德品性，当王献臣被贬广东时，文徵明有诗相赠：“荦荦才情与世疏，等闲零落傍江湖”。相知相与之情溢于言表。

斯园斯人 在《王氏拙政园记》末尾，文徵明极富感情地写出了自己与王献臣的情谊，以及寄托在拙政园上的人生理想：“……徵明漫仕而归，虽踪迹不同于君，而潦倒末杀，略相曹耦。顾不得一亩之宫以寄其栖逸之志，而独有羡于君，既取其园中景物悉为赋之，而复为之记。”

所以，当王献臣营造拙政园，请文徵明为园景作画吟诗时，文徵明毫不犹豫地答应下来。又据传说，文徵明甚至参与了拙政园的蓝图设计。他先后五次为拙政园作图，现存文徵明《拙政园图》作于嘉靖十二年（1533年），绢本，有图三十一幅，每图描绘一个景点，各系以诗，总称为《拙政园图咏》。同时，他又写了《王氏拙政园记》。园以人名，人以园传。拙政园因文徵明的参与而成为吴中名园，王献臣也因拙政园得以传名后世。

← 左图：天泉亭，内有天泉井。苏州园林中的水井，以拙政园为最。此“天泉”为元代大弘寺东斋古井遗物。泉水甘冽，文徵明曾许之第二泉。
右上：天泉井
右下：远香堂明代柱础

↑

→ 远香堂，拙政园中部的主体建筑，在原王献臣时若墅堂的旧址上，为清乾隆时所建。它面水而筑，单檐歇山顶，面阔三间。堂名取周敦颐《爱莲说》中“香远益清”的名句，是赏荷的佳处。堂内装饰透明玲珑的玻璃落地长窗，规格整齐，由于长窗透空，四周各具情趣的景物、山光水影，尽收眼底，犹如观赏山水长卷。室内陈设典雅精致。

遠香堂
建業報襄臨淮總摊数年间大江屢渡
息劳劳官檄探勝尋幽良會機忘新政拙

王献臣死后，其子一夜豪赌将拙政园输给徐氏人家，从此拙政园便如薄命红颜一般开始了她令人叹息的旅程，四百多年时间里先后易主多达四十余次：曾做过侍郎王心一的“归田园居”。曾聊充藏娇金屋，由钱谦益购曲房安置名妓柳如是。曾为吴三桂之女、婿所有。曾是李鸿章的江苏巡抚行辕。太守蒋棨邀江南文人佳日觞咏，袁牧感叹：“人生只合君家住，借得青山又借书。”富商张履谦请昆曲名角俞振飞游憩度曲，鸳鸯馆内歌扬声飞。曾是民宅，曾为官邸，忽公忽私，忽分忽合，拙政园如水面上的浮萍，任水起落，随风东西。随着这一出出悲欢离合的戏剧上演，文徵明诗文图画对于维系拙政园存在的价值就愈发清晰地显现出来。清乾隆时，钱泳在《文待诏拙政园题跋》中对此感叹到：“余尝论园亭兴废有时。……惟翰墨文章，似较园亭可久，实有不能磨灭者。今读衡翁之画，再读其记与诗，恍睹夫当时楼台花木之胜。”

小飞虹　拙政园的众多景致与建筑，虽经后代不断改建，但仍很大程度上保留了文徵明《拙政园图》时的古貌。比如拙政园最耐看的景致之一——小飞虹，在《拙政园图》中是简易的竹木曲桥，现有者为清道光时改建，结构相似，只是已改作石桥，上又覆盖廊屋，是苏州园林中唯一的廊桥，其美妙的弧度呈现出女性般的柔美。

文徵明《拙政园图咏 · 小飞虹》：

小飞虹在梦隐楼之前，若墅堂北，横绝沧浪池中。
雌蜺蝽蜷饮虹河，落日倒影翻晴波。
江山沉沉时未雩，何事青龙忽腾翥。
知君小试济川才，横绝寒流引飞渡。
朱栏光炯摇碧落，杰阁参差隐层雾。
我来仿佛踏金鳌，愿挥尘世从琴高。
月明悠悠天万里，手把芙蕖照秋水。

↑ 卅六鸳鸯馆

小飞虹廊桥，无论从何角度观赏，总让人百看不厌。

山水共宅丽

园必有宅，宅多有园，已成为吴文化的一种生活和居住模式。苏州园林是将自然山水浓缩于住宅之中，园宅合一的杰作。作为苏州园林杰出代表的拙政园，同样是园宅相映、人境壶天，让人可居、可游、可赏。拙政园初建园时，“广袤二百余亩，茂树曲池，胜甲吴下”（康熙《长洲县志》）。其后数百年间，曾一分为三又三合而一，沧桑变迁屡易园主，但住宅部分位于园南的格局和园宅结合的家居形式始终未变。

由文徵明《拙政园图》及“记”、“诗”可知，明代时的拙政园竹树野郁，山水弥漫，近乎自然风光，充满浓郁的天然野趣。至明末崇祯四年（1631年）已荡为丘墟的东部园林归侍郎王心一所有。王善画山水，悉心经营，布置丘壑，并以陶潜“归田园居”诗命名此园。此园中部为涵青池，池北为主要建筑兰雪堂，周围以桂、梅、竹屏之。池南及池左，有缀云峰、联壁峰。兰雪堂之西，梧桐参差，茂林修竹，溪涧环绕，为流觞曲水之意。北部系紫罗山、漾荡池。东部为荷花池，面积达四五亩，中有林香楼。家田种秫，皆在望中。

归田园居之自然风格 王心一在《归田园居记》中记载了“归田园居”的构建风格：“地可池则池之，取土于池，积而成高，可山则山之。池之上，山之间可屋则屋之。”

拙政园虎患 康熙五十二年（1713年）冬，有虎入拙政园中，官府措捕，仿峨嵋栈道的山石多毁。明代至清初时拙政园的野趣由此可见一斑。

清乾隆初年，拙政园东部园林以西又分割成中、西两个部分。西部现有布局形成于光绪三年（1877年），由张履谦修葺，改名“补园”。遂有塔影亭、留听阁、浮翠阁、笠亭、与谁同坐轩、宜两亭等景观。又新建卅六鸳鸯馆和十八曼陀罗花馆，装修精致奢丽。

中部，系拙政园最精彩的部分。虽历经变迁，与早期拙政园有较大变化和差异，但园林以水为主，池中堆山，环池布置堂、榭、亭、轩，基本上延续了明代的格局。从咸丰年间《拙政园图》、同治年间《拙政园图》和光绪年间《八旗奉直会馆图》中可以看到山水之南的海棠春坞、听雨轩、玲戏馆、枇杷园和小飞虹、小沧浪、听松风处、香洲、玉兰堂等庭院景观与现状诸景毫无二致。

拙政园的住宅部分坐落在园的南面，分成东、西两部分（其中东部住宅为苏州园林博物馆馆址，西部住宅为现苏州博物馆馆址），呈前宅后园的格局。从史料上可以看到，清初钱谦益在西部住宅内建曲房安置柳如是。嘉庆、道光年间潘师益与其子在东部住宅营构瑞棠书屋。咸丰年间两宅及花园曾为太平天国李秀成忠王府。以后又先后为江苏巡抚行辕、八旗奉直会馆等。

东部住宅坐北朝南，建筑纵深四进，有平行的二路轴线。主轴线由隔河影壁、船埠、大门、二门、轿厅、大厅和两进楼厅组成。重门叠户，庭院深深，面阔五间的一间间厅室，衍伸出长长一串景深。东侧轴线安排了鸳鸯花篮厅、花厅、四面厅、楼厅、小庭园等，是当年园主人宴客、会友、拍曲、清谈之所。建筑前后布置山石花木，幽静雅洁，为宅中最富生趣部分。西部住宅有平行的三路轴线，纵深五进，中轴线自南而北依次有影壁、大门、仪门、正殿、后堂、后殿等。东、西侧路轴线也各有千秋。

拙政园之亭 古人云：“亭者，停也。”停即停止之意，含有休息的意思。亭作为一种开敞式的小型建筑，加上它的供人休闲的功能，后来被造园家引入园林，作为配景的一种主要点缀物。拙政园内现有的亭多建于清中叶之后，造型极为丰富，堪称江南诸园亭建筑的集大成者。方亭有“梧竹幽居”，长方亭有“雪香云蔚亭”，六角亭有“荷风四面亭”，八角亭有“塔影亭”、“天泉亭”，圆形亭有“笠亭”，半亭则有“别有洞天亭”，以及平面屋面均似折扇的扇亭“与谁同坐轩”。个个玲珑精致，折射出拙政园园林建筑的博大精深。

→ 梧竹幽居方亭，为中部池东的观赏主景。此亭外围为廊，红柱白墙，飞檐翘角，旁有梧桐遮荫、翠竹生情。亭的四周白墙开了四个圆形洞门，在不同的角度可看到重叠交错的分圈、套圈、连圈的奇特景观，形成了四幅花窗掩映、小桥流水、湖光山色、梧竹清韵的美丽框景画面，意味隽永。亭内对联“爽借清风明借月，动观流水静观山”为清末名书家赵之谦撰书。

梧竹幽居
动观流水静观山
爽借清风明借月

拙政园内的园林建筑，早期多为单体，到晚清发生了很大变化。一则厅堂亭榭、游廊画舫等园林建筑明显增加，同时建筑趋向群体组合，庭院空间变幻曲折。如小沧浪，从文徵明图中可以看出，仅为水边小亭一座。而八旗奉直会馆时期，这里已是一组水院。由小飞虹、得真亭、志清意远、小沧浪、听松风处等轩亭廊桥依水围合而成，独具特色。水庭之东还有一组庭园，即枇杷园，由海棠春坞、听雨轩、嘉实亭三组院落组合而成。在园林山水和住宅之间，穿插了这两组庭院，很好地解决了住宅与园林之间的过渡。对山水景观而言，由于这些大小不等的院落空间的对比衬托，主体空间显得更加疏朗、开阔。这种园中园、多空间的庭院组合，以及空间的分割渗透、对比衬托，空间的隐显结合、虚实相间，空间的婉蜒曲折、藏露掩映，空间的欲放先收、先抑后扬等等手法，其目的是要突破空间的局限，收到小中见大的效果，从而取得丰富的园林景观。

拙政园之廊 廊是园林中特有的带形建筑，可分隔空间，联系交通，引导游览，大都随地形和游赏需要灵活布置，或长或短，或曲或直，随高就低，盘于山腰穷水之际，造就无限风景。架于水上者称为浮廊，《园冶·相地》有言曰“浮廊可度”，位于拙政园西部的波形水廊堪称浮廊中的极品。水廊分为南北两部分，南段位于实地，北段悬空于水上。人徜徉其上，犹如踏步凌波，可东观碑帖漏窗，西赏湖石风光，北望华楼倒影；只见近处平矶曲岸，波光岚影，远处山岛水洄，花木掩映，蕴着浓浓的吴门山水画意。

倚栏花传香

清顺治十年（1653年），大学士陈之遴以两千金廉价购得拙政园。他令人重加修葺，备极奢丽，其中有三四株宝珠山茶尤为珍贵。可仅仅五年后，他就因“结党营私”的罪名，全家远谪辽东，拙政园没为官产。从购园到被流放，陈之遴始终未踏入拙政园一步。后来，陈之遴的儿女亲家，清初大诗人吴伟业来到拙政园，目睹茶花盛开，感喟苍凉，作《咏拙政园山茶花》一诗，成了所有拙政园题咏中最有名的一首。吴伟业诗中“对花不语泪沾衣，惆怅花间燕子飞”的苍凉且不去说它，这几株山茶着实名贵非凡。其诗“小序”曰：“内有宝珠山茶三四株，交柯合抱，得势增高。每花开时，巨丽鲜妍，纷披照瞩，为江南所仅见。”此诗一出，引得后世文人情思涌动，纷纷相和，300多年骚人墨客不绝。晚清光绪年间，富商张履谦重建拙政园西部，犹追慕当时盛况，在园中种植名贵山茶十八株，花开似锦。冬季百花凋零，山茶却如傲雪腊梅嫣红斗雪，“树头万朵齐吞火，残雪烧红半个天”。

山茶花只是拙政园内诸多植物景观中的一种。拙政园向以“林木绝胜”著称，数百年来一脉相承，沿袭不衰。历代园主植林木以借清幽，引曲水以借动趣，移名花以借缤纷，披绿草以借葳蕤，在喧嚣闹市中生生辟出个水竹同生花世界。早期王献臣拙政园三十一景中，三分之二景观取自植物题材，如桃花沜“夹岸植桃，花时望若红霞”，竹涧“夹涧美竹千挺”，瑶圃“中植江梅百本，花时灿若瑶华”。王心一时的归田园居也是丛桂参差，垂柳拂地，林木茂密。每至春日，山茶如火，玉兰如雪。夏日之荷，秋日之木芙蓉，如锦帐重叠。冬日则有老梅偃仰屈曲，独傲冰霜。又有泛红轩、至梅亭、竹香廊、紫藤坞、杏花涧等景观。

恽南田眼中的拙政园 康熙年间曾客居拙政园的清初大画家恽南田，对拙政园的植物景观有一番颇具代表性的评价：“独坐南轩，望隔岸横岗，叠石峻峭，下临清池，涧路盘行。上多高槐、柽、柳、桧、柏，虬枝挺然，迥出林表。绕堤皆芙蓉，红翠相间。俯视澄明，游鳞可数，使人悠然有濠濮间趣。”

据文徵明《拙政园图咏》所记，拙政园建园之初就有梅林。现位于拙政园中部的“雪香云蔚亭”，即以雪香指梅花，云蔚喻花木繁盛。亭为长方形，在池中西部土山上。亭四周有梅树数十株，早春时节，亭旁暗香浮动，周围竹丛青翠，林木葱郁，绕溪盘行，颇有悠游山林的趣味。

荷花，又名莲花，是中国人的六月花神。清张潮《幽梦影》中称“莲以濂溪为知己”，指的是以“濂溪”自号的宋代理学家周敦颐。周敦颐《爱莲说》赞美莲花的清香、洁净的特性与飘逸、脱俗的神采，比喻君子出淤泥而不染的品格，实际上也兼融了佛学的因缘。拙政园中部的“荷风四面亭”即是观赏荷花的胜地。亭因荷而得名，单檐六角，四面通透。环亭皆水，湖内莲花亭亭净植，湖岸柳枝丝丝婆娑。亭中有抱柱联：“四面荷花三面柳，半潭秋水一房山。”用在此处十分贴切。

一 上图：在园中一特定角度看，“与谁同坐轩”与“笠亭”之顶共同合成一把完整的倒置折扇。下图：波形水廊。

植物可观其姿、嗅其香，也可听其音。南朝有“山中宰相”之称的道教大师陶弘景特爱松风之声，据说他在隐居之处松风一起就卧松下不去，从那时起听松就被文人认为是极风雅的事。拙政园的“松风水阁”又名“听松风处”，即是看松听涛之处。这座水阁攒尖方顶，空间封闭，由廊间小门出入，其余三面采用半墙加半窗的结构。屋顶出檐特大，飞檐起翘尤高，表现出翩翩欲飞、飘逸轻灵的风采，整座建筑不是采用规整的正南正北方向，而是斜过45度角，凌空架于水上，可避阳通风，最适宜于夏天观景。亭侧植有黑松数株，有风拂过，松枝遥动，松涛作响，色声皆备。

而雨之声，在园林里是最富于韵致的。拙政园中部之“听雨轩”，轩前一泓清水，植有荷花；池边有芭蕉、翠竹，轩后也种植一丛芭蕉，前后相映。宋代诗人杨万里《秋雨叹》：“蕉叶半黄荷叶碧，两家秋雨一家声”，计成则在《园冶 · 园说》形容“夜雨芭蕉，似杂鲛人之泣泪”。这里芭蕉、翠竹、荷叶都有，无论春夏秋冬，只要是雨夜，由于雨落在不同的植物上，加上听雨人的心态各异，自能听到各具情趣的雨声，境界绝妙，别有韵味。此外西部则有“留听阁”，取李商隐“留得残荷听雨声”的名句之意。《红楼梦》第四十四回里，宝玉与黛玉乘着姑苏驾娘撑动的木舫在水中游赏，黛玉看到满池荷花时即说：“我最不喜欢李义山的诗，只喜他一句‘留得残荷听雨声’……”寥寥数语，写尽园景人心。

← 从位于中部的倚虹亭内看去，中间开阔的池水，曲桥分割水面，满池荷花的绿荫深处，隐约可见一座秀美玲珑的宝塔，这是运用借景的手法，将园外千余米之遥的北寺塔借入园中。此为“借景”中“远借”的佳例。

↑ 右上：水殿风来暗香满。位于东部的芙蓉榭，亦是夏日赏荷的好地方。屋顶为卷棚歇山顶，四角飞翘，一半建在岸上，一半伸向水面，灵空架于水波上，伫立水边、秀美倩巧。

↑ 右下：松风水阁

→ 明代亦园亦宅的苏州园林（唐寅《绢本设色12条幅》）。自古以来，苏州园林兴盛。明清时期，苏州更成为著名的园林城市。据《苏州府志》记载，明代苏州有第宅园林71处，密度为每平方千米12.8处；清代有130处，密度为每平方千米近24处。同时，江南一带还涌现出一批造园艺术家。明代兴建的第宅园林多位于城区，有名者除拙政园外，还有留园、西园、洽隐园、艺园、芳草园等。清代则建有环秀山庄、怡园、耦园、曲园、残粒园、畅园、五峰园等。明清时的苏州园林多为私家园林，占地少，融住宅与园林为一体。它既有居住功能，又是多种艺术的综合体。

↑ “芭蕉叶上潇潇雨，梦里犹闻碎玉声”的听雨轩。

→ 海棠春坞之滴水瓦当。

← 拙政园与《红楼梦》（清末江苏人改琦所绘《红楼梦》插图黛玉与宝钗）。史料记载，康熙末年一段时间里，拙政园曾是曹家的私园。曹雪芹的祖父曹寅担任苏州织造，织造衙门设在苏州葑门，而家眷住在拙政园内。曹寅升迁江宁织造时，推荐内弟李煦接替，家眷住在园内达二三十年之久。更有说法称曹雪芹就出生在拙政园内。很多人因此愿意相信，曹雪芹在《红楼梦》中有关大观园的描写，灵感就来自于拙政园。如拙政园东部有“秫香馆”，大观园里就有个“稻香村”；拙政园西部有“留听阁”，林黛玉在大观园里赏景就会说喜欢“留得残荷听雨声”；拙政园中部远香堂南面以黄石假山为门，大观园入口也偏偏有座假山。不管历史真相究竟如何，《红楼梦》中的大观园无论从造园设计思想、建筑布局、景点设置、植物配置到装修陈设，都达到了清代园林艺术的最高境界。称大观园为堪以拙政园媲美的纸上园林，正恰如其分。

绕梁曲留音

“原来姹紫嫣红开遍，似这般都付与断井颓垣，良辰美景奈何天，赏心乐事谁家院？”

《红楼梦》中，这一段昆曲《牡丹亭·游园》，是梨香院内十二个戏班的女孩子演习戏文时所唱，其时笛韵悠扬，歌声婉转，惹得从大观园内走过的黛玉停下脚步。她先是“十分感慨缠绵，止步侧耳细听”，随之又“不觉点头自叹，心下自思”，再后来更“不觉心动神摇”，到最后“越发如醉如痴，站立不住，便一蹲身坐在一块山子石上”，细嚼其中滋味。

曹雪芹笔下的这段描写，将园、曲、人水乳交融的情景美化到了极致。中国园林在明代发展到了成熟阶段，自明中叶后，昆曲盛行于江南，园与曲起了不可分割的关系。曲境与园林更互相依存，有时几乎曲境就是园境，而园境又同曲境。明清时的园林住宅，造园必须先建造花厅，而花厅又以临水为多，或者再添水阁。花厅、水阁都是兼作顾曲之所。水殿风来，余音绕梁，隔院笙歌，侧耳倾听，真有人间天上之感。在江南诸园中，拙政园与昆曲的境合情契，更是历来为人所赞叹不已。

拙政园第一个因昆曲而著称的园主是清初时吴三桂的女婿王永宁。吴三桂替他在苏州买了一所大宅子，这大宅子就是拙政园。他住进修缮一新的拙政园，大兴土木，易置丘壑，穷极侈丽，彻底改变了文徵明所绘拙政园图的最初格局。王永宁爱上了昆曲，家里养了戏班，经常上演牡丹亭，大有不知今夕何夕、今年何年的架势。谁知康熙十二年（1673年），吴三桂举兵反清，消息传到苏州，王永宁给活活吓死。《履园丛话》中写道：“后三桂败事，永宁先死，家产入官，真似邯郸一梦。”

王永宁在拙政园内兴建的建筑于随后的岁月中全都灰飞烟灭，但昆曲在拙政园中却并未消失。王永宁之后，拙政园最华丽的建筑是西花园的鸳鸯厅——南部叫“十八曼陀罗花馆”，北部叫“卅六鸳鸯馆”，由光绪时富商张履谦所建。张履谦喜欢昆曲，他的儿子张紫东也喜欢昆曲，南北鸳鸯厅其实是为了这个爱好专门设计而造的。馆内顶棚采用连续四卷的拱型状，既弯曲美观，遮掩顶上梁架，又利用这弧形屋顶来反射声音，增强音响效果，使得余音袅袅，绕梁萦回。四角设耳室，也是为了演出需要，是演戏优伶候场化妆的地方。而原来馆内方砖下，有供冬天生火取暖的地窖，冬日里饮酒听戏，一室皆春。著名昆曲大师俞振飞与其父亲俞粟庐皆客居张履谦宅，俞振飞的童年更是在这园中度过。优雅的戏剧与凡俗的生活就是这样紧紧连在一起，他们是曾经生活在戏里的人物，他们对昆曲的体会如游鱼在水中。

鸳鸯厅 一座厅堂同时有两个名字，这是民居建筑中的一种鸳鸯厅形式，以屏风、罩、纱槅将一座大厅分为两部，梁架一面用扁料，一面用圆料，似两进厅堂合并而成，其作用是南半部宜于冬、春，北半部宜于夏、秋。苏州园林里的鸳鸯厅不止拙政园这一处，但以拙政园最为知名。

红绿匾额 “卅六鸳鸯馆”、“十八曼陀罗花馆”匾额分别为清同治年间苏州状元洪钧、陆润庠所题。洪钧在民间传说中是一个带有传奇色彩的人物，大半原因是他娶了一代名妓赛金花为妾。苏州话里洪、陆谐音“红、绿”，这一红一绿同邑两状元为题写匾额，更使鸳鸯厅有着一种说不尽的风花雪月的奢华。

陈从周曾经著文写道：“昆曲的所谓‘水磨调’，是那么的经过推敲，身段是那么细腻，咬字是那么准确，文辞是那么美丽，音节是那么抑扬，宜于小型的会唱与演出，因此园林中的厅榭、水阁，都是最好的表演场所，它不必如草台戏的那样用高腔，重以婉约含蓄移人，亦正如园林结构一样，‘少而精’，‘以少胜多’，耐人寻味。”诚哉斯言！

（撰文／胡腾　摄影／施政）

← 秫香馆长窗裙版黄杨木雕。

→ 上图：十八曼陀罗花馆卷棚。

下图：卅六鸳鸯馆之暖阁，四面镶嵌有蓝白相间的菱形玻璃，是晚清时流行的海派装饰。

一生痴绝徽州梦

屯溪程氏三宅

欲识金银气，多从黄白游。
一生痴绝处，无梦到徽州。
——汤显祖《游黄山白岳不果》

抛开汤显祖写这首诗的原意不谈，“一生痴绝处，无梦到徽州”俨然已成关于徽州文化的最佳描述。徽州，地处皖南的黄山、白岳（齐云山）之间。从地理环境来看，徽州自古就以一独立单元而存在，自唐代中叶起徽州一府六县的范围就大体上稳定下来，延续至明清。南宋淳熙《新安志》中即描述徽州“山限壤隔，民不染他俗”，仿佛陶渊明笔下的桃花源（的确也有人考证陶氏描述的桃花源是以徽州山水风土为蓝本）。虽然作为一个地理名词，徽州非常遗憾地从当代地图上消失了，但关于徽州的那些做不完的古梦，却永远停留在黑瓦、白墙、青石板地面所勾勒出的徽州老宅中。

程氏三宅即是沉睡于徽州民居的众多古梦中最醇厚幽远之一。程氏三宅指分别坐落于黄山市（即原徽州市）屯溪区柏树街东里巷6号、7号、28号的三座明代民居，为徽派建筑鼎盛时期的遗物，集徽派的明代砖木石三雕艺术为一身，是考查明代徽派建筑极为重要的标准物。三宅的整体结构、建筑格局、构筑设计乃至图雕装饰，都充分显示了徽州明代民居的特有个性。宅第堂内井檐之花板、楼梯之栏杆、莲花柱之斜撑、以及棂窗、大梁等木雕、彩画，还有门楼上富于变化的石刻、砖雕艺术，都实为罕见。古建筑学家傅熹年称之为“明代民居之瑰宝”。

→ “粉墙黛瓦”的“马头墙”是徽派建筑的标志性特征。徽州旧时建筑应村落房屋密集防火、防风之需，在居宅的两山墙顶部砌筑有高出屋面的“封火墙”，因形似马头，故称“马头墙”，始于明朝弘治年间。

七号楼土空调 除了建筑上的精美，对居住舒适度的追求也是程氏三宅的重要特点。如七号楼后厅屏风下石砖上开了一个洞，此洞打得很深，直通地下水，冬天冷，水温较热，夏天热，水温清凉，以此维持室内温度。

徽州程氏

天地开辟，人物生成，厥初生民，未有姓氏。
我程之先，系出休父，佐周平夷，国封程土，因以为氏。
……
新安程氏，自篁墩始，四十四派，悉在于此。

——《岑山渡程氏支谱》

程氏为古徽州八大姓之一，位列明代刊刻的《新安大族志》之首。据说该姓出自黄帝重黎之后，自西周大司马休父辅佐宣王中兴，被封为程伯，子孙遂以国为姓氏。徽州是中国家族制度极为盛行的地区之一，自唐宋以来世系清晰的家族比比皆是。同时，由于家族的不断分化、迁徙，又造就了同一宗族下的众多支派。犹如造就徽州一方风土的新安江，由源头的涓涓细流发展为下游的滚滚江水，绵绵不绝，源远流长。

东晋初，正值永嘉丧乱之后，程元潭起兵镇守新安，遂出任新安太守，居屯溪篁墩。程元潭因此被后人尊为徽州程氏始祖，古徽州六县程氏均为程元潭之后。程元潭传十三世为程灵洗，其时正值梁武帝末，侯景叛乱，程灵洗聚众起兵保卫家乡，被梁元帝萧绎任命为新安太守。因其保障乡土之功而被神化，官府封其庙为“世忠”，累封为“忠烈王”。

篁墩和程灵洗之传说 北宋时所编成的《太平广记》中，就载有篁墩和程灵洗（《太平广记》中分别写作“黄墩”和“程灵铣”）的传说故事，说程灵洗助黄墩湖蜃射杀了吕湖蜃，战斗场面极为激烈神奇，因此得到保佑而后有振兴家族之举。

作为徽州程氏发源地的篁墩村，位于屯溪东北，依山临水，风光秀丽，村中民宅多徽派建筑。清嘉庆、道光年间诗人，《新安大好山水歌》的作者潘世镛，曾写有《晚过篁墩》绝句云：“水绕山环峙一墩，绿烟夹道近黄昏。停车细访先人宅，犹有千年老树存。”篁墩村中的朱家巷，是宋代大理学家朱熹先世的故居所在。村中立有“程朱阙里”牌坊，巍峨壮观。“朱”，即指朱熹，“程”，即指徽州程氏的先贤程元潭和程灵洗。屯溪“篁墩”在徽州移民史上的地位，与山西洪洞“大槐树”极为相似。此后，程氏在徽州境内不断迁居，形成许多程氏村落，据清雍正初年（1723年）统计，歙县、休宁、绩溪等县分布100多个程氏村落，形成以篁墩为中心向邻近各县散居的状况。徽州程氏名流辈出，其大有成者，如宋学者程大昌，明文学家程敏政、制墨名家程君房、数学家程大位、武术家程冲斗，清学者程瑶田等。

程氏三宅的明代家主即屯溪程氏中的名人之一，唐伯虎的主考官礼部右侍郎程敏政。程敏政，字克勤，号篁墩，生于正统九年（1444年），自幼聪敏，读书过目成诵，有“神童”之称。成化二年（1466年）殿试一甲第二名，授翰林院编修，历左谕德，直讲东宫。孝宗继位后，擢少詹事兼侍讲学士，直经筵，特呼其为先生。时有“学问渊博程敏政，文章最好李东阳”之说。弘治十二年（1499年）春，与李东阳共主会考，因考生唐寅、徐经与其有旧交，预作文章恰与试题吻合，被给事中华昶以泄题罪弹劾下狱，唐、徐亦同时获罪。后查华昶劾察失实，始出狱。同年，因愤成疾而卒。追赠礼部尚书。著述甚多，其中与家乡相关者有《新安文献志》、明弘治本《休宁志》，后者38卷为本县现存最早的一部县志。

程敏政之逸事 明蒋一葵所著《尧山堂外纪》载有一段程敏政的著名逸事：“程敏政以神童至京，李贤学士许妻以女。因留饭，李指席间果出一对曰：‘因荷（何）而得藕（偶）。’程应声曰：‘有杏（幸）不须梅（媒）。’李大奇之。”

→ 隐居于闹市之中的程氏三宅，仿佛从未从梦中醒来。

程氏三宅
程氏三宅

屯溪风物

程氏三宅所处之地，为今黄山市的中心城区——屯溪。穿过熙熙攘攘的都市，走进宁静幽深的巷弄，高耸的马头墙即刻映入眼帘，程氏三宅便隐藏于这闹市的腹地。

新安江是徽州的最大河流，干支流纵横交错，遍及祁、黟、休、歙。新安江水系贯穿休宁的就有大小河流201条，汇成率水、横江两条大河，汇流于屯而名浙江，下延至歙县浦口，与练水合流而成新安江，经街口流入浙境经钱塘江入海。一江横流，徽州的茶叶、竹木及其他土特产通过它源源运出；食盐、煤油、布匹以及海鲜、南北货又赖其不断输入。

屯溪即因新安江水路交通而发展起来。据考证，汉建安十三年（208年）屯溪作为地名已载入典籍。在宋代，屯溪仅是一个小渔村。元末明初，徽商程维宗在屯溪投资兴建了47间店铺，除4间自营外，其它用以招徕商贾，囤居货物。程氏三宅兴建时的明代，屯溪已逐渐成为徽州物资集散中心。清康熙年间，屯溪已是“镇长四里”，成为了“皖南矩镇”。因南宋偏安杭州，大兴土木，大量徽州木材和工匠沿新安江被征调去杭州，从而也使宋城建筑风格随之传入徽州。所以屯溪街道店铺建筑，多沿袭宋时风格，被称为屯溪老街。

屯溪老街路面均用一色褐红麻石铺砌而成，石板拼接有序，缝隙清晰美观。整个街道婉蜒伸展，首尾不能相望，街深莫测。老街两侧还有一些宽窄不一的巷弄，这些街巷构成鱼骨架状，交通十分方便通畅。

老街店房多为单开间，一般为两层，少数三层。铺面与铺面之间以马头墙相隔，屋面盖小青瓦。底层为排门装置，便利于营业。楼层为木柱结构，通常挑檐、挑枋，既遮护门面，又增添外观层次感。为了使挑出部分稳定、牢固，在门额枋下装“鹅颈轩”（转移重量和传力用），既作装饰，又是支撑。门楣上布满徽派木雕，戏剧人物栩栩如生，新安山水浓淡隐现。楼上，临街装本栏与裙板，并安置有各种花窗，十分典雅。老街店房建筑又一特点是重进深，一般入内深邃，连续几进，每进均有天井通风采光。外进营业，内进加工或储存货物，后进多用作住室和庖厨，有的还有后花园，是典型的前店后坊或前铺后户传统格局。

屯溪老街是徽州商业兴旺发达的一个缩影。中国南方各地的盐业、典当、木材、粮食、茶叶和海外贸易等许多行业，往往都被徽州人所垄断。其中，盐、当、木商人号称“闭关时代三大商”，获利最丰。程敏政的后代中即有从事木材生意的徽商，当年就从屯溪出发，沿新安江顺水而下，外出经商。

↑ 老街馄饨摊和招徕顾客用的拨浪鼓，洋溢着浓浓的生活气息。

→ 徽州的竹木、茶叶，沿新安江下泛杭州，春水涌潮之时，二三天即可到达，极为方便。南宋建炎元年（1127年），高宗赵构建都临安（即今杭州），大兴土木，修筑宫殿，兴建御花园，朝臣也纷纷在西子湖畔架构楼阁，所用木材，多由徽州运往，给徽州商民带来很大利益。虽已不复当日的辉煌，但老街至今仍有“同德仁”药店、“同和”秤店，“程德馨”酱油等老字号可以让人遥想往昔盛况。

文房四宝礼品盒

茶叶研究所
名茶厂家直销
茶叶研究所
名优茶行

徽派特色

程氏三宅是典型的徽派建筑。三宅均属封闭式砖木结构二层楼房，分前后两进（俗称一脊两堂），其屋面盖蝴蝶瓦，四周墙体封护，东西马头山墙起伏成三级封护至脊顶，前后檐墙砌凹形，高低落差在一米左右。各宅均是以天井采光、通风、排水为一体的独立建筑。其中六号宅占地677平方米；七号宅占地154平方米；二十八号宅占地187平方米。三宅木构架各不相同，六号宅楼二层五开间（建筑面积488 平方米）；七号三开间（建筑面积256 平方米）；二十八号三开间（建筑面积265 平方米）。三宅结构上楼上与楼下分间不一致，采用的是偷梁换柱的技巧。

未进其宅，于巷口远远望去，配着黛青的鸳瓦、飞挑的檐角，程氏三宅那高低错落的"五岳朝天"马头墙，抑扬顿挫，起伏变化，仿佛一支古曲般余韵悠扬。马头墙是徽派建筑中常见的一种标志，它高于屋顶超过屋脊，砌成马头翘角的阶梯形。马头墙最初的作用只是封火山墙，防止邻人失火殃及自家，具有相当的实用性。明朝弘治年间，当时徽州府城火患频繁，因房屋建筑多为木制结构，损失十分严重。知府何歆经过深入调查研究，提出每五户人家组成一伍，共同出资，用砖砌成"火墙"阻止火势蔓延的有效方法，以政令形式在全徽州强制推行。一个月时间，徽州城乡就建造了"火墙"数千道，有效遏制了火烧连片的问题。后来，封火墙却成为一种展现地域特色的装饰，在视觉上让徽派建筑产生一种非常突出的效果。

与"五岳朝天"并称的"四水归堂"也是徽派建筑的主要特征之一。三宅均以天井为中心，四面高墙围护，唯以狭长的天井采光、通风，外墙很少开窗，即使有也是在高处以四五十公分的小窗略作点缀，因此总给人一种幽暗迷离的感觉。除了安全的需要，还有"暗室生财"的讲究。这样，徽派建筑中的采光的需要就要从另一个角度来考虑解决，于是天井就应运而生了。天井在设计中都遵循"四水归堂"的原则。而从家族繁衍的角度视之，"四水归堂"还寓意着人丁兴旺，家族绵延不绝如川流之不息。所以徽州人常说："家有天井一方，子子孙孙兴旺。"

↑ "五岳朝天"

↑ 七号院的“四水归堂”天井修建成水池模样，颇为别致。所谓“四水归堂”是指屋四檐的雨水全部流向屋中间的天井里，再由天井中的下水道排向屋外。这种设计理念基于风水中聚水聚财的认识，也是徽商特有的心理在徽派建筑上的反映。

→ 程氏三宅附近小巷中的民居，亦是年代久远的老宅。

徽州第一厅

程氏三宅中的六号楼建于元末明初，距现在有600多年。该宅五开间，二层楼房。进深16.1米，开间13.6米，两侧带厢房，中为院落，平面呈不明显的凹字形。六号楼楼上“三开间五架梁”的楼厅被誉为“徽州第一厅”。它是徽州地区唯一保存完整的明代厅。厅内四围是一圈靠背椅子，程氏三宅的主人当时就在这里招待客人。从明代中期开始，徽派建筑中的厅堂都建在楼下，楼上厅就成为了绝响。

对于这一奇特的构造，有一种解释是，南宋末年元人南下时，徽州民众抗元斗争十分顽强，经常有聚众举义的事情发生，因而元朝的统治者对这一地区的防范和镇压也就非常严酷。差役暗探四处查访，看到哪家厅堂里人多声响就立刻报官拘审。在这种恶劣形势下，宅屋的主人为避免麻烦，不得已才将厅堂建在楼上，这样家族议事时就可以不被门外路过的人窥探到。而程敏政本人就曾编写过一部《宋朝遗民录》。

站在二楼的厅里往外看，会发现马头墙的上方，密密麻麻的堆积着很多瓦。这里面其实包含着让人心酸的教义。徽商知道，少有富过三代之家，所以在建房的时候，就多了一层考虑。甚至连子孙后代翻修房屋的瓦，他们都尽量地多留了一些。如果看到谁家屋顶上的瓦换成了砖，那就证明他们祖宗的东西被动过了。

六号宅存有明天启元年（1621 年）买卖房契一纸。徽俗族众循规蹈矩，讲究孝悌敦睦，凡土地、房屋等买卖，通常应先于骨肉兄弟中成交，后叔伯弟兄，再是五服以内，最后是五服以外之族众。若卖给他姓，即视为不孝子孙，并开祠明理，众痛责之。这份房屋卖契的立契人程伯，将祖阄分得遗产，出卖给堂兄名下，彼此相求相应，正合乎“敦义睦族”的族规。

程伯房屋卖契 这张买卖房契被称为“程伯房屋卖契”，质地皮纸，长方形，长34厘米，宽52厘米，墨书直行，砂印章。该契约曾收入中国献给世界第13届档案大会的专题片中。

↑ 六号楼挂有“齐眉”匾额的大厅。

· 程氏三宅六号楼入口处。

徽州人宗法观念浓厚，宗族同居。清康熙《徽州府志》卷一《风俗》记载：“新安各姓，聚族而居，绝无杂姓搀入者。其风最为近古……父老尝谓，新安有数种风俗胜于他邑。千年之冢，不动一抔；千丁之家，未尝散处；千载之谱，丝毫不紊；主仆之严，虽数十世不改，……”古坟完好无缺，大族集中居住，主仆关系长期保存，人们日复一日、年复一年的按老样式生活。正因如此，程氏三宅自修建始，始终为程氏后人所居住，未曾属于他姓。

↑ 由天井望去，“徽州第一厅”显得气宇轩昂。

← “徽州第一厅”“三开间五架梁”结构的大梁上绘有色泽淡雅、蓝底白花的“包袱图”，系明代彩画。宅主希望自己能够守住这份清贫的心境，也是希望后代能够了解“一粥一饭，当思来之不易；半丝半缕，恒念物力维艰”的道理。

↓ 为增大明间堂屋的开间，上、下层均用抬梁构架。

→ 六号宅的天井、明堂与楼梯。

贾而好儒

清代著名学者徽州屯溪人戴震说过："吾郡少平原旷野，依山而居，商贾东西行营于外，以口食。然生民得山之气，质重矜气节，虽为贾者，咸近士风。"程氏三宅中，处处可见此类"贾而好儒"的气氛。以六号楼为例，楼下前厅之堂号名为"务本堂"，"务本"二字出自《论语》："君子务本，本立而道生，孝悌也者，为人之本也。"中堂上的对联则是："孝悌传家根本，诗书经世文章。"左右廊柱还有一联："金石其心芝兰其室，仁义为友道德为师。"

明代学者、徽州人汪道昆在分析徽州重文风气时说："夫贾为厚利，儒为名高。夫人毕事儒不效，则弛儒而张贾；既侧身飨其利矣，及为子孙计，宁弛贾而张儒。一弛一张，迭相为用。"做生意是为了牟取巨额利润，读书则是为了追求功名。读书博不到功名，就应当"下海"。赚了一笔钱后，为了子孙后代考虑，就应当让他们读书。以商养文，以文传家，形成了儒、贾之间的良性循环。

古徽州曾有"十户之村，无废诵读"之说，一点也不夸张。在明清两代，徽州人在科举上的建树令人刮目相看。据不完全统计，从1674年到1826年，徽州府产生了519名进士，在全国科甲排行榜上名列前五至六名。在此同时的180年间，江苏省产生了一甲进士94名，其中，有14名出自徽州府；浙江一甲进士59名，有5名是徽州人。在徽州当地，"连科三殿撰，十里四翰林"、"一门九进士，六部四尚书"之类的科举故事，多得不胜枚举。又据统计，《四库全书》收编著作总数3461种，其中徽人所著197种，占收编著作总数的十八分之一。在徽州现存的明清民居中，有不少和程氏三宅一样，都是科第阀阅的旧家宅院。

↓ 六号楼书房窗户正对着院墙，仰起头来也望不见蓝天，读书写字所需的采光完全来自阳光在雪白粉墙上的反射，明亮却不耀眼。

闺闱内眷

六号楼厅堂上方高高悬挂着一块清朝顺治年间的匾额，上书“齐眉”二字，是清太宗皇太极第五子承泽裕亲王硕塞所赐。匾白底黑字。钦朱印和闲章。当时的六号楼主人程讷庵为清廷内翰，因他与夫人同年同月同日生，且非常恩爱，裕亲王赞叹他们夫妻二人琴瑟相和，白头偕老，在他们做寿的那一天，写意为他们题了这块匾额，并注明“双寿”。这是对他们夫妻举案齐眉的赞颂之意。

但举案齐眉的景象，在程氏三宅绵延数百年的存在历程中，并不是一个典型的例子。在明清时期，徽州是个高移民输出的地区，根据徽州俗例，男子到十六岁就要出门做生意。因此，年满十二三岁就得完婚，然后外出经商。从此萍飘蓬转，有时需要几年、十几年甚至几十年才能返乡省亲。有一首《新安竹枝词》就此写道：

健妇持家身作客，黑头直到白头回。
儿孙长大不相识，反问老翁何处来。

于是，留于重闱深闺中的女子，或伫立楼头，望月长叹，或枯坐灯下，对影啜泣。徽州女词人程凤娥有一首《长相思》如此写道：

思漫漫，恨漫漫，无限离愁指上弹，翠被怯春寒。
对栏干，倚栏干，一纸家书仔细看，函露语平安。

另一名晚清女词人程淑亦作有《苏幕遮》：

柳阴凉，兰棹举，南北东西，南北东西路。恰是去年今日去，芳草连天，芳草连天暮。 似说相思，似说相思苦，梦断采云无觅处，门掩黄昏，门掩黄昏雨。

↑ 六号楼闺房花窗。紧邻着床的窗户，是经过独特设计的。从里往外看，很是透亮，再往里看，却是什么也看不到。这个典型的设计，一来可以让女眷透过窗户打发落寞时光，二来又避免心怀不轨的人，从窗外窥视到内眷的情形。

↑ 曾经绚丽生姿的明代木刻彩色版画。从六号楼楼层太师壁西侧壁门存留的彩画残片，画面虽已剥落，但人物形象、线条、色彩仍清晰可辨。中国四大名版画之一的苏州桃花坞版画的风格就来源于明代的徽派版画。

徽州三雕

清人钱泳《履园丛话》中说：“造屋之工，当以扬州为第一，如作文之有变换，无雷同，虽数间小筑，必使门窗轩豁，曲折得宜，此苏、杭之工匠断断不能也。”在清代，扬州是大批徽州盐商聚居之地，民居建筑主要就反映了徽派的风格。这种风格不仅在总体创意上，而且在建筑的细部处理中均颇具特色。最为突出的表现就是徽派建筑中的精雕细刻。不论是清新淡雅的砖雕，华美姿丰的木雕，还是浑厚潇洒的石雕，无不巧夺天工。从这些著名的“徽州三雕”中，不难看出“徽派版画”和“新安画派”的艺术根基。

程氏三宅中的六号楼即以砖雕见长。门楣上方的灰色砖雕，分为好几个层次，第一层是花瓶托着牡丹，寓意平安和睦，以下依次是紫气东来，鸟语花香。门楣上方有四个球，象征四世平安。内门楼上的一幅《凤戏牡丹》保存得非常完好。它采用高浮雕手法，画面清晰异常，一凤一凰，一雌一雄，形态各异。特别是左边的雄鸟，高昂着头，双爪朝前，展示着男权的至高无上。这幅“凤戏牡丹图”，是目前徽州地区现存最大最完整的砖雕作品。

而最能体现徽州人的追求和品位的，当属七号楼的木雕，整组木雕工艺精美、层次分明、图案清晰、寓意深刻。跨进七号楼的门槛，抬头即可见窗下井檐板上的一组组木雕。“瓶插莲叶”意即“平安是福”，喜鹊站在枝头意为“喜上眉梢”。另还有“太平宝象”、“鲤鱼跳龙门”、“麒麟送子”、“鹿回头”以及《山海经》里的故事。七号楼木雕中最为精致的是如意形状的鹅颈轩，工匠们采用镂雕手法，有六个面，赋予木头以鲜活的生命，浑圆饱满的如意球，镶于飞来椅背面凹进去的部分，有如古人拱手抱拳，迎来送往的姿态。站在门口的位置抬头望去，一般只能看到四个如意球，喻意为“四时如意”、“四季平安”。

二十八号楼则以石雕见长。其门罩采用麻石凿制，筑构三门门楼。门楼的正楼、次楼均挑飞檐，檐檩以斗拱相托。石制额枋圆雕“飞凤含牡丹”，下额枋圆雕“双狮戏绣球”，狮球镂空，绸带飘拂。平板则用浮雕手法雕刻串连的荷花瓣。整个门楼立面参差不齐，形成强烈立体感，富于变化。石匠选用的徽州白麻石有易于雕琢、不易风化的特点，所以历经几百年的风雨，石雕依然如昨，未有丝毫毁损。

（撰文/胡腾　摄影/施政）

→ 左图：二十八号楼门罩上砖木斗拱。
右图：“双狮戏绣球”。

← 左图：六号楼的门眉和楼板装饰，集中了竹、木、砖、石等多种材质，平雕、浮雕、镂雕等多种手法，令人眼花缭乱。
右图：井檐斜撑上的6朵灵芝球。

→ 二十八号楼麻石门罩，其石雕在三宅之中保存得最为完好。

诗礼门坊笔架山

东阳卢宅

斯地斯族

卢氏一族从北方辗转迁徙至东阳定居而创建卢宅的历程堪称一段中国移民史上的传奇。东阳卢氏的先祖原居于河北范阳（今河北涿州）一带，南北朝时期曾是河北著名的望族，门内高官迭出。唐代以来朝廷虽然逐步削弱世家大族的影响，用科举考试代替南北朝时期的世卿世禄选官制度，但卢氏一族仍然不乏以文采超众而步列朝臣的人物，如初唐四杰之一卢照临、大历十才子之首卢纶。至北宋末年，由于女真人的南下，北方许多世家大族举族南迁，在东阳落土生根。卢氏祖先就是在这次人口大规模南迁中来到东阳的。

范阳望族　东阳卢宅内还存有明代大思想家王阳明父亲王华所书抱联一对，记载着卢氏家族在南北朝隋唐时代的辉煌，其文曰："衣冠奕时范阳第，诗礼千秋涿郡宗"。

东阳位于浙江省中部，是一个以丘陵山地为主，山川与平原谷地交相辉映的东南名城。四周环山，中间盆地，使这里既为发展农业生产的平原沃土，又在四周造就了天然屏障，成功地阻挡了盗匪、战乱等不虞之灾的侵扰；而两江构成的通道，亦使居住在山间盆地的耕读人家，不失与外界交往之便。东阳融秀美山川与自然形胜为一体，明人修《金华府志》时就称其"形胜之美甲于他邦"。

· 肃雍堂大厅前460多平米的天井也是四合院式民居中极为少见的。廊院深度和大厅正脊高度为3:1，可以让人以最理想的视距视角来欣赏肃雍堂的空间美、形式美和结构美。

卢氏家族的这段迁徙史不是一次写完的，而是步步为营，代代相继，方得以完成。安史之乱后，范阳卢氏的辉煌早已是昔日斜阳，其中卢纶至卢文纪一支就从范阳经山西永济、陕西关中，辗转迁至山东。卢文纪之孙卢琏约在北宋天禧（1017 – 1021 年）年间南下迁居至浙江天台山口（今天台白鹤镇附近）。大约在两宋交替、宋室南渡前后，卢琏七世孙卢寔 ，在一次宦游浙东过程中，来到与天台不远的东阳。他见东阳山川秀美，遂决定在此安家落户，于是举家迁至东阳西部乡之巧溪（今神道门之东）。卢琏四世孙卢员甫始迁雅溪，也就是今日卢宅所在之地，这段壮观又不无艰辛的迁徙史的写作才算封笔。

以宅为村 现卢宅东北，原为南宋参政何梦然故里，紫金桥原为许氏故里，但随着卢氏家族的繁衍发展，何氏许氏渐趋式微无闻，至清代时雅溪就成为卢氏一姓聚居之地。到民国年间，村落更以姓氏名之卢宅。

卢氏旁支 韩国两任总统卢泰愚和卢武铉均认自己为雅溪卢氏旁支，几乎每年都有家人来卢宅祭祖。

卢氏家族数百年的文化传统，不但在北方留下了宏基伟业，而且通过家族的迁移也带到了南方。东阳卢氏南迁数代之后，人丁兴旺，文采昭然，渐成浙中一带望族。卢氏一族在朝廷中重新获得显赫地位约在明朝，从地方文献记载，仅明朝一代，卢氏家族荣登进士、状元的就迭有人出。随之卢宅的兴建也渐入盛期。

《雅溪卢氏家乘》 即雅溪卢氏家谱。按此家谱记载，卢氏原是齐太公姜尚（即姜子牙）的后裔。卢员甫定居雅溪后，至明朝景泰到万历（1456 — 1607 年）年间，卢洪澜及其子扩建卢宅，方使其初具今日之雏形。

古代郡邑、坊宅之间树立牌坊，是为了表宅里，树风声，大凡科考登科、节烈、忠义等事迹均会在乡里间树碑立坊。旧时自县城东出迎晖门，过叱驭桥，经滕宅街有卢宅的“忠直名臣”、“解元”、“南国文章”诸牌坊次第相迎，继有“同胞三凤”、“方岳重臣”、“柱史”等坊跨街而峙，直至肃雍堂甬道则有“风纪世家”、“大方伯”等坊耸立，直到东头的还珠亭，二十余座跨街牌坊标志着卢宅的世家显赫。

不复存在的牌坊群 直至二十世纪 50 年代，东阳卢宅仍保存有长江以南地区规模最大的牌坊群，但于“文化大革命”期间被破坏殆尽。成书于二十世纪 90 年代的《东阳市志》上记载：“1966 年 8 月始，开展‘破四旧，立四新’，卢宅牌坊群等一批古建筑和其它文物遭破坏，大批收藏的书画和工艺品被查抄。”现有牌坊均为近年来按照当地老人的记忆修复。

在明清两代，自卢睿明永乐辛丑登进士第后，雅溪卢氏中进士七人，举人二十九人，贡生一百余人，置身仕宦二百余人，其中不乏威镇一方的封疆大吏，名垂青史的文人名士。卢睿仕总督三边，治理大同府地区三边，勋绩卓著；卢洪春有“忠直名臣”之称，追赠太仆寺少卿，事迹均载《明史》。卢仲佃官至广西右布政使，卢洪官至福建右布政使。卢仲佃的第三子卢洪秋，是抗倭名将戚继光的幕僚，善骑射，熟韬略，能用兵，屡胜倭寇，以功升神枢八营参将。卢氏学者著述颇丰，见于《雅溪卢氏家乘》和《卢氏三峰家志》的就有百余种之多，内容涉及经史、天文、地理、医药等方面。卢格著《荷亭辨论》收录在《四库全书》，被誉之为“理学名臣”。

匾额 明清两代卢氏置身宦林者 200 余人。肃雍堂大厅中高悬的“翰林”、“进士”、“恩荣四世”等条匾也同样向世人展示着卢氏一族显赫的历史。

→ “大方伯”牌坊——此牌坊背面有“祖孙父子兄弟科甲”字匾，“祖孙父子兄弟”指的是：祖天顺壬午科浙江解元卢楷、孙嘉靖丙辰科进士卢仲佃、曾孙万历丁丑科进士卢洪春、曾孙嘉靖甲子科举人卢洪夏。

→ 卢宅肃雍堂仪门前双旗杆——卢氏大宗祠今已不存，明正德年间卢格倡导族中子孙重修祠堂，新建成的大宗祠正堂七间，以供奉卢氏先祖神位；堂前是正厅，为家族议事之处。大宗祠之下，肃雍堂、负荆堂、树德堂均为分支宗祠。

↘ 祭祖用的香炉

斯境斯宅

↑ 《雅溪卢氏家乘》中当年卢宅建筑群落极盛时的全景图。有雅溪春涨、笔架秋容、金谷朝晖、文林吹翠、西郊月色、东阁钟声、豸山烟雨、两岘晴岚、长堤霁雪、隔浦归舟等卢宅十景之咏，均年久湮没。旧时卢宅四围的景观中，始建于唐代的宝轮寺和文征明曾讲学的岘峰书院现已修复。

随着家族的繁衍，明清两朝，卢氏家族营造占地500余亩的建筑群落。它北枕东阳江，南揖横贯东西的南山。南山之中，有一极佳的对景山峦——三邱山，形似笔架，端严如画，大约处于卢宅南偏西33度左右的视线南端。在卢宅之西，由东岘峰派生出一支低矮山丘，绵亘于东城与卢宅之间，在地理和心理上把卢宅和东城界隔开来。因为地势南高北低，南山之水通过东、西雅溪向北泄泻，两溪在卢宅北部环合后，向西北逶迤而入东阳江。这样，卢宅北有东阳江拱卫，复有东西雅溪兜收，东西分别有山丘护卫，南面三邱山端拱而有情；近城而远市嚣，面山而得林峦之利，枕水而通舟楫之便，自然就成了卜居佳处。

雅溪 卢宅营建之初，曾多次请人进行慎重选址，最终定在雅溪之畔。据传雅溪为人工开凿，由东河、西河、北河三条溪流组成，蜿蜒曲折，绕经卢宅的东、西、北三面。溪水西水东流，节节相通，沿溪有月塘、新屋塘、花桥塘、麻车塘、东驮塘、牛厕塘六个水塘与之相联。

《宅经》中说：“宅以形势为骨体，以泉水为血脉，以土地为皮肉，以草木为毛发。”卢宅就是这样一座融山川形胜与人文风润于一体的建筑。“三峰峙其南，两水环其北，前有蔬圃，后有甫田”，即是《雅溪卢氏家乘》对卢宅风水环境的生动描述。卢氏来雅溪而居，村落中心大宗祠为地势低洼处，形似荷花心。

莲花家族 相传卢宅整体为莲花形，大宗祠位在荷蕊之中，肃雍堂等建筑则显荷叶之意。此般构思不但暗含主人出淤泥而不染的立意，也象征家族以大宗祠为核心的心理同向性。

卢宅的整个村落以卢氏大宗祠为中心，由复荆堂、肃雍堂、树德堂三条轴线延伸出去的几组建筑呈拱月之势围绕周围。长500米的卢宅老街和东西两条雅溪形成了卢宅的交通干道。共40多处园林、书院、寺观和26座牌坊点缀其间，形成了建筑形式和风格都极为多样化的居住群落，完全满足了卢氏家庭的居住、游乐、聚友、宴饮、祭祀、读书、听戏等物质和精神生活的需要。

明清两代，卢氏一族沿雅溪广建亭、阁、园苑，从文献记载来看，卢宅周围可考的园子就有二十余处，可惜今日已然不存。卢宅的园林虽谈不上著名，但却留下了众多文人墨客的赞许和佳话。这是因为卢氏家族重交往，当年“吴中四大才子”之一的文徵明、明代书画家董其昌、清廷重臣刘墉等都是卢宅的座上客。卢宅中现留有不少明清名人的墨宝，或许就是卢宅家庭诗会的产物。

→ 卢宅中长长的巷子

肃雍和鸣

肃雍堂是卢宅的主体建筑，始建于明景泰七年（1456年），天顺六年（1462年）落成，后续建造直至清代。肃雍堂建筑空间深远，前后九进，纵深320多米，厅堂楼舍125间，占地6500平方米。

肃雍堂之来历 据传这是当时官任朝廷监察御史的卢格，向皇帝为家父讨得“赠知县”封衔之后兴建的宅院。“肃雍”二字源于《诗·周颂·有瞽》中“肃雍和鸣，先祖是听”之句，意即只有肃敬雍和之音，先祖才愿意听。卢格在《肃雍堂记》中写道：“肃，肃敬也，礼之所以立也；雍，雍和也，乐之所由生也。”

肃雍堂中轴线从照壁开始，经三座牌坊、折形甬道、越捷报门、国光门至肃雍、同寿堂，再至乐寿、世雍诸堂，空间序列非常壮观，前四进与后五进之间由石库门分隔，前四进由头门入内，头门为守护、打更的居所，仪门为主人迎送、备祭祀及节庆的场所，肃雍堂大厅为全宗支祭天祀祖、吉庆典礼、教习子弟、宗族议事的公共场所，穿堂及同寿堂为摆设高茶、陈列祖像的所在；后五进以世雍堂为中心，其门楼厅堂、堂屋用作宗支红白喜事的场所，大房及两侧厢楼是家眷、仆人的生活起居空间。整条轴线主次分明，功能分区明确，尊卑有分、长幼有序，内外有别，与紫禁城中轴线的院落组合有异曲同工之妙。

卢宅之修缮 卢宅整个修缮工程从1985年开始，共分三期实施。其中第三期修缮文物面积约12030平方米，完成了西荷亭书院、存义堂、茂槐堂门楼、肃雍堂后四进等一系列维修工程。

肃雍堂保持着中国古代民居建筑史上的多项纪录。其中最引人注目的，是肃雍堂前后九进沿中轴线安排以“进”为单位的住宅建筑，可称中国民居之最。这条将众多厅堂建筑有机而左右对称地串成一条320米长的中轴线，在中国民居住宅史上也是最长。就平面形态而言，肃雍堂建制不能不让人联想到故宫，九进由石库门分割成“前朝后寝”两部分，“前朝”两座主堂又由穿堂相连，极似故宫三大殿。肃雍堂建筑群在整体上深沉而有序，恢宏而不失偏颇，既显示了世家望族的气派，又突出了皇恩眷顾下的荣耀。

防水天沟 肃雍堂大厅双跨屋顶天沟用石质沟槽锡板防水，五百多年不漏，这是在中国住宅史上极为优秀的创造。即使遇超大型暴雨，雨住后半个小时内就能将水全部排出大厅。

最早的斜撑构件 肃雍堂第六进世雍堂上有将斜撑结构构件变成融结构与装饰美为一体的木雕“牛腿”，是现存中国民居建筑中最早出现的斜撑构件。

卢宅长廊 廊在肃雍堂建筑群中虽然不是主体，但却起着连接各类主体建筑的作用，南方多雨，游廊既可以为人们行走遮风蔽雨，又使整个建筑多姿多彩。

← 肃雍堂甬道。在明清民居史上，该甬道设置的长、宽，作为完全意义上的过渡空间，是全国独一无二的。

→ 肃雍堂大厅，二跨三开间，重檐悬山造，抬梁式构架，内施斗拱。梁、檩和角梁上的木雕，彩绘形神兼备。

卢宅真正的大门——捷报门。此门建于明景泰年间，匾上用小字记载了卢氏家族的中举历史。从第一进报捷门到最后一进后楼，这就是中国现存民居中最长的中轴线，在一条直线上诸扇大门同时打开，那景象绝对震撼人心。

↑ 肃雍堂的三进与四进院落之间以"工"字厅相联接——从建筑史来看，"工"字厅往往出现在宋元时期，元以后的建筑就很少有这种建筑形式了，肃雍堂虽然建于明代中期，但卢氏一族久远的文化渊源，或许由于尊祖的原因，在建筑上也刻意模仿古制。

← 第四进正堂和第五进正楼间的可移动式石库门，是一道木制镶砖的推拉门，是中国现存最早的可移动式石库门。

整个肃雍堂建筑群依照“面屏、环水、枕山”的理想风水理论布置，南以东、西岘峰为屏，遥对笔架山，有“云外插三峰，好安画石笔”之说，被卢氏家族视为文脉所在，历代严禁有所遮挡。站在仪门南视，笔架山恰好处于头门的门框以内，成为卢氏家庭神圣意义的一种文化景观，并成为启示儿辈好学奋进、施行家教的重要场所。甬道三转二折，入口设八字照壁，含藏风纳气之义；中段正对“天门”水口，寓招财进宝之意。左右雅溪中，西河环抱，并在溪上建构多座石桥，以增加气氛。汇至宅后辟月塘滞流，并用人工筑沙山一座，避免宅后失之空旷。古人视水为财源和吉利的象征。“以荫地脉养真气”，要求进口开敞，出口宜关闭紧密，最怕直泻无收。月塘不在宅前而在宅后，说是“水口收藏积万金”的蓄财之库。泄口建一跌坡，溪流弯曲不至于直去无收，其上建石桥一座，形同关锁。其后又建文昌阁“坐镇”，彻底扼住关口，以固一方之元气。撇开雅溪、月塘、石桥、笔架山的实际功用、景观效果不说，其借助山水形胜发族致富的古代风水学理论得到了极好的注释。

捷报门门框中的笔架山 卢宅建筑中最可称道的借景是笔架山的利用，笔架山座落在东、西岘峰之间，卢格兴建肃雍堂之初，经过精心选址，将肃雍堂大门正对笔架山，山虽不在宅中，笔架所含之意却尽在其间。

上图：八字照壁

下图：已被毁坏的肃雍堂第八进也曾复原，后按国家文物局意见予以拆除、保留原样。

笔架横峰

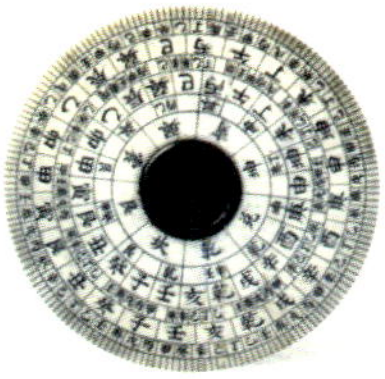

明代相宅所用象牙罗盘。《宅经》，又名《黄帝宅经》，中国传统民宅风水著作中最富盛名的一种。今存四库全书本，二卷。中国古代的住宅风水学极为发达，著作颇多，《宅经》一书即引用《黄帝二宅经》及淮南子、李淳风、吕才等各种宅经有二十九种之多。

木雕圣地

论起建筑群的华贵典雅、建筑构件雕刻的精美绝伦，任何一个建筑群落也难与号称“百工之乡”的卢宅相比。卢宅之中最值得赞叹的就是木雕工艺，卢宅的厅堂宅第广泛采用东阳木雕装饰，无论是视角触及的建筑构件如斗、拱、梁、枋、檩、牛腿、雀替、门、窗，还是家具的设计和制造工艺中，都体现着木雕之乡的神采。可以毫不夸张地说，卢宅就是一处东阳木雕艺术的圣地。

东阳木雕最早起源于唐代，现存最早的实物是北宋建隆二年（961年）的一尊善才童子佛像和一尊残头佛像。据说，清代中期东阳有400多名木雕艺人去北京紫禁城从事雕刻，可见其闻名。东阳木雕材料以樟木为主，构图疏密得体，变化多端。木雕艺人以层次高、远、平面分散来处理透视关系，并以中国传统绘画的散点透视或鸟式透视为构图特点，也就是说，它可以不受“近大远小”、“近景清”、“远景虚”等西洋雕刻与绘画规律的束缚，在一定的平面和空间范围内，它所表现出来的内容可以比西洋浮雕更为丰富。因此具有以小观大的效果，特别适合表现故事性强的内容。东阳木雕在工艺操作上有“图稿设计”、“打胚”“修光”的分工。但技艺高超的老艺人却可以不用起稿，直接雕刻。而当创作一幅新作品时，他们又可以凭着记忆和默写，一边听人念内容，一边就画出图稿来，然后雕刻。

卢宅不仅是各种雕刻艺术品难得的珍藏库，而且还经历了绵延三四百年的扩建续建，见证了东阳木雕的兴衰与变迁。明代以前，冶金技术有限，雕刻作品的形象多严谨生动，线条粗犷、豪放。而清代以后，木雕工具迅猛发展，刀具就达300余种，而且开始分凿箍型和钻条型。钻条型工具最大的有5厘米宽，而最小的小针凿只有发丝般粗细。而且从清初开始，木雕的彩绘技术也得到了良好的发展，二者充分结合，使卢宅的木雕开始呈现出华丽、精致，更富艺术感染力的最佳状态。

东阳大木雕 古建筑木雕分大木雕、小木雕两种，中国四大木雕——东阳木雕、潮州木雕、福建龙眼木雕、浙江黄杨木雕，后两种以摆设物件为主，是小木雕，前两种木雕与建筑结合，是真正的大木雕。而东阳木雕表现传统儒家思想，与潮州富丽堂皇的豪富风格截然不同。

月梁 木构梁架是中国古建筑的主流，梁架最主要的作用是承重。在北方的木结构建筑中，多做平直的梁，而南方的做法则将梁稍加弯曲，形如月亮，故称之为“月梁”。加之南方天气炎热，厅堂基本上都做“彻上明造”而不做天棚，这样一来月梁的形象暴露于外，当人们进入厅堂时，全部梁架构造一目了然。

肃雍堂内的月梁用材硕大，木雕彩绘融于一炉。

卢宅建筑上的木雕除传统的祈祝吉祥、太平的图案外，还有许多深含儒家行为规范、道德准则的故事，其中二十四孝图是最常见的内容，其它如岳母刺字、关公夜读也是经常表现的故事。卢宅木雕的技法和故事内容因空间部位的不同处理得合情合理、有章有法。例如梁架上用的多是线雕或浅浮雕图案，使受力构件整体得到保证；牛腿上用的是圆雕，题材多变，因这是重点视区，以强调美感为设计构思重点；门窗因接近人的视平线，可近距离观赏，所以大多用精致的浅浮雕、薄浮雕，取材戏文历史故事，可以让人细品。

卢宅在建筑用色上讲究自然、清谈，宅内大多建筑物都取材料本色，粉白的墙壁与黛青的屋瓦，构成了宅院的基本色调。与之相类似，卢宅木雕也多取材料本色，与涂红上金、富丽堂皇称著的潮州木雕形成鲜明对比。细究此中原因，当与地方文化渊源密切相关。清淡自然是儒、道两家追求的本色，这正与东阳一带深厚的文化底蕴暗相吻合。

→ 左图为肃雍堂大厅之牛腿。中上为“九狮戏珠”，被誉为东阳木雕的代表作之一。中下为世雍后堂“天开”“地转”雕字裙板。此处“地”为上“朱”下“土”，意为明朱家天下之土。右图为有“木雕宰相”之称的清代东阳木雕艺人黄紫金雕刻的牛腿。黄紫金也曾被征调故宫从事木雕。

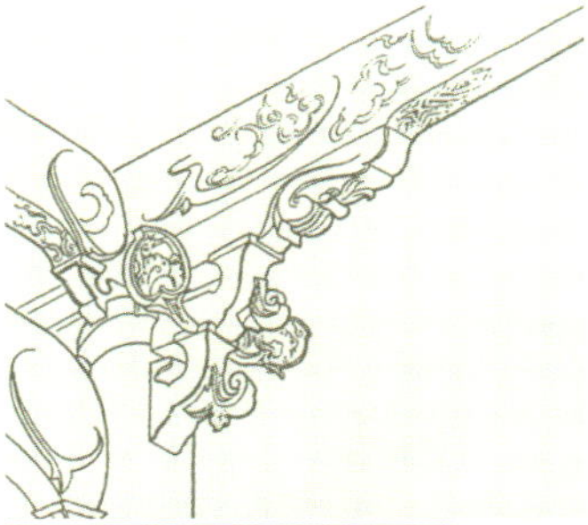

↑ 上图为卢宅斗拱“柱头”铺作示意图（摘自《中国古建筑装饰讲座》p257）。
下图为肃雍堂大厅内的月牙梁与斗拱“柱头”铺作。

斗拱，中国传统木构架体系建筑中独有的构件。用于柱顶、额枋和屋檐或构架间，宋《营造法式》中称为铺作，清工部《工程做法》中称斗科，通称为斗拱。斗是斗形木垫块，拱是弓形的短木。拱架在斗上，向外挑出，拱端之上再安斗，这样逐层纵横交错叠加，形成上大下小的托架。斗拱最初孤立地置于柱上或挑梁外端，分别起传递梁的荷载于柱身和支承屋檐重量以增加出檐深度的作用。唐宋时，它同梁、枋结合为一体，除上述功能外，还成为保持木构架整体性的结构层的一部分。明清以后，斗拱的结构作用蜕化，成了在柱网和屋顶构架间主要起装饰作用的构件。

七彩华灯

与宏伟建筑和精美木雕齐名的，是卢宅的彩灯。数百年前的卢宅，每逢元霄佳节，主要厅堂都张灯结彩，供人观赏。当夜幕低垂，华灯齐放，肃雍堂内灯火辉煌，灯光与月光交相辉映，令人眼花缭乱。

卢宅灯饰，大者寻丈，小者尺余，取材用料，极为讲究。以制作原料分，有红纱灯、白纱灯、琉璃灯、素绢灯、料丝灯、竹丝灯、玻璃灯、彩珠灯、羊皮灯。按造型分，有圆形、方形、六角形、八角形、连珠形、宝塔形、宫式形。红绿纱灯谓之春灯，竹丝反簧谓之夏灯，白绢料丝谓之秋灯，羊皮彩绘谓之冬灯。挂灯融诗书画艺于一体，巧夺天工。灯架、灯片制作精雕细镂，匠心独具。竹簧灯片纤纹镂空，孔孔剔透，空差不能容发；料丝灯片，里外双层拼接，浑如玻璃一片，平整无暇；明角羊皮灯片，平滑匀净，晶莹亮丽，色泽柔和。卢宅灯彩，十分注重局部细节的装饰效果，灯面有书有画，书画搭配。书体正、隶、行、草俱全，或雄健，或秀丽，遒劲洒脱，温雅端庄，具备诸家神韵。绘画，有工笔、写意，线条流畅，设色明快，形神兼备。

卢宅现存彩灯有三百余盏，其中尤为让人惊叹的是肃雍堂大堂灯。大堂灯悬挂时自屋顶悬垂直至接近地面，堂灯顶部由三杆铁臂交叉伸出，形成六角。上覆华盖，周边六面围以彩珠穿就形态上昂的蝙蝠珠片，角间饰以彩珠蝴蝶，下边围以彩珠穿就并饰有“星辉不夜，万象位摇，结彩莲炬”十二字样的珠帘。华盖下分三层，中间主灯从上而下依次悬挂着六角羊皮灯、八角料丝灯、红色羊角灯三盏大灯，周围各面再衬以一串三盏小羊角灯，并在下层小羊角下悬以一只彩珠花蓝，角间悬六串饰以琴棋书画图案的彩珠飘带，形成纵三横七的格局。“联三聚七”之义即源于此。整架堂灯华丽典雅，色彩斑斓，与《红楼梦》所书荣国府中的“联三聚一玻璃彩穗灯”如出一辙，而肃雍堂大堂灯更胜一筹，比其还大二挂，足见肃雍堂大堂灯之壮观。

卢宅灯彩，系祖传珍品，故张挂、拆卸、维修、装箱、保管、添置等环节，都有经验丰富之人专责其事。灯彩一般平时不行张挂，只是到祭祀祖先、闹元宵、开祠堂门时才挂灯，显得甚为郑重。挂灯颇有讲究，须先在堂内悬挂一对红色宫灯，然后再由堂到厅、庑、院、大门，由里及外，次第井然。元宵时的卢宅灯会，农历正月十四日早上开始挂灯，十四日晚至十六日晚观灯，十七日早上收灯。肃雍堂挂灯更讲规矩，俗谚“头门仪门行灯，檐口珠（子）灯琉璃，中堂珠宝堂灯，梁下四片方灯，次间倒汇主灯，四旁梅花五灯”。

每逢元宵佳节、喜庆盛事，肃雍堂华灯齐放，斜角里巨大屏风明镜相互辉映，灯彩重重叠叠，精致华丽，游人观赏，川流不息。卢宅元宵灯会的龙灯，要在大厅屋柱间盘旋，上下翻动，灯光闪烁，景致奇特。雅溪三流有宽长的水面，每逢重大庆典还有荷花灯活动。用竹木纸布扎成鱼龙狮虎、花卉树木，彩楼画舫等彩灯，或按故事情节，吉庆典故制成大型灯山，间杂在盏盏荷花灯中，千百盏灯彩，浮游水面，叠成色彩重影，灯光随水波摇曳，星光、月光、灯光相辉映，美不胜收。清卢永度有《九月河堤放灯》诗记其盛况：

灿烂花开河影连，鱼龙飞跃九秋天。
彩楼高映云端月，画舫连摇波底莲。
狮对浮图俨似吼，犀窥蟾魄竟贪眠。
奎光喜并祥鳞跃，瑞兆文明雅水边。

卢宅未来之保护 东阳卢宅已被选入世界遗产基金会公布的2006年“世界100大濒危文明遗址”。这个名单上中国有六处古迹入选。由卢宅文管所和清华大学文化遗产保护研究所联合编制的《卢宅保护规划》已经完成，在这个以申报“世界遗产”的要求来完成的规划中，划定了50多亩核心保护区和近500亩一般保护区，总投资近3亿元，将突出保护“基础设施改造”和“周边景观治理”。

（撰文／胡腾　　摄影／施政）

↗ 列入吉尼斯纪录的肃雍堂大堂灯全称“宝盖索络联三聚七彩穗羊角灯”，通高4.05米，最大直径2.10米，重127.5公斤，用40余万颗玻璃彩珠穿就，已列入吉尼斯纪录堂灯之最。用羊角、牛角高温熔化后人工吹塑成灯的工艺，现在已经失传。

羊皮灯

料丝灯

四合天下汇通意

乔家大院

走西口与乡愁

提起哥哥走西口，

止不住小妹妹泪蛋蛋流。

这是从山西流传三百年之久的二人台小歌剧《走西口》中精缩出来的一句民歌。约从明末清初开始，山西人为生计所迫，也为发家致富，越过长城来到内蒙古中西部地区谋生发展。在这一部名闻天下的移民史里，令人泣下的故事何止万千。西口（张家口为东口）指山西省右玉的杀虎口，一直是山西北出内蒙的要道。乾隆六年（1742年），乔家大院的始祖乔贵发，一个衣食无着的光棍汉，正是从故乡山西祁县乔家堡踏上这条路，书写了乔家大院传奇的第一笔。

“走西口”是桩极苦的差事。民谚形容：“世间三般没奈何，赶车、下夜、拉骆驼”，就是走西口基本的营生。乔贵发刚离家时，干的就是拉骆驼的活，跟随驼队往来于戈壁之间的茶叶之路。若干年后，他在包头附近一个村子定居下来，做起卖菜、磨豆腐的营生。后来他又与一秦姓老乡在包头合开了一间店，经营豆腐、豆芽、烧饼、切面以及零星杂货，后又兼营打造银器。由于待人接物好，又善管理，生意日见兴隆，乔贵发也渐成家底殷实的富商。

十多年后的一个清明节，乔贵发带着今非昔比的心情第一次返回故乡为父母上坟。他7岁丧父、10岁丧母，自小在故里尝遍了世人冷落的滋味，却意外发现坟头有烧纸进香的痕迹——本村一个年轻寡妇一直替他尽着孝道。乔贵发当即决定娶这位还带有孩子的寡妇为妻，这一举动在当时的社会环境下实可谓情深义重。乔贵发同时决定，要在乔家堡这块曾无奈出走的乡土上营建一所足以让四乡邻里仰而望之的大院。

一 悬挂有“福种琅嬛”匾额的乔家大门。

福種瑯嬛
古風
子孫賢族將大
兄弟睦家之肥

晋商之家园寄托 乔贵发负辱出走乡村又荣归故里的人生曲线，是许多晋商家族共同的发家经历。他们信守一条约定俗成的规则："业成之后，筑屋买田、养亲娶妇，必在故乡，辛勤一生，子孙即温饱矣。"清末民初，京津一带流行的民谣，对山东和山西商人的不同性格有一个有趣的比较："山东人，瞎乱闹，好交朋友把钱花掉，一辈子在外白跑跳；山西人，大褥套，发财还家盖房置地养老少。"正是这种对于家园的精神寄托，成为乔家大院以及晋中诸大院矗立乡土之上的根本原因。

在乔家堡的宅第初起之后，乔贵发又继续回到包头经营买卖。后来，乔家以"复盛公"字号命名的铺底，便成为包头市面上的头号大买卖，并由此产生了"先有复盛公，后有包头城"的包头民谚。极盛时乔家在包头的房屋就有一千多间，其中包括票号、钱庄、商号、当铺、茶庄、粮行，另在祁县城内及北京、天津、太原等地也有房产。

乔贵发有三个儿子，长门乔全德生一子名致祥，取"长发其祥，惟有德者居之"之义，堂名定为"德星堂"。二门乔全义生一子名致远，取"宁静以致远"之义，堂名定为"宁守堂"。三门乔全美生二子，长子乔致广早逝，未定堂名；次子名致庸，取"不偏不倚，执两用中"之义，堂名定为"在中堂"。三堂之中，德星堂主人乔致祥膝下无子，后继乏人。其余两堂则子孙繁衍，人丁兴旺，因此总堂名之下又有许多分支堂名。其中尤以乔贵发之孙乔致庸的"在中堂"最为兴盛，后几成乔家大院之代名词。

晋商大院之堂 堂字的本义指高大雄伟的建筑物，多指正房而言。古代往往堂殿并称。《礼·礼器》："天子之堂九尺，诸侯七尺，大夫五尺，士三尺。"唐代开始专以帝王所居为殿，堂为民间所用。堂名作为家族的代称究竟起于何时，目前尚无定论。大量资料表明，清嘉庆以后，起堂名之风盛极一时，晋中特别是祁县、太谷、平遥一带，中等以上家庭都有自己的堂名。

乔家祠堂 → 过厅木夹扇上云纹浮雕

六代未完之宅

晋商大院的形成多非一蹴而就之功，往往子添父瓦、孙增子砖，历经数代积累而成，用雕刻时光来形容再准确不过。乔家大院正是这种建筑文化的代表性作品。乔家大院位于祁县乔家堡村正中，现存建筑群体占地8724平方米，建筑面积3870平方米，分六个大院，内套20个小院，313间房屋。大院形如城堡，三面临街，四周围以高三丈有余的封闭式砖墙。从高空俯视乔家大院的院落布局，极似一个象征大吉大利的“囍”字。但这个“囍”字并非最早宅主人乔贵发的有意设计，而是在近两百年时间里，乔家六代人一笔一划不断增修扩建才逐渐成形。而且，虽然时间跨度很大，但后来的扩建和增修都能按原来的构思进行，使整个大院风格一致，浑然一体，仿佛此“囍”字是由一人之手一气呵成。倘若有一台固定机位的摄影机拍下这一切再以快速播放模式放映，定然是一部震撼人心的纪录电影。

祁县民宅 乔家与乔家大院的传奇有着深厚的地域背景。乔家所在的祁县位于晋中盆地中部，汾河东岸，太岳山北麓。祁县历史悠久，因古时有“昭余祁泽薮”（长杂草的积水地带）而得名。祁县是明清时期富商大贾云集的地方，仅县城就有大商贾数百家。至清光绪年间，祁县人开设的票号占当时全国票号的三分之一，故有“执金融之牛耳”和“汇通天下”之美誉。著名建筑专家郑孝燮说过：“北京有故宫、西安有兵马俑，祁县有民宅千处。”祁县的民居集宋、元、明、清之法式，汇江南河北之大成，其中最为有名者就是乔家大院。

清乾隆年间，现乔家大院坐落的地方，一部分正好是乔家堡村的大街与小巷交叉的十字口。乾隆二十年（1756年），乔贵发从包头衣锦还乡，在这个十字路口的东北角偏东处起建宅院。嘉庆元年（1796年），乔贵发的三个儿子分家析产，老三乔全美在老院的西面，也即十字口东北角买下了几处宅地，起建楼房。主楼为硬山顶砖瓦房，砖木结构。原先的老院，也进行了翻修，作为偏院。还把偏院中的二进门改建为书塾，这是乔家大院最早的院落，称为老院，也即东北院。

乔致庸当家后，为光大门庭，继续大兴土木。他在老院西侧隔小巷置买了一大片宅基地，又盖了一座楼房院，也是里五外三，形成两楼对峙，主楼为悬山顶露明柱结构。明楼竣工后，乔致庸又在与两楼隔街相望的地方建筑了两个横五竖五的四合斗院，使四座院落正好位于街巷交叉的四角，奠定了后来连成一体的格局。

光绪中晚期，乔景仪、乔景俨买下了当时街巷的占用权。把巷口堵了，小巷建成西北院和西南院的侧院；东面堵了街口，修建了大门；西面建了祠堂；北面两楼院外又扩建成两个外跨院，跨院间有栅栏通过，并以拱形大门顶为过桥，把南北院互相连接起来，形成城堡式的建筑群。

民国十年（1921年），乔映霞、乔映奎又在紧靠西南院建起新院，格局和东南院相似。但窗户全部刻上大格玻璃，西洋式装饰，采光良好，显然在式样上有了改观。与此同时，西北院也由乔映霞设计改建，把和老院相通的外院之敞廊堵塞，连同原来的灶房，改建为客厅。还在客厅旁建了浴室，修了“洋茅厕”，增添了异国风情。

风水之调整 乔家的建筑营造历时长久，又限于地盘和周边环境的限制，南面三个后期建造的院子只能采用坐南朝北向，违背了常规的阴阳秩序。乔家因此采取了局部调整的手法，如错开与北面大门相对位置，增设影壁，变化二门的方位，变通厕所和水口的位置，尽可能地消解了不利因素，既照顾到风水思想中人与自然的关系，又满足了大家庭数世同堂、各分支小家庭相对独立的需求。

靠西北院，原来有一小院，为乔家的家塾，故把此院叫做书房院。分家后，乔健打算建内花园，从太谷县一个破落大户家买回了全套假山。正待兴建时，“七七事变”爆发，日军侵华，工程停止。日军侵占时期，乔家举家外逃，人去楼空，顿时“庭树不知人去尽，春来还发旧时花”，乔家大院竟永成未完之宅。

乔家大院——站在西北院三楼阳台上可观全院，由于两楼院隔小巷并列，且南北楼翘起，故叫做“双元宝”式。各院房顶上有走道相通，用于巡更护院。

完美细节

乔家大院外视威严高大，宛如城堡，内视则富丽堂皇，既有跌宕起伏的层次，又有统一意境的规范，堪称北方超大型四合院组合建筑的典范。院内的斗拱飞檐、石刻砖雕、板绘木雕、彩绘金装更将人带入完美的细节空间。

传统风水理论中的门 在传统风水理论中，户门是宅院的咽喉，《阳宅正宗》称："门为一宅之主宰"。阳宅中的"三要"（门、主房、灶）及"六事"（门、路、灶、井、坑、厕）都把门作为一个主要素。阳宅相法中每有"气口"之喻，"门通出入，是为气口"，在住宅中蕴藏生气，门是极重要的。《阳宅大全》中强调了门的通"气"作用："惟是居屋房中，气因隔别，所以通气只此门户耳。门户通气之处，和气则致祥，乖气则致戾，乃造化一定之理，故先贤制造门尺，立定吉方，慎选月日，以门之所关最大"。

门户既体现当年主人的华贵荣禄，也尽显其生活品味和性格。乔家北面三个院落的大门，都是倒座上嵌门罩，面阔三间，黑色实榻大门，斗拱上翘昂并用，屋脊两端有吻兽，梁枋上有仿苏式彩画，沥粉贴金。按清代礼制，"庶民庐舍"的大门禁用斗拱、彩色，屋顶吻兽只有帝王贵族和庙宇才可以安放，由此可见乔家大院建筑形制的铺张程度。二门是标准四合院分隔内院外院的标志，乔家东北院和西北院的二门是歇山顶的垂花门，柱头间有额枋和雕花雀替，斗拱也是翘昂并用，精美异常。除此以外，乔家大院还有种类多样的门式，硬山单檐砖砌门楼，半出檐门，石雕侧跨门，一斗三升十一踩双翘仪门等；再从房顶上看，有歇山顶、硬山顶、悬山顶、卷棚顶、平房顶等，这样形成平、低、高、凸，无脊、有脊、上翘、垂弧等各种曲线。每地每处都是别有洞天，细细看来，确实让人赏心悦目，品味无穷。

垂花门 垂花门因屋顶前檐的两根柱子悬在半空不落地，柱子顶端雕刻成花状而得名。因为有屋顶、台阶、梁枋、门枕石、抱鼓石、华板、望板等众多物件，又集中了传统建筑装饰手法和风格的诸多要素，垂花门堪称四合院中最华丽精美的部分。

中国民居之屋顶曲线 中国民居中的屋顶曲线是建筑造型曲线中最突出的，在古代建筑中运用得最普遍，以后在亚洲各地流传起来，影响很大。屋顶曲线就是将屋顶坡面做出凹曲面的形状，正脊也出现曲线。曲线弧度大小，是根据地方气候的特点产生的，也是根据建筑性质来分别处理，因此各地的屋顶曲线又各有不同。华北西北一带风沙比较大，除直接使用平顶房屋以外，带屋顶的建筑，坡面都有曲线，当大风吹来，曲线弧度可以迎风，可以通风，因此，山西一带民宅屋顶都有弧度较大的曲线。

大院的建筑细节还有更迷人处，那就是三百余件精美到极致的木雕艺术品，个个都有其独特的民俗寓意，并无一重复。仅以西北院的门上雕刻为例，其正门木雕有八骏马及福禄寿三星图（又叫三星高照图），二进门木雕则有花博古和财神喜神，正房门楼为南极仙骑鹿和百子图。其它各院门上木雕还有天官赐福、日升月垣、麒麟送子、招财进宝、和合二仙等。柱头上的木雕也是多种多样。如葡萄，表示蔓长久远；万年青，表示万年富贵；垂莲，表示连生贵子。其余如松竹、芙蓉、桂花，也均各有寓意。过厅的木夹扇上还刻有大型浮雕"四季花卉"和"八仙献寿"等。

砖雕精品则以大院大门外影壁砖雕"百寿图"，以及新院内的《省分箴》影壁砖雕最为出色。其它如房顶上有脊雕，内女墙上有扶栏雕，院门内侧有对称性壁雕。乔家大院中的石雕工艺虽比较少见，也是十分精细。如几对石狮，形态各异，憨态可掬。还有石础上的阴纹线刻，也是线条流畅，故事引人。

← 新院正院的钟表砖雕和东房北侧墙上的彩绘火车
→ 乔家大院的种类丰富的门式

↑ 屋脊两端的吻兽。
↓ 可显示乔家大院完美细节的另一细微之处是其房顶上的多达140余个烟囱，这些烟囱的雕式也形制各异、无一雷同。

从经商到持家

乔家大院黑漆大门扇上镶嵌着由李鸿章题赠的铜底板对联一付："子孙贤，族将大；兄弟睦，家之肥。"对子的字里行间透露着乔家主人的希望和追求。也许正是遵循这样的治家之道，乔在中堂经过连续几代人的努力，达到了后来人丁兴旺、家资万贯的辉煌。

乔贵发死后，乔家在"复盛公"基础上发展起来的复字号系列凭借包头这一发祥地，进而把商业字号陆续延伸至平津、东北直到长江流域各大商埠。光绪十年（1884年）乔家又创办了大德通、大德恒票号，更一跃而为全国闻名的商业资本家。清光绪到民国初年是"在中堂"的极盛时期，商业、金融双管齐下，"在中堂"的事业到了登峰造极的地步。

晋商与票号 梁启超曾说："鄙人在海外十余年，对于外人批评吾国商业能力，常无辞以对，独至此有历史、有基础、能继续发达之山西商业，鄙人常自夸于世界人之前。"而民国财政部长孔祥熙更是自夸说："我们山西人是中国的犹太人和苏格兰人。数百年前就开设了票号，是金融管理的天才。"票号是现代银行的前身，"票号"之名取意于经营汇票，因晋商创办经营，所以也叫"山西票号"。第一家公认的票号为平遥的日升昌，成立于清道光三年（公元1823年）。

乔家虽非进入金融领域最早的晋商，但乔家票号却是经营最成功、影响力最大的票号之一。更为难得的是，乔家两票号能历几次金融风潮而不倒，到1934年祁县渠家票号歇业后，成为山西票号仅存之硕果，最后至20世纪50年代初才结束其历史。这其中除了因为乔家资本雄厚、多项经营的抗风险机制外，乔家一贯以信义为先的商业精神也成为其生命力强盛的重要因素。

从乔贵发包头创业时起，乔家就形成了诚朴、踏实的经营风格。按乔贵发的说法，即是"宁可少赚钱，不能失信；宁可不赚钱，不能失信；甚至宁可赔钱，也不能失信。"乔致庸把经商之道排列为：一是守信，二是讲义，三才是取利。乔家以信义经商的事例不胜枚举，有些甚至达到匪夷所思的地步。乔致庸时代，包头的复盛油房进了一批胡麻油，进手的伙计在油中掺了劣质油，图谋厚利。乔家知道此事后，将掺了假的油悉数倒出重装，已售出的则全部收回以假换真。1922年包头双字号的财东杨老五欠复盛全白银6万两，无法偿还，杨老五给乔映霞财东磕了一个头，就算了事。大顺公绒毛店欠复盛公现洋1千元，还了一把斧头、一个箩筐即算了结。

乔家将信义为先的商业做派也用在持家上，创造了晋商诸大院中异常严谨中正的家风。从乔致庸时代起，"在中堂"就制定了极为严格的家规，简言之有六条：一不准纳妾，二不准虐仆，三不准嫖妓，四不准吸毒，五不准赌博，六不准酗酒。如第一条"不准纳妾"，在富家中即非常罕见。乔致庸自己娶过六个妻子，但都是续娶，没有同时存在两个妻室的现象。映字辈老三映霄，娶祁县段家窑马家之女为妻，后在天津旅住时，马氏被匪徒绑票，未及营救而遭毒手，乔映霄终身亦再未娶。老四映奎，妻子只生女孩不生男孩，但在家规的约束下，根本不敢有要二房的念头，只是过继侄子过户顶门。"在中堂"在对待仆人方面也不寻常。首先保证佣人吃得饱，穿得暖，不打不骂。遇上过节还要把面、油、肉、柴、米、煤炭送到家中。对年老的仆人则养起来，愿回家的发给养老金。仆人家中如遇天灾人祸，都给予资助。同时女仆只有"老妈子"，不用年轻丫环，为的是避免年轻的男主人出现不雅之事。乔致庸主持家务时期，《朱子治家格言》是其儿孙们启蒙的必读课，并写在屏门上，以作平日之鉴。儿孙如果有错，则令其跪在地上从头背诵直到承认过错为止。

一 因张艺谋电影而闻名遐尔的"大红灯笼高高挂"，但电影中多房妻妾的情况，在真实的乔家大院中从未出现过。

大院春秋

山西籍民俗学家邓云乡赞四合院:“冬情素淡而和暖,春梦混沌而明丽,夏景爽洁而幽远,秋心绚烂而雅韵。”那些曾居住在大院里的乔家子弟，感受到的四季轮回也许就是这样的吧。

当地民谣如此描述三晋一带的时节习俗：

正月正，穿新衣。
二月二，剥龙皮。
三月三，红鸡鸡。
四月四，唱大戏。
五月五，过端午。
六月六，看谷秀。
七月七，鹊桥会。
八月十五月饼味。
九月九吃糕又赏菊。
十月初十送寒衣。
腊月初一吃爆米。
廿三祭灶到年底。

民俗虽同，但毕竟乔家这样的巨贾豪门不是平常百姓家所能比的，单就四季的吃食来说，大院里的情形就大不相同。因为在全国各大商埠都有生意，设在乔家堡的总号“万川汇”可以非常轻松地保证乔冢一年四季的货物供给，恰如自家开了一个现代化的大超市。乔家的食谱也因而有条件吸纳各地菜肴之精华，兼顾南北风味，主料、配料都来自正宗产地。如酱瓜、嫩笋来自扬州，腐乳、豆豉来自京津，地窖里常备着浙江的陈年花雕、法国的白兰地、俄罗斯的伏特加。祁县东观镇的熏肉、太谷的汤驴肉都因了专供乔家而声名远扬。中秋节给自家私塾教书先生的各式月饼，就有200余斤。

乔致庸生于嘉庆二十三年（1818年），卒于光绪三十二年（1907年），享年89岁，是乔门中最长寿的人。乔致庸年轻时大振家声，到了晚年终日以诗书消遣，“晚年惟好静，万事不关心”，这时的他也许更能体会大院的幽静雅致。

乔致庸葬礼 乔致庸去世时在家停丧达八个月之久。从家中到坟地，沿街沿路，搭了十几个过街彩棚。棚中有各种纸扎。据说送丧时，精、细乐户十几班，鼓乐震天，仪仗队绵延数里，马车近百辆，领丧的已到坟地，扫尾的还在饭桌旁原地没动。

乔致庸六个儿子中有五个先他辞世，曾孙辈已有六人出生。一年中，最乐的事莫过于晚辈成婚生子。《诗经·齐风·南山》有云：“取（娶）妻如之何，必告父母”，晋中民俗直至清末民初，嫁娶也还是执古礼，由父母全权支配子女的婚姻。乔“在中堂”的社会关系基本上都是富商大贾和名门望族，清一色的社会上层人士，因此婚姻不单是男娶女嫁那么简单，更成为维系家族的社会地位的重要手段。乔致庸的六子景僖娶太谷曹家之女，景俨娶太谷官僚赵家之女，孙子映霄娶祁县段家窑巨富马家之女，映奎娶大德恒掌柜的妹妹，映辉妻亡后续弦榆次常家之女，映庚娶大德通、大德恒总掌柜阎维藩的女儿。乔致庸一个女儿嫁给祁县何家，三个孙女一个嫁榆次常家，一个嫁太谷曹家，一个嫁给大德通掌柜的儿子。其他婚配对象也都出自名门，如景侃女嫁榆次商人书法家赵铁山，映辉之子乔俊娶了北洋政府代总统冯国璋的外甥女。诸如此类，数不胜数。这样，由姻亲关系结合在一起的诸豪门于政治上彼此依存，经济上互相支持，荣辱与共，休戚相关，最终保证了乔家作为一个家族整体的利益。

→ 乔家大院——新院内《省分箴》影壁砖雕，由乔映奎侄女婿“华北一杆笔”赵铁山用隶书体写，正反映着乔家与其它豪门望族的联姻状况。

乔家大院大门顶楼正中，悬挂着一块蓝底金字的匾额，上书“福种琅环”四个大字。这块匾额印证着乔家于艰难时局中创造出的辉煌商业业绩。其时正值光绪二十五年（1900年），八国联军进犯北京，时局动荡，其它晋商票号多遭重创。独有乔家大德通审时度势，及时从华北各地撤退。慈禧出逃西安，途经山西祁县，乔家“在中堂”捐赠白银10万两，还趁慈禧路居几日，倾其美肴，大加奉献。时局平定后，山西巡抚受慈禧面谕为褒奖乔家特赠赐匾，大意是把“福”播种在乔家“在中堂”。而乔家票号因此大得官府眷顾，在晚清最后一段动荡的时期生意反而更趋兴隆。特别是在晋商票号整体衰落的背景下，乔家的短暂兴旺更显难得。

民国替代清朝的战争，对山西票号是致命的打击。1911年这一年，山西平遥、祁县、太谷帮的22家票号，有18家先后倒闭。特别是日升昌的倒闭，标志着山西商人垄断中国金融界的时代结束。新兴的中外银行林立，票号的业务被夺，日渐被取而代之。乔家两票号也元气大伤，虽竭力维持，方才不倒，但终究是一年不如一年，一直处于风雨飘摇之中。至1953年，复字号关门，大德通、大德恒清理完毕，乔家历经200多年的产业全部结束，一段传奇就此戛然而止。

乔家堡文化系统　直至20世纪50年代初，乔家大院附近还有乔家的车马院、接待客人的寓客所、外花园、铺号、乔家其它分支的宅院，以及属于公共建筑的戏台、书院、宗祠、村公所、庙宇、水井等。另有3000余亩庄稼地环抱供给食粮。令人叹息的是，这一完整的文化系统已经不复存在，只留下幸存的大院成为都市旅游产业的一环链条。

（撰文／胡腾　摄影／赵亢）

雪地中乔家大院孤独的身姿，昔日与大院休戚与共的文化生态系统已荡然无存。（本图片由乔家大院提供）

三晋瑚琏端木轩

常家庄园

2001年夏天，耗费7年时间方竣工的山西榆次常家庄园修复开园，居住于天津的常家第十六代后人常士凯被邀来，参观自己从未返还过的祖居故园。他如此描述自己当时惊诧而奇妙的心情："一座占地60万平方米的青砖城堡在广袤无际的青纱帐中赫然耸立在我们面前。城堡对面是10多万平方米的大型停车场，中间横亘着一座高大宏伟的青石拱桥，气魄何其雄浑壮观！这就是我们的老家？我们竟然有这样的老家？当我们猛然转换成这偌大城堡的后人时，宛如坠入五里云雾中……"

"金太谷，银祁县。
榆次多的是米和面。"

南出山西省府太原20余里，即进入北依罕山、南傍潇水、东连太行、西临汾河的晋中盆地。沿道西行，方圆百里的谷地内，依次一线贯串的村落城镇中，分布有一座座名动天下的明清晋商富豪宅院。民谚中的太谷、祁县、榆次均为晋中盆地中的名城，榆次更是西进晋中的第一站。所谓米和面，与金银一般，并非单指实物本身，而是财富的一种象征性说法。榆次西南东阳镇有一村落，村中心为一大寺，与四周4个小自然村合抱如一车辐，故名车辋村，此处便是常家庄园的所在。

明代弘治十三年（1500年），车辋常家的始祖常仲林只身一人来到车辋村时，房无一间，地无一垄，仅靠为车辋大户刘姓牧羊为生。常仲林后娶刘姓婢女为妻，并生子常廒，在车辋正式安家落户。他是否曾做过那样的梦——他的后人将从这个小村落里走出一条与丝绸之路齐名的万里茶路，会在这片土地上建起这座号称"天下儒商第一家"的硕大庄园？

→ 奉旨牌坊街，此街原有供北常各宅消费的铺面。长街两旁，二十七宅院鳞次栉比。

常家庄园（本图片由常家主园提供）

← 晚清时拍摄的车辋村外景照片
→ 常家院落俯瞰及敦艮吉门南北两侧刻有苏轼楷书临写欧阳修约《丰乐亭记》和《醉翁亭记》，被尊为“二亭双绝”。

从那以后，车辋村宛如农家田野里载重的大车轮辐，悠悠然转过了五百余个春夏秋冬，见证着历史穿行而去的风痕雨迹。到乾隆年间，八世常威率九世常万玘、常万达，从事商业活动，赢利颇丰，逐渐使常氏成为晋中望族，晋商中的一支劲旅，开始大规模地营造住宅大院。常万玘在村南建“南祠堂”，立“世荣堂”，以村西南为轴心，向东、南发展，建成一条西街；常万达在村北建“北祠堂”，立“世和堂”，由东向西毗连修建，成一条新街，俗称“后街”。这两条街使原先四个自然村连成了一片。故晋中民谚曰：“乔家一个院，常家二条街。”从清康熙年间到光绪末年，经过二百余年的修筑，常家两条街共建有深宅大院100余所，房屋4000余间，楼房50余幢，占地60万平方米。院内楼厅台阁，雕梁画栋，精致恢宏，蔚为壮观。另有13处园林，名花古木，高阁低亭，曲廊斋坊，水溪池潭。常氏宅院的建设规模当时称为三晋民居建筑之首。

北常遗存 常家庄园的大部分建筑已毁于岁月和战乱，现存者仅为北常的部分建筑。北常世和堂（北常总称）始建于清乾隆三十三年（1768年），是常万达为其三个儿子，十个孙子“三怀、十秉”所建。现已修复的4万平米宅第，8万平米园林，虽只占原规模的四分之一，但无论规模档次、品味风格，在晋商大院中仍居不可替代的首数位置。

常家庄园之恢弘，非一般人所能想象。跨过二丈五尺宽的拱型石桥，穿过七丈二尺高的堡门，展现在人们面前的是一条长达650米长的清代街道——奉旨牌坊街。长街的南北宅院紧靠，无一条横向通道，形成了“临街门户依次开，堡门关闭如一堂”的格局。

↓ 常家庄园全景图

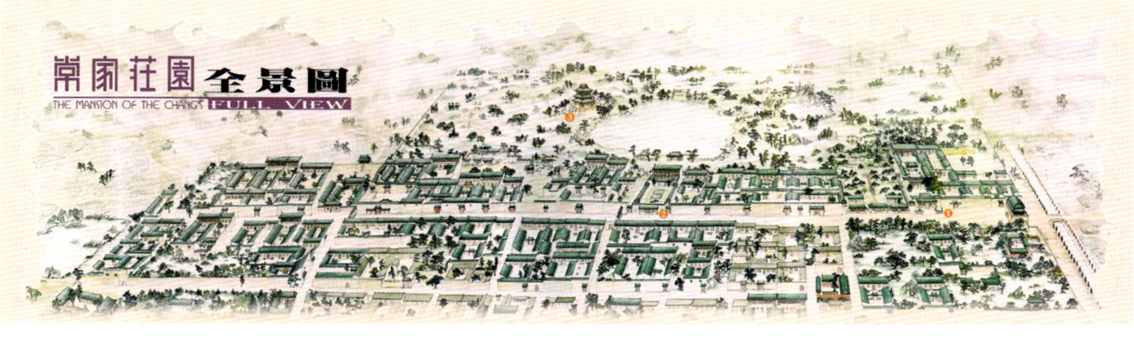

茶路漫漫

常家庄园十里堡墙百所宅院千间屋宇的雄姿虽矗立于晋中青纱帐中，但其兴起之源却在千万里之外。

清嘉庆年间的一个秋冬之交，福建武夷山下忽然来了两个身穿长袍的外乡人，他们要买下镇子右边的整座山。当地人摸不透他们的用意，报了个5万两白银的天价，谁知这两个买主一口应承下了这个价格，随即从身上取出一张写着5万两银两的庄票，让当地乡绅拿着它到福州府“大德玉”取钱。这两个山西人就来自榆次常家。这样的收购行动在乾隆至嘉庆年间发生过许多次，正是以外贸世家著称的常家经营“茶叶之路”的重要举措。

茶叶之路 在中国外贸发展史上有过两条光彩夺目的国际贸易黄金通道，一条是兴于汉，通向西域的“丝绸之路”，另一条是起于清前期，通向欧洲的“茶叶之路”。这条“茶叶之路”南起中国福建、江浙、两湖等省，北至俄罗斯及欧亚诸国，长达数万余里，在时间段上，起于雍正初年，终于清末，跨越近200年。

使“茶叶之路”兴盛的关键人物常万达，是常氏到车辋落户后的第九世传人。常万达之父常威生于康熙二十年（1681年）左右。据传，早年他肩搭一个捎马（褡裢），徒步往返于张家口与家乡之间，沿途以占卦解决住宿。到了乾隆初年，常威父子已经在张家口创立了大德常、大德玉两个颇具规模的字号。常威还乡养老之前，将两个字号分别交给长子常万玘、三子常万达经营。在常万玘注重发展国内商贸的同时，常万达的目光更投向了与俄国的国际贸易。乾隆十年（1745年），他断然将大德玉改为茶庄，将主要财力精力投入了对俄贸易中。

常家在晋商中首先采取了茶叶收购加工，贩运“一条龙”方式：自行在福建武夷山购买茶山，组织茶叶生产，并在福建省崇安县的下梅镇设庄，精选、收购茶叶。同时，自行创立茶坊、茶库，将散茶精制加工成红茶、砖茶。每年茶期，雇佣当地工匠达千人，然后陆地用车马运输至河口（今江西省铅山县）。再用船帮，由水路辗转至社旗（今河南社旗县，当时晋商称之为十里店）。而后用大车装货驮运北上至张家口或归化，再换骆驼至库伦、恰克图。常家自备的骆驼队，兴盛时多达万余峰骆驼。从武夷山到恰克图，水路1560公里，车路1440公里，驼路1500公里，全程约4500公里，需行五个半月到半年时间。进入俄国后，“茶叶之路”穿过西伯利亚和中亚，直到莫斯科和圣彼得堡。

↑ 常家“大德玉”账簿

← 修复后常家庄园之正堡门——敦艮吉门，前有拱型石桥，气派非凡。此为常家庄园原东北门，“敦艮吉”取名来自八卦方位。上图为衔中的“奉旨承恩”石牌坊，为嘉庆帝封赠常氏。

庭院深深

和众多的山西成功商人一样，经商致富后的常氏家族在自己的故乡开始了大规模的宅院建设。

经200余年的陆续修建，常家庄园的建筑集森严的等级和方正的儒学风格为一体。庄园的中轴从石拱桥、堡门到街心石牌坊、庄园西门一线延伸，两边的堂院宅第，均顺着这条中轴线铺展开来。主体建筑以雄浑方正的“目”字形山西式四合院为主体，庭院深深，粗犷高大，且每个正院都由牌楼式的花墙隔断，使深深庭院形成“里五外五”，“里五外四”，“里五外三”等多种形式。无论是哪种结构，都有上下偏正之分，从不越“方正”之规、“等级”之矩。每堂的前院用于下人居住和杂用，偏院是厨房、餐厅、储藏室，正院的正堂和正厅是长辈起居室和会客议事之所，楼上一楼一般用于家庭佛堂、藏书和珍贵物品收藏。上房厢房由已成家的儿子媳妇居住，哥哥住东厢房，弟弟住西厢房，下房也是按东长西幼的顺序安排下一代人，未成年的儿子跟着父母一起住，女儿则住在南楼或南房，即俗称的绣楼。一家人从住房就能看出长幼有序。二百年来的名门风范就由这些渗透到骨子里的礼制严格规范着。

绣楼　常家“绣楼”均坐南朝北。楼上供未出阁的小姐居住，一层是丫环婢女休息和居住的房间。由于常家长年从事外贸，家风民主开放，他们的女儿自然都接受很好的教育。晚清时常家在山西省内率先兴办女校——常氏女子知耻学堂，仅贵和堂一支受过中等以上教育的女子就有20多人。

常家庄园现存9堂19个院落，其中规模最大、保存最完整的是贵和堂。贵和堂为常万达之孙常秉郡居住的宅院。常秉郡，生于乾隆四十二年（1778），出生时正是其祖父年至花甲、事业如日中天之际。按照常万达为其孙子（十秉）各建一堂并亲自起堂名的家族传闻，贵和堂老宅应建于乾隆末期，属于北常的十大老宅之一。贵和堂原有八个院落，其中正院、后院、东新院、西新院、小书院等六个依次排列的院子已得到了修复。位于正院的340个蒙金彩绘方篆家训影壁，面积达16平方米，制于道光年间，乃中国现存民居中最大的影壁。而位于后院的正楼——七开间二层藏书楼，则是现存中国民居中最高档次的建筑之一。藏书楼木雕中的汉纹彩锦绘也为世所罕见，被称为顶级精品。

违制嫌疑　按清代体制，只有王府才允许有七开间的建筑，而常氏家族尽管官宦如林，却达不到享有王府一级规制的档次。因此据传在庄园落成后，就有人曾说过它有“违制”之嫌。或许因此楼只用于收藏圣贤之书而从不让人居住，倒从不曾给常家带来任何麻烦。

贵和堂之精美富丽，是常家庄园建筑工艺的一个缩影。据传当年庄园修建时，一个瓦匠一天只准砌200块砖，一个木工一天只准开20个铆隼，不求进度，只求质量。常家庄园在建筑细节上精雕细刻，随处可见众多的砖、木、石雕和挂落、彩绘作品，其中尤以“三雕”（木、砖、石）最为出色。

仅以砖雕为例。青砖是民居建设中的主要建筑成分，在绵延数百年的晋商宅院大规模修建中，也培养了一支包括烧砖制瓦在内的庞大建筑队伍。同样的泥土，制作成雕砖，则可身价百倍，用户对此项艺术品的需求越来越多，要求越来越高。因此在山西，特别是晋南、晋中一带的制作砖雕艺人越来越多，世专其业者，代代不绝，愈来愈精，终于使不少晋商大院成为砖雕的宝库和博物馆，常氏逐利四海、富可敌国，其庄园建筑自然会在砖雕工艺上既求其博，更求其精。

常家庄园的砖雕技艺从制作方式上可分为两种，即砖坯雕制后烧制与直接雕刻。前者细腻纤巧，后者粗犷雄浑。二者虽然风格迥异，但皆生动传神。从类别上分，常家庄园的砖雕作品遍布于建筑的正脊、垂脊、冰盘檐、墀头、门饰和众多的影壁、照壁以及夹牌楼两侧的花墙上。常家庄园砖雕作品的内容，除传统的花卉、人物、草虫、祥兽、民俗吉祥图案外，最富有特色的是梅兰竹菊、琴棋书画等传统儒家图案。至于篆书砖雕，常家祠堂240个寿字照壁，贵和堂正院340个方篆家训影壁，谦和堂街南老院的百寿图，以及贵和堂新东院的百寿脊岭、西院的百福脊岭，均是民居中不可多得的珍品。

→　两侧的衔环兽正对着院门口两侧的石狮，传说含“门当户对”之意。

淵德可風
學易頤齡

文气郁郁

“山右大约商贾居首，其次者犹肯力农，再次者谋入营伍，最下者方令读书。”这是雍正皇帝在其朱批谕旨里针对山西重商风气所说的一段话。晋中文风不盛而商风尤烈，当地文献中有太多“弃儒从商”的记载。常家作为山右巨贾，自然深受此种风习浸淫。但常家于重商之余，特重读书，不仅在晋中巨族中独树一帜，而且成为其屹立商海而不倒的重要法门。

常威即是学业有成之后才开始经商，常万玘、常万达兄弟也是在饱读诗书之后，方子承父业的。特别是常万达，从小就随父亲在张家口读书，他勤奋好学，深受老师赞誉。但常威却在他即将参加科考之际，让他退出仕途中从事了商业，并把“学而优则贾”做为家训，告诫儿子要代代遵循。常威这个高瞻远瞩的举措，奠定了车辋常氏的儒商世家基础，“学而优则贾”的方略，使常家在商业信誉、商业管理上都不同凡响。

作为儒商世家，常家对后人的教育和要求极其严格。弟子儒学不精，则不准参与经商等社会活动。他们重视教育，从家运稍隆的康熙、雍正年间开始，就不遗余力，兴学育人，家办私塾多达17所，六七十个家庭几乎每支都有书房或书院，供主人看书学习和对晚辈进行早期教育。

作为家族书院，常家书院在每一处皆弥漫着敦厚典雅的儒学文化气息。由传世精品《石芸轩法帖》而得名的常家“石芸轩书院”，是北常家族培育后代的族中公共场所。书院是一处园林式建筑，可分为三院：私塾、小书院、大书院，三者连为一体，儒商风骨尽得展现。私塾即为当年常氏17所私塾中的一所。小书院是当年养和堂主人十四世常麟书的书斋，常麟书字约斋，也正是这个书院的斋名。

常麟书 常麟书是晚清时期山西儒学大家和教育家，常家学者的代表人物，一生著作有五十六部之多。其中《外史歌略》用韵文的方式，向国人介绍了世界各国的地理、历史、文化、经济等情况。常麟书的开阔见识，与常家世代从事外贸密不可分。

两院之间即是书有“石芸轩”匾额的大书院。石芸轩法帖由山西太谷隐士杜大统于嘉庆年间书写，占据中心位置的是杜大统潇畅隽秀、大气磅礴、自成一体的巨幅匾额用榜书。常家庄园现存的法帖有八种：敦民吉门宋代二亭双绝帖、杏林清代名人名联帖、雍和堂恽寿平画跋帖、可园唐诗笔意帖、石芸轩法帖、听雨楼法帖、常氏遗墨帖、四十四帝后帖。其中后四种都藏于大书院内。

法帖 法帖，也叫“法书”，即刻在木石上，可以用纸再拓下来的大型刻印版本，用于永久珍藏名贵书法作品，并为后人提供书学的范本。横石为碑，竖石为帖。法帖作为书法和雕刻艺术的综合，使名笔墨宝得以长久保存，为中国书法艺术史上的一大创举。中国的民居素有“诗书传家久，礼义振家风”之说，常家的诸种法帖可谓民居中书法装饰艺术与人文氛围营造合而为一的经典。

→ 左图：听雨楼法帖。收集了上起唐代，下至清中叶50余大书法家的作品（包括题跋），其中如贺知章的《千字文》、郭子仪的《后出师表》、张照的《康熙帝南巡诗抄》均为奇珍。

中图：汉纹锦彩画，山西特有之彩画形式，源自汉代石刻纹饰，常家庄园的汉纹锦彩画为晋中集大成者。

右图：石芸轩书院门口，以宝瓶代替通常的石狮，书香气极浓。

← 上图为贵和堂藏书楼。

下图为贵和堂绣楼。二楼匾额“淑德可风”，由山西女子师范学校国文专科班学生赠给十四世常赞春（时为该校老师）夫人乔映漪。

园韵淡淡

占地120余亩（8万多平方米）的静园，是北常诸“后园子”——杏园、花园、枣园、桑园、菜园等的总称。这些园名只是园林的一种贴近农家的别称，并不等同于农家小园，其叫法颇类似于清代皇帝称承德的行宫为“避暑山庄”。由于是同一家族的园林，因此从区域的所属上虽然有合有分，如桑园是家族共有，菜园属谦和堂，花园属崇和堂，枣园属慎和堂，但在这些区域之间，并无明显的墙篱，这就使北常的园林形成了一个统一的堪称“北方民间第一园”的格局。

北派园林　与南派园林一般呈宅园一体，引水为池溪、叠石成山峰的营造法不同，北派园林则多以真山真水为本，依形造势，点缀以楼、亭、台、榭、廊、轩，造成处处景观、幅幅画图的势态，并大多用“借景”的手法，将园林内外自然风光融成一片。特别是私家园林，虽然园中也多有各种建筑，但一般只用做消闲或读书、吟诗、饮酒、品茶之类，多位于主人正式宅居之后或一侧，故又俗称为“后花园”、“后园子”。

静园之名源于《道德经·归根第十六》：“归根曰静，静曰复命，复命曰常，知常曰明”。其意为：万物纷纭生息，最终回复各自的根本，就叫做“静”；而静中又孕育有新的生命，这就是自然的常规；知道并尊重这种常规，方为明智。常氏将其冠名为“静园”，非常清楚地表达了主人修建这座园林的追求和目的。

静园始建于乾隆、嘉庆年间，完成于光绪初年。在全部建园过程中，正值我国造园艺术水准的高峰时期。由于常氏族人历代不息、来往于大漠与江南之间，静园的风格因此融北派的质朴大方与南派的小巧细腻于一体，达到一园一境界、一景一画图的效果。园中以野趣为主，点缀以小溪、水塘、回廊、甬道、亭台、溪桥、花房、农舍。修复后的静园既被山湖水系连成一片，又由昭余湖、杏林、狮园、遐园、槐园、可园等划成了园中有园的景区。

昭余湖　昭余湖是静园水系的主景，方圆十余亩。相传在大禹治水时，山西晋中一带有“打开灵石口、空出晋阳湖”的典故，而当时的晋中盆地也还是一片汪洋，名字叫“昭余祁泽”，中心在现祁县一带。大禹退水后，晋中留下了大大小小的湖泊，而常家庄园的中心地带原来就长年积水，长满芦苇水草，所以仍习称为“昭余湖”。

常氏当年修园，用石极为豪奢。叠岸的石壁与岸畔、林间点缀的石头，全出自太行山峡谷中经千万年山洪冲刷的大山石。这种巨石呈青色，间夹杂色纹理，活像虎纹豹斑，所以称为虎皮石。水为园之风姿，石为园之风骨，虎皮石错落有致地点缀于静园山水间，自有一种阳刚气势。

↑　静园小景。中图为来自太行山的虎皮石。

→　上图：常家庄园的静园主体建筑——昭余湖观稼阁。

下图：静园小石谭。昭余湖拥有私家宅第园林中极为少见的大面积水体。

瓜瓞绵绵

清代初年，常家仅有13户近50口人，到全盛时期，已达到95户近800人，而五世同堂的就有十余户，堂号则有80多个。如此兴旺的家族，在晋商各大家族中，也极为罕见。要维系这样大的家族，宗祠起着莫大的作用，它不仅是家族历史的碑记，更是家族精神聚合的祭坛。

现存的常家北祠堂始建于清光绪五年（1879年），位于北常后街东北侧，它的修建历时三年，耗银二万余两。它的院宽25米，七开间，进深长百余米，占地八亩。整个祠堂分三门四进，包括门亭、房宇、献阁、回廊、正殿、偏厢等，组成了一套严谨有序、结构完整的建筑群，是现存山西民居中规模最大、保存最完好的家族祠堂建筑。其主祭厅——献厅悬有匾额，上书“绵瓜瓞”三字。瓞，小瓜。其词源于《诗·大雅·绵》：“绵绵瓜瓞，民之初生，自土沮漆……”这是西周时在开国庆典上所唱的赞歌，大意是沮水和漆水的那边，是周族发祥的源泉，就如瓜瓞一般藤蔓相继，子孙万代绵延不绝。常家家族之兴旺，正与此诗句相合。

常氏家乘　“乘”是先秦时对史书的别称，《常氏家乘》就是常家家史之意。这部记载常氏祖先事迹、家族历史的典籍，最初由常家的族谱发展而来，前前后后经过了五次修谱，历时146年，记载了常家425年的历史。

常氏家族族内祭祀活动很多。如春节、元宵、端阳、中秋、初二、清明、十月十五、十月初一、族中婚、丧、嫁、娶、生子等等。大祭每三十年举行一次，一般是在清明节。从清代后期到民国前期，在此举行过三次盛大的祭祖仪式，族内称为“典祖”。最后一次典祖仪式是在民国十四年（1925年）举行的，当时这里摆起了“八八席”，即八素拼、八荤拼、八果蔬、八面点、八热炒、八扣碗、八海珍、八全牲，乃典型晋中式的“满汉全席”。全族男女老少全都参加，在外经商、做官、上学的人也必须按时回来。与常家联姻的太古曹家、徐沟王家、祁县渠家和乔家都会派人来参加，各家还会暗中较劲，看谁家带来的祭品更好。

祭典结束之后，常家宗祠内还会有戏剧演出助兴。常家的戏台就在祠堂那外表巍峨的大门内侧，在平时可用做进入祠堂的通道，故又称“过道乐亭”。前院里没有建筑一座配房，空出了宽敞空阔的院落，就是为了方便族人聚集在这里观赏戏剧演出。历史上晋商酷爱晋剧，常家也不例外。在常家商业兴盛时期，每年年终，分布于全国的各号掌柜回来交账后，都要请班唱戏，热闹一番。一来告慰先祖家业兴旺发达，二来酬谢各号掌柜一年来的辛苦。

由商而仕　常家在清政府的仕林之中上至从二品，下到八品，有职位的多达一百三十二人，但大多是虚衔，其官衔的得来主要来自于各种形式的捐款。

在十九世纪二十世纪交替之际，伴随着晋商家族的整体性衰落，显赫一时的常氏商业短时间内即凋落纷飞，常氏家族也随之四散飘零。这才出现前文常氏后人于自家祖宅懵懂无知的情形。建筑依旧，人物不再，惟余这些空无一人的院落提醒着曾经繁盛一时的历史记忆。

（撰文／胡腾　摄影／赵亢）

→　上图：悬挂有“绵瓜瓞”匾额的主祭厅——献厅。
下图：常氏宗祠前旗杆，它是家族荣誉的象征，按清制家族中有四品以上官位者方可竖立，常家出现过四品以上的官员就达46位之多，其中还包括五位从二品的爵位。
←　报本堂。

竹林谁觉花源远[一]

邛崃李家大院

选址

清咸丰末年，邛崃首富李洪楷决定在邛崃平乐镇花楸山的深山中选址建宅时，一定想到了祖上避祸蜀地的那段历史。

邛崃李家祖上原是浙江武陵人氏。始祖李朝佐，明朝万历年间进士，曾官任山东单县知县，为官一向以勤政爱民著称。李朝佐长子李延邦武举出身，任贵州守备之职。李延邦无意中卷入官场政争，遭兵部尚书奏“通匪”，万历帝下旨满门抄斩。延邦遂令三子各给银四百两，乘夜潜逃入川，其中一子改名隐居临邛平落（邛崃古称临邛，平乐古称平落），即是李洪楷九世祖。从彼时起，李家便隐居此处以种竹务农为业。明清易代之际，本是李氏后裔重出江湖的良机。但对尔虞我诈官场的厌恶已浸入李氏一族的血液，再加上明末清初蜀地兵事不断，李家非但没有出山，反而入山愈深。与诸葛亮那种以退为进的隐居不同，李氏一族真正是“苟全性命于乱世，不求闻达于诸侯”，所以花楸深山中的李宅一开始就有了“山高皇帝远”、“别处有洞天”的避世气息。

平乐镇 自汉代以来就为商贸繁荣之地，富绅众多，纸商、茶商、船商等大户人家纷纷于风水极佳的花楸山中择地择基而建别宅大院，除李家大院外，至今尚存徐家大院、银家大院、朱家大院等，都保持着明清时期的古朴风貌，被称作“川西最大的古民居群”。

[一] 唐钱起有《酬王维春夜竹亭赠别》诗云：“今宵竹林下，谁觉花源远。”花源，即桃花源。

↑ 山路中标有“李家大院”的竹制门楼。

→ 层峦叠翠，溪流淙淙，千百年来花楸山一直如川西的世外桃源安于自守。纯朴百姓于此躬耕田陇，辛勤劳作，造就了恬静而隐逸的乡土文化。盛夏的城市气温早已过橙色预警线（35摄氏度），而行于花楸山中，无市间喧哗，无车来人往，翠竹连绵盖天，微露疏阳，让人心安神爽。竹林中的山间公路，处处可感觉到空气中漂着的清香味儿。

↓ 清晨，品一杯由岩谷山泉沏泡的花楸贡茶，坐于院内天井藤椅之上，仰望精巧瑰丽的翘角飞檐，以及檐上的野草和壁上的青苔，静看大院在薄雾中渐渐醒来。

即使是今天，要到花楸山李宅也颇费一番周折。出成都市沿高速公路行65公里至邛崃县城，出邛崃县城西南行 18公里至平乐镇。从平乐镇出发，进入山区后先要经过一个小巧而俊美的山间小场镇，名为下坝场，是邛崃李氏一族最早定居之处。离开下坝场，沿村道依山而行，经过一片种植贡金梨的山地即进入了茂密的竹海。竹海莽莽苍苍，深不可测。路旁有小溪，水清澈可见底。在竹海中行车约半小时，即遇一处陡崖，到此处就必须弃车用步。原来的老路是一串窄而陡的石梯，2005年方新修成一条较宽的盘山路，路面由岩片石屑铺成。涉过一弯流水，沿深涧在竹海中转过若干山嘴，过一道木桥，在六株伞状百年楠木的映衬下，一座古城堡状的深宅大院便巍然矗立在眼前。用深山藏古宅来形容乍见李家大院的感觉，再恰当不过。倘若沿原路返回下到山脚，再回头一看，只见山深林密，竹啸声声，城堡式的李家大院又倏然不见。其隐秘神奇，实为罕见。

当年李洪楷“择基”于此，显然很下过一番观风水的功夫。建宅于沟底之阳坡，坐西朝东，靠山向远，四围青山封锁呈现幽深景象和安宁气氛，东去山溪与西来山路交汇，造成独特的家居环境和一家独享的小气候。

山神晒肚　据当地人说，俯瞰李家大院所在的位置，就在“山神”对着太阳晒肚子时露出的“肚脐”之穴，故尽得花楸山风水之妙。另一种说法则称其为“佛爷晒肚”。

宅子顺坡砌石成坪建筑群南北向横陈1200多米，构成高而宽的山寨大观，气势逼人。顺坡砌筑的石挡墙高达10余米，三个大院的院子、堂屋、大门皆坐西向东，有“紫气东来”之意，东望则邛崃诸镇尽收眼中，西瞻有西岭雪山心旷神怡。同时一天当中四时变幻，一日即可观尽朝晖、晚霞与夜间的万家灯火。院子后靠崖前临坎，避寒风，纳朝阳、及山取水、顺坡排污，生活环境极其舒适。

↑　从远处望去，大院仿佛一座隐藏于深山密林中的古城堡，傲岸而雄奇，凝重而古朴。　→　李家大院之外门。

李家大院
江山多福
高举旗帜志气冲天创伟业
坚定信念齐心协力建新村
住宿

布局

李家宅院始建于咸丰末年，配院竣工于同治年间，营造时间长达五十六载。方圆1.3万平方米，布置3个院落，7个天井，149间屋室，其房屋布局对称中有错落，明暗相间，多房向心，各显章法，形成了多形多态空间，凸现出独具匠心的“空间组合”意识。

主院空间结构为“三进两天井”，对称布局，开闭明暗大小空间的变化令对称之中显出“巧”与“妙”的感知效果。300多级石梯后“二开间”门楼高踞，低处仰望产生空间高远美感。进门空间缩小，三、五步前方有雕花屏风令人注目留步。门左乃小天井，忽现亮堂，门右却是极大的暗室，一明一暗自有妙处。小天井东边“倒座”似为移民文化式样，昔时乃客房。西北角为开敞门厅，置极长极大的条凳让来人坐候呼请。门厅左右方设大门，跨门眼界豁然开朗，面积387平方米的大天井逼现眼前，气势逼人。大天井四角的“转角”室内空间极大，据说是“前人替后代着想”，人多了可隔出多个房间。大天井西面排列5间正房，居中为堂屋，是李氏宗族举行重大活动的地方，堂内空间很大，堂外檐廊连通，居行极为方便。南北厢房对称4间，居中房屋处理微妙，有多门通往他室组成“多房向心”的格局。

主院有门、廊联系南北两小院，这两院乃后期续建，受地形限制而布局自由，但形制和风貌全依主院。站在李家大院宅后顶峰放眼四望，偏院与正院大同小异，勾连而分散，仿佛一凤两翼，以吉祥和瑞气为李家“福荣增寿”。

李宅的房屋皆穿逗式木构架，由于运用“减柱法”巧妙造出了不少既实用又美观的屋室。屋面全为悬山式，但几处门楼形态不一，达到了“正门正”、“偏门隐”的外观效果。屋面皆施小青瓦，因脊饰变化多端而勾划出极美的天际线，远眺、仰视都可获得审美的享受。

穿逗式屋架 穿逗式屋架为中国南方常用的屋架式样。北方的房屋多以梁柱式屋架为结构体，即用柱支承梁，梁上有檩木，檩木上用椽，纵横搭接。南方的房屋则用穿逗式屋架为主，主要用立柱排列，再用横穿横向穿插，以使立柱稳固。

山道 一条三百余块青石板镶成的蜿蜒曲折从山下通向院外。石梯尾下有两眼水井，供大院人畜饮用。清盈盈的泉水长年溢出，淙淙流淌。夏天冰凉怡心，冬日热气蒸腾，神奇而又罕见。

宅院供水为山中的泉水，大门石梯外有两眼水井，供大院人畜饮用。清盈盈的泉水长年溢出，淙淙流淌，夏天冰凉怡人，冬日热气蒸腾。山区多雨，宅院的排水系统因此显得格外重要。宅中石砌排水沟渠，或穿院或绕寨、或明或暗、或直排或截流，构成完整系统，既适应山区水处理方式，又暗合传统风水文化的理论。

营造中除布置多院多进多天井之外，还区分房屋的使用功能，因此真正达到了“能合能分”的长远期望。目前的李氏家人多分户居住状况，也没有因居住不适而有改建、增建的事情发生。

小式建筑 斗拱是中国木构架建筑中最具特征的木构件之一，它以增加屋面出挑为基本功能，明清后逐渐演变为装饰性构件。有斗拱的建筑为“大式”，等级高；无斗拱的建筑属于“小式”，多为民间住宅所采用。四川民居堪称中国小式建筑的代表。而保存完好的李家大院正是晚清“小式”建筑形制的风貌完整呈现，四川山地大宅民居之珍贵实物。

← 悬于李家大院门上的蜂桶。

→ 偏院一角嬉戏的孩子们及小天井中的竹晒垫。

↑ 房屋间的转角过道成了宽敞通透的书房。
← 门厅内极有气魄的长条凳。
→ 整个古宅正房连偏房，大院套小院，房屋众多，路径复杂，涉脚其间犹如进了迷宫。

装饰

李家宅院营造全为地方建材，精工打造，质量上乘，历百年风雨几无变易。挡土墙、地基、地坪、阶沿及柱础、地脚皆用花楸山的红砂石材制成，其中最为精致的要属大天井的地面，此处地面又俗称“48张晒垫”，铺装着838块两尺见方的精制红砂石板，虽流经百年，但依然稳固平整、光洁有纹，地漏雕刻的吉祥图案至今仍依稀可见。

48张晒垫 竹晒垫为西南地区特有的晾晒器具，由竹片编织而成。南方多雨，空气潮湿，稻谷、竹笋等新收割作物都要在晒垫上晒干。48张晒垫极言李宅大天井之宽敞。

李宅的房屋装修也极为讲究，不仅主次、大小、明暗、前后有明显区别，即尺度、材质、色泽感、层次感等表达不同的的感知，而且木作线纹、木雕图饰更明显区别房屋的性质、功能。大门屏风楠木雕花，上有“双凤朝阳”、“寿星跨鹤”、“八仙过海”、“麒麟仰凤”镏金布彩浮雕，价值极高。

李氏堂屋中清同治年间神龛依旧，规格宏大、雕刻精细，极为稀有。神龛柜上的主图为八仙过海浮雕。镂花牌坊柱足压着木雕雌雄二狮，两边各伴幼狮一对，张牙舞爪，憨态可掬。正中供奉着李氏先祖牌位，额上横置着一道“福寿增荣”古匾。整座神龛做工精细，式样奇巧，色泽古朴，奇异而生动。

当阳光射向这座百年宅院，院中数不清的门扣、门环，精雕细刻的木制窗花，清澈鉴人的水井，被岁月啃噬出深沟浅印的长条座椅，“泰山石敢当”镇邪，无不悄然昭示着记录着李家奇瑰而兴盛的过往历史。从窗扇穿过的风里，可以嗅到窖酒沁人肺腑的气味，听见千年古树在风中的絮语。

从建成后百余年间，李家大院再无营造之事，翻瓦护木之工亦未使房屋星许。据李氏老人说：“一百多年来，老房子还是原来的样子。”虽然居住人多，但由于珍爱维护，建筑构件几无毁损，九成以上构件、陈设、家具仍为昔时原状，即使石缸、香炉、木粮仓等也全为原物。花楸村还专门修订了《村规民约》，以期共同保护。

↑ 大门屏风上的“麒麟仰凤”镏金布彩浮雕。
神龛上镏金布彩“八仙献寿”图。

↑ 挂有“皇恩宠锡”牌匾的李家祠堂。

↑ 系列雕刻内容为当时流行的戏文和博古。
→ 梁柱间古朴的雕花。
↓ “寿极星辉”匾额和雕花门扇。

富源

如果是完全隐居自耕自种的家族，李氏一族所居至多能达到陶渊明《桃花源记》“屋舍俨然”的程度，却是万万造不出这深山密林中的偌大宅院。实际上，李家虽隐居而不隔世，从李洪楷九世祖迁居邛崃以后，李家很快成为当地的造纸业大户。如此累代积富，到精明能干的李洪楷接过家业时，更是垄断了邻近县乡的纸业制造和经营。

邛崃竹海 在邛崃境内，成片竹林达20万亩以上。和蜀地大部分地方出产的楠竹不同，邛崃的竹海内生长的竹子为慈竹。慈竹，又名义竹、慈孝竹、子母竹。丛生，根窠盘结，成年竹可高至两丈许。新竹旧竹密结，高低相倚，若老少相依，故名。

站在花楸山李家宅院内四眺，四下山地全为一片茫茫竹海笼罩。山上遍地大青石，山石缝隙内生长的竹子全是川西坝子常见的慈竹，纤维丰富而有韧性，正是造纸的主要原料。不远之处的芦沟，更是邛崃竹海的中心。李家当年的造纸作坊虽已不存，芦沟内却还保存有邛崃地区现存最早的民间造纸遗址。透过依依翠竹，光斑点点印在那些爬满青苔生满青草的古老石磨、石锥、石槽上。这里造纸是以水为动力，因此水道设计十分复杂，冲驱推动大水磨的水道上设有小闸门，以水量大小控制大水磨的转速与起止。据成书于明末的《天工开物》介绍，古法造纸的工艺相当复杂，仅造竹纸就有：破竹、沤竹、蒸煮、舂捣、抄纸三榨和烘干等若干道工序。俗语云：靠山吃山，靠水吃水，李家正是靠这天赐富源方成一地富豪。

平乐造纸业 平乐古镇距蜀郡中心城市成都有近三百里路途，可谓偏僻之乡，但自从南宋时有会造纸工艺者迁居此地，尔后造纸业竟渐渐兴起。由于竹资源异常丰富，至明清时期平乐更一跃成为长江上游一造纸业中心。平乐镇现存的古造纸遗址有几十处之多。

除造纸业外，李氏家族的另一项富源是制茶业。从李家宅院往花楸山后山走去，一条蜿蜒的山间小道尽头，为竹海所包围的山沟里，有着号称“天下第一圃”的茫茫千亩茶园。花楸山海拔600至1000米，终年山清水秀，竹木苍翠，峰峦重叠，云雾缭绕，自然生态环境良好，微风拂煦，爽气袭人，向阳不燥，背阴不冷，雨露滋润，土地肥沃，土层深厚，是茶叶生长的极佳产地。花楸山所生茶树，分枝极旺，萌发茶叶，芽叶肥壮，早春迟秋，嫩度不减，所制成茶，经久耐泡，具有独特的品质和风格。清人吴秋农曾就花楸山的制茶业盛况赋诗云：

压膏入臼筑万杵，紫饼月团留古意。
火井槽边万树丛，马驮车载千城通。
性醇味厚鲜毒疠，此茶一出凡品空。

花楸贡茶 据《邛崃县志》记载，康熙年间，一次由官方主办的茶叶评比活动中，州官刘建国携邛崃花楸茶圃之茶进京参评，花楸花茶一沏上，康熙即龙颜大悦，连呼好茶，并当即御封邛崃花楸堰为“天下第一圃”。此后花楸茶年年上贡，誉满天下，号为“花楸贡茶”。其实，花楸茶作为贡茶，早在宋代就已见诸史籍。

继刘氏给康熙进贡之后，李洪楷又将花楸茶进贡，使花楸茶为天下名茶一八谱中的第一谱。至今，古宅周围仍有千亩茶园，终年郁郁葱葱，芳香四溢。所产的花楸茶名扬四海，尤其受到本地人和江浙人的宠爱。

茶马古道 以运茶为主体，以骡马为载体，并在甘、川、滇、藏边界设立茶马互市，这就是闻名西南的“茶马古道”。古时的茶马古道即从有“小茶都”之称的平乐镇出发，经雅安、泸定、康定、理塘、昌都、拉萨等地，到达尼泊尔、印度。随着茶马互市的盛行，使平乐成了交易的中心。邛崃（古邛州）也因此成为古时川藏的必经之路，有“天府南来第一州”之称。

→ 上图为现已废弃不用的大水磨。在水道一侧还有小水磨房，目前仍在工作，不过主要用途改作碾磨玉米面。

下图为熬制纸浆用的大锅。公元二世纪，东汉人蔡伦利用树皮、破布、鱼网为原料发明“蔡侯纸”，造纸就成了中国古代造福人类的四大发明之一。古代造纸，在唐以前以麻纸为主，在宋为[illegible]。”(《天工开物 · 造竹纸》)古法造纸究竟如何以及在何时传入平乐，至今仍是个谜。

家风

在李家宅院的神龛中，紧靠顶部的檩桷之间，固定着一道檀木精雕古匾，火焰、蟠龙、汉纹三匝透雕边框精美绝伦，正中四个镂雕镏金大字：“皇恩宠锡”，上款写有“光绪二十年”，下款落着“耆老李洪楷立”字样。蓝底金字，光彩夺目。一介逃避政治纷争的隐居之家，能得最高皇权的肯定与恩赐，其间历史的种种吊诡，不由不让人思之叹之。

李家自致富之后，在当地一直有乐善好施的美名。李洪楷家风承传，不但接济穷人，还出重金投入当地的交通建设。油榨镇洪福桥、平乐镇乐善桥、雅州宝兴桥、大川桥等都由他捐款助建。他为民建桥、接济穷人等德行与义举在当地口碑四起。经官府上奏“举贤”、“请赐”，光绪皇帝便赐授“正六品”顶戴和“皇恩宠赐”御匾。

邛南第一桥 有“邛南第一桥”之称的平乐乐善桥是李洪楷捐款助建的诸桥中最为有名的一座。此桥原建于北宋，重建于清同治元年（1862年），长120米，高16.6米，宽10米，桥洞一改普遍的半圆形，而采用十分罕见的桃形，是四川现存最大的古代石拱桥。重建工程从采石到竣工整整花了十年时间，李洪楷时任建桥总监。

李洪楷沉心于地方建设，除施善行义的因素外，为家族经济的考虑也是重要原因。明清时，绕平乐镇而过的白沫江因蓬勃兴起的造纸业变得商贾云集，艋艟连翩。乐善桥即因桥洞低窄，有碍造纸原料——慈竹的运入和纸张的行销外地而被屡次拆除。以后竟是屡建屡拆，建是为了便于过往，拆是为了利于航运。每修一次桥就加高一次桥孔，为方便载重数十吨的纸船顺利通航，半圆形的桥孔最终被加高成今天所见到的桃尖形。李洪楷此举对当地经济的贡献可谓一劳而永逸。

平乐古镇的昔日繁华 据《邛州志》记载：“成都草纸半平乐”，三十里芦沟和白沫江两岸造纸作坊林立，运纸船队穿梭。平乐当地的纸、茶、柴、布、竹等特色山货由白沫江水路运抵临邛南河，一路从乐山出四川，一路从府南河进成都。陆路则由平乐运输直至云南、缅甸等地。昔时平乐古镇码头帆樯如林，商业街商贾云集，岸边茶楼酒肆旌歌绕梁，仿佛活生生的“清明上河图”。

从同治年间宅院建成之后，李家大院中的情形恰如《桃花源记》中所记“黄发垂髫，并怡然自乐”。每年自除夕夜到正月初一，从李家大院走出去的人无论远嫁哪里，奔波何处，都会赶回来参加家族举行的祭天、祭祖盛典。祭祖盛典在李家大院的大天井庭院中举行，男女老少几百人把大院挤得水泄不通。祭祖活动的高潮是几十桌的团年会餐，上菜的，摆桌椅的，看管孩子的，活脱脱一场大戏。香火缭绕，古风弥厚，成为当地不变的风景与相传的佳话。

（撰文／胡腾　摄影／糜红恩、唐浩）

↑ 从澄清如练的白沫江边远望，孔洞如桃形的乐善古石桥，在两岸青山碧水绿树、青瓦民居的映衬下明媚亮丽，清风掠过，隐隐如有吹箫奏笙之声。此桥始建于北宋，王安石写于北宋神宗元丰二年（1079年）的诗《送文与可通判邛州》中就曾描述该桥：“虹桥一望思无涯，境远偏宜看浪花。”

↑ 年过八旬的李家老人

↓ 新的一代还对大院中的坡坎起落好奇不已。

月明桥上看神仙

扬州何园

得天独厚

禹分九州，以东南为扬州。这是扬州作为地理称谓的开始。而如今扬州市区所在地，位于长江北岸，南当吴越，北接徐淮，地势较为平坦，河沟湖泊密布。在陆路交通不发达的时代，舟楫成为主要交通工具，扬州以得天独厚的地理位置，成为吴越地区北上徐淮、沟通中原的交通要冲。

江淮地理气候之优越亦造就了扬州旖旎的自然风光，扬州既为帝王官员富商文人向往的所在，则免不了造园建馆，笙歌夜宴，留下无数逸事，流韵千年，依然传唱不休。“烟花三月下扬州”（孟浩然），“天下三分明月夜，二分无赖是扬州”（徐凝），“谁知竹西路，歌吹是扬州”“二十四桥明月夜，玉人何处教吹箫”（杜牧），无不令人心向往之。

清代的扬州空前繁华，城市人口超过50万，是当时世界上拥有50万以上居民的十大大城市之一。专两淮盐业之利，百工发达，客商云集，尤以徽商为最。何园的主人何芷舠（1835－1909）便是徽商中的代表性人物之一。

→ 何园“小方壶”

耕读传家

天下四行，“士农工商”，士占其首，农为其本，工为其支，商居其末。这是封建时代千年不变的阶层意识。历代都有服饰典章制度，诸行百户，衣装各有本色，不得逾制。汉、明等朝代都有商人不得穿纱绸的规定。商人经济的富裕并不能带来社会地位的抬升。

在明清的小说中，经常能看到这种故事，大凡有点才貌的女子宁肯寻一户穷秀才，也不肯嫁无才的富商，像《三言二拍》中的“钱秀才错占凤凰俦”，苏州富商高赞不仅专门请人教子女读书，而且为女儿选婿的标准也是“不肯将他配个平等之人，定要拣个读书君子……若对头好时，就赔些妆奁嫁去，也自情愿。”就是当时社会的一种缩影。白居易《琵琶行》中不得已“老大嫁作商人妇”的女子，亦含怨叹道“商人重利轻离别”，可见其时商人在普通人心目中的地位。

在传统儒家思想与老庄道家的双重影响之下，入则士，退则农，“耕读传家”成为许多名门望族的家训，出则“兼济天下”，退则“啸傲山林”。至于商人只有通过科举进入“士”的行列，才能从根本上改变自身以及家族的社会地位。所以往往成功的商人都要求子弟奋发读书，以进仕途。即使读书不成，也要想方设法的捐纳个监生身份，买官捐官，这种风气在清代的徽商中尤为流行。

追溯何芷舠的家族渊源，也可以清晰地看出这条脉络。何家祖籍四川，祖居安徽望江，以农、商为业，到了何芷舠父亲何俊这一代，考中了进士，钦点翰林，可谓鲤跃龙门。何氏一门成为与北洋大臣李鸿章、光绪帝师孙家鼐进退与共的姻亲三大家族。何芷舠本人更是少年得志，历任户部郎中、代理盐法道、督粮道、汉黄德道兼江汉关监督等职，晋封光禄大夫，一品封典，据说曾任清政府驻法国公使一职。

一一五

寄傲舒啸

然而何芷舠却走出了一条与众不同的人生轨迹，他可谓亦官亦商，49岁时因感列强欺凌、清室无能，壮年归隐扬州，造园奉母，寄情山水。何芷舠历时13年建造了一座大型园林，取名寄啸山庄（出自东晋陶渊明的《归去来辞》中“倚南窗以寄傲，登东皋以舒啸”），正是为了营造心中的桃花源。郑板桥所云的“一官归去来”，指的正是何芷舠。

何园位于扬州市徐凝门大街西侧，由寄啸山庄（东园、西园、住宅院落）和原址吴氏所遗片石山房四部分构成，相互呼应，规模宏大。何园周边的丁家湾康山街等，亦是清代的富人区，大量官僚巨贾的豪宅聚集于此。何园的山林大门北向于刁家巷，却是藏于偏僻小巷，一座高大的磨砖门楼，两面高墙夹着长长的甬道，二门月洞显得低矮和幽深，符合了何芷舠归隐低调的思想。

至于何芷舠为何偏偏选择扬州作为自己的归隐之地，一则因为扬州富商云集，可以不露富，不显山露水；二则何芷舠曾作过盐法道，与扬州盐业各方面有往来，经营盐业利益巨大；三则扬州的自然与人文环境最为宜居，所谓“十里长街市井连，月明桥上看神仙。人生只合扬州死，禅智山光好墓田。”（唐张祜《纵游淮南》）换成现在的说法，当年的扬州就是国家级的风景园林城市、文明城市、宜居城市、百强城市（可能还是第一名）、最具魅力城市。曾经“大隐隐于朝”的何芷舠想要“中隐隐于市”的时候，很自然地选择了扬州。

→ 二门。“寄啸”二字取自陶潜《归去来辞》“倚南窗以寄傲，登东皋以舒啸”。

寄嘯山莊

天上人间

复道回廊是扬州园林的一大特色，而何园的复道回廊其规模造诣为中国之最，号称“天下第一廊”。二门门内相接穿廊。门上为串楼，与楼下廊子扣合为复道，于此左右分行。

1500多米长的复道回廊迂回曲折，将东园、西园、住宅院落三大部分亭台楼阁分隔而又相连，构成了一个割不断的整体。全园景色因而分成上下两个层次，转换成前后左右三面，将每一处景致由不同的角度，转换成近景、远景、实景、借景和仰视、鸟瞰诸般景观。复道回廊提供给人多视角的观赏角度，弱化建筑物体量，身在园中，俯仰自得，深得“大象无形”之意。而复道回廊本身的回环变化之美，四通八达的便利，被誉为“中国立交桥的雏形”。其上下回转，分割而又连通，将一座大型的园林联结成巨大的复式结构住宅，美观而又实用。徜徉其间，如同往来于天上人间，心旷神怡。

扬波东海

何园的东园是整个后花园的东半部，东北一线是贴壁假山，南有牡丹厅，西北角是读书楼，而中间则是船厅。整个院落相对紧凑雅致。

船厅是东园的中心建筑，整座厅三楹，如同船形，四周地面以瓦片和鹅卵石铺成水波纹状。正厅两旁抱柱上一副楹联“月做主人梅做客，花为四壁船为家”。祖居三面环水的安徽望江、一生做官又与船运息息相关的何芷舠，自是将船视作了自己生命中不可分割的部分。人处厅中，四面皆是通透玻璃镶嵌的花窗，望去如同船行水上，扬波逐浪。“人在厅中坐，景自四边来。”居于此间，通达明亮，四面美景历历在目，如何不令人心神恍惚，飘然欲仙。对应走廊东向壁间所嵌苏东坡撰书的《海市帖》刻石，方可理解主人将此视作海市蜃楼、神仙境地的用意。

船厅布局四面等称，四平八稳，按照中国传统筑居构室无处不吉祥的习惯，可以猜测其寓意着一生平安，波澜不惊。西侧地面用鹅卵石铺成九鹿图的图案，则明明白白暗示着主人家官运亨通，位极人臣，更与大船之间构成了一种只可意会不可言传之意。东北角紧贴墙壁，堆叠了一组60多米长的假山，沿墙一线绵延，犹如一副山水画卷。整组假山绵长，两处转弯浑然天成，消除了以墙壁单调直线条区隔空间的生硬感，使人有山外别有桃源之遐想。假山上有盘山蹬道，上有月亭可令人小憩，在此俯视船厅，别有一番意趣。由此向西上可登读书楼及复道长廊，下则可拾级东园，其作用类似如今高架交通的上下匝道，而毫无生硬造作之感，成为全园立体交通的一部分。

读书楼建在东园，非常方便接见外客，不同于其他人家子弟总选择最僻静的角落苦读死书，何芷舠这样的安排就颇有开放式教育的味道了。事实也证明了何芷舠的远见。他的次子何声灏便在此读书，后高中进士，钦点翰林院庶吉士，与乃祖一起称“祖孙翰林”，高照门庭。何家也形成了厚学重教的门风，先后出了祖孙翰林、兄弟博士、父女画家、姐弟院士等，成为了衣冠望族。非常有趣的是，园主人将读书楼、九鹿图、《海市帖》、船厅安排在一起，既表现了希望家族“学而优则仕”的传统儒家思想，又透露出希望避世桃源、无为极乐的传统道家思想。

↑ 复道回廊。复道指双面回廊中间再加一道墙，起到内外分流的作用，又称内外廊。复道跨度宽，凸现大方气派。回廊俗称串楼，分上下两层，能将主要建筑串联起来，既便雨天依旧畅通无阻。

→ 上图：贴壁假山和假山上的月亭。

下图：船厅。水波纹样的瓦片和鹅卵石代表了水面，是以“旱”表现“水”的巧妙手法。

醉饮蓬莱

西园是后花园的主体，园中心凿得一大水池子，复道回廊四面环绕，长1000多米，气势雄阔。西南角叠有一片假山，池中东部有一座水心方亭。水池北面的蝴蝶厅、西面的桂花厅、南面偏西的赏月楼以及南面东部一墙之隔的住宅院落玉绣楼，环水而建，分布合理，错落有致，以复道回廊相连接沟通。

西园主要为宴请宾客的所在，面积及建筑规模都超出东园，如以西园比作如今普通住宅的客厅，那东园就只能算作门厅了。

水心亭据称是中国仅有的水中戏亭，它巧妙地运用了水面和长廊的回声，起到增强音效的共鸣效果。然看其规模位置，不似戏台，若在此歌舞唱戏不免狭小，何况声高嘈杂，不免破坏了意境。若是苏州评弹、江南丝竹、纳凉拍曲则无不可。水心亭南北有曲桥相通，厅的形制与雕花飞罩无不极具传统，而铁栏杆的运用则有现代园林的风范。

水中方亭的运用，来源于扬州园林的“小方壶”。《列子·汤问》云“渤海之东有大壑，其中有五山，三曰方壶。”方壶便是海上的一座仙山。“小方壶”便是模拟海上仙山，在水池中叠山立亭的园林建筑方法，自唐代已有之。唐代宫廷曾浚太液池，造蓬莱三山。何芷舠退隐扬州，在此造了“小方壶”，与园西南角突兀于水面的湖石假山，东园《海市贴》与船厅，无不体现了园主人希望构建神仙居所的用心。

池北七楹宴厅，厅角昂翘，仿佛蝴蝶振翅欲飞，因名蝴蝶厅。此厅为宴请客人的正厅，外宏而内雅，非常体现园主人曾经赫赫的地位。

湖石假山为全园最高处，上置两株白皮松，已有百岁以上高龄。假山中为黄石，两边为太湖石，似一而三，暗合蓬莱三山之意。立于松下，不免有“松下问童子，言师采药去。只在此山中，云深不知处”之感，睹景物依旧，叹斯人已去。

赏月楼与假山相对，是园主人母亲的居所，此处是全园赏月的最佳所在。廊旁的铁栏杆系从国外进口，均刻有“延年益寿”字样。由此向东的回廊上花窗如锦，式样多变，据说是为了方便女眷在窗后观戏之用。内宅与花园分隔，又以透窗可窥一斑。

此园既为宴请宾客之所在，又是园主人家人赏玩的后花园。长廊环绕，虽雨天也畅行无碍。想园主人偶有意兴，对月当空，于水心方壶独酌赋咏、倚栏抚琴，或者邀三五知己，独乐乐不如众乐乐，和诗清唱，非神仙何也！此时家人立于廊桥之上，隔花窗相望，正应了“月明桥上看神仙”的诗意。

↑ 花式多变的什锦花窗。旧时代的闺阁小姐不宜抛头露面，但是若花园水心亭有演出，小姐立在绣楼的花窗后，既可观看又可不忌讳，两全其美。

→ 上图为西园。下图为蝴蝶厅，厅内木壁上雕满历代名碑字画，中有苏轼之兰、郑燮之竹、唐寅花鸟、曹操诗歌。

静幽桃源

如果说何园在后花园的营构上充满了对神仙生活的向往，那么在住宅院落中，园主人显然是要用心建造一个幽静宜居的“实用版”桃花源。

主宅在西园之南，与赏月楼的南面小院有门相通，供主人一家起居。为南北两座砖木结构的二层楼，东西以廊道连通，围成一个院落。因园中种植广玉兰与绣球，得名玉绣楼。

玉绣楼同样是中西合璧，串楼的设计遵循中国传统，而南北楼一字排开的房间各分两套，每套三门，左右两间，中门为楼梯间，每间又采用推拉门隔断成套间，这种户型结构不同于传统中国的厅厢，被家人称为“洋房”。

玉绣楼的建筑用砖乃是采用太湖底泥制成的水磨金砖，精工细作，平整如镜，施工时每天只砌三层，可谓精严。而飞罩、落水铜管、百叶窗、屋内壁炉、地面抬高近两米的隔气层与通风道，无不采用欧式理念。屋内装修与布置更见外来文化的影子，欧洲进口的壁炉瓷砖，日式拉门，尤其小姐闺房的铁床与西洋油画，三人卧房甚至还有留声机与电风扇，从中可看得出何芷舫对西方现代文明的包容与接受。

然而只需看一下住宅的安排，便会深刻体会何芷舫作为一个封建士大夫，其内心中根深蒂固的家族宗法观念。北楼为何芷舫于其长子的住宅与书房，南楼则是次子与小姐的住宅与书房，地位高下立见。更为体现尊卑等级不同的是，在卧室过道上，留有六个井型的圆孔，原来何家的仆人只能走两侧的火巷，不可上阶梯，更不可上楼，这些圆孔专为楼上下传递饭菜和物件之用。

住宅之南为一座160平方米的楠木大厅，名为煦春堂，又名与乐堂。这是主人会客的地方，气势壮观，用料上乘，尤其正厅大门两侧，使用了整块4平米见方9毫米厚的法国进口玻璃。室内宽敞明亮，采光极佳，丝毫没有传统明清客厅阴檐深柱、红木家具给人的压抑感。

一二二 玉绣南楼复道向东是骑马楼，是何园的客舍，三进院落。何芷舫的好友、著名国画大师黄宾虹在此客居数月，何家所藏大量的古今名人字画得以观赏，后来何芷舫又将介绍他给收藏家程尚斋。何、程两家收藏极为丰富，不仅有黄公望、王蒙、倪瓒、吴镇和沈周、文征明、唐寅、仇英等元、明大家的书画，还有明末清初如石涛、弘仁以及邓石如、包世臣等人的作品。黄宾虹在此数月，亦获益匪浅。

赏月楼及其小院亦应是住宅院落的一部分。由于其母亲年岁已大，不便见外客，所以赏月楼北可直出复道赏西园美景，东可经月门直通玉绣楼，方便晚辈请安。赏月楼亦内亦外，位置安排颇具匠心。

通观住宅院落的建筑，似可略窥何芷舫营建此宅的心理脉络。宅中无论中西材料与结构布置，均以舒适实用为主，然而大的平面格局上，依然遵循传统。西方文明对于何芷舫而言，仅为“技”，而非“本”，只能停留在用的层面上。可见何芷舫内心所追求的，依旧是和平、宁静、自给自足、安居乐业和相对封闭的桃花源。

↑ 右图：玉绣楼

← 左图：西式飞罩与钢质落水管；中图：玉绣楼上的欧式壁炉

→ 复道联廊，周阁相属，悬空接翠。巧妙的设计使行人在巨宅中信步穿行，仍能避免日晒雨淋。

人间孤本

整个何园的平面布局，颇类似于现在的四房两厅，后花园为两厅。三绣楼为主卧，熙春堂为起居室，赏月楼为次卧，骑马楼为客卧。如果还需要一个阳台的话，那就是位于东南一隅的片石山房了。片石山房是原吴氏双槐园的遗存，几经转手，由何芷舠购得，园中有石涛叠石、片石山房、明楠木厅，环一方池水而立。

片石山房的叠石假山是石涛遗留至今的唯一叠石作品，称为人间孤本，为历代园林大家所推崇。陈从周教授作《中国园林》，于扬州园林中首推片石山房。

石涛叠石横亘小花园北部，西首为主峰，奇峭挺峻，向东绵延，“一峰突起，连冈断堑，变幻顷刻，似续不续”（石涛《苦瓜小景》题辞），皴法统一，写意连贯，毫无斧凿之痕。中有山洞，浑然天成。陈从周教授称此石壁、蹬道、山洞最为奇绝。远看湖石突兀多变，形似千姿百态的狮子，又名九狮园。

峰下有正方形砖砌石室两间，便是片石山房。门厅前有一滴泉，形成雨观瀑之景。片石山房另有一处泉水，名为涌趵泉，泉左右一边为书屋，一边为棋室，由石板隔为两间，正如石涛诗意“白云迷古洞，流水心澹然。半壁好书屋，知是隐真仙。”

东侧有一座三面环水的船厅，名为“不系舟”。在向东去便是明代所建的楠木厅，这是何园最古老的建筑，距今已400余年历史。

片石山房面积不大，布置却很自然，毫无拥挤造作之感，意重静观。造园如同作诗，一山一水一树一石，如同诗词中一字一句，颇为讲求，“笔花四照，一字动不得”。小花园与寄啸山庄虽建成年代不同，却相得益彰、珠联璧合。见片石山房知寄啸山庄之宏昌，览寄啸山庄感片石山房之精巧，恰如李杜唱和，知己会心。

桃花春水

晚清季世，国难当头，内忧外患，其实是没有一片可以避世的桃花源的。如果说归隐田园，还是士大夫较为本色的一种选择，那么到了晚年（1901年），何芷舠更是作出一件令当时所有人匪夷所思的大事，他以高龄举家迁往上海经商。何芷舠就如同曾进入桃花源、却又返回俗世的武陵渔人。“不疑灵境难闻见，尘心未尽思乡县。”（唐王维《桃源行》）无法抛弃对尘世的责任感。

1908年沪宁铁路1912年津浦铁路建成，运河水运衰落，上海崛起，江南乃至全国的经济重心转向上海。何芷舠在他临近生命的终点，却预见了时代的前景。在被洋人所骗，诉讼又遇不公后，何芷舠更是变卖家资，遗命办学（由其孙创立了持志大学、今上海外国语大学前身），为近代中国培养了许多杰出人才。一生从士入商，弃商办学，“得天下英才而教育之”，实现了作为士君子的最高理想。这个时期由于洋务运动的兴起，士大夫们普遍与洋人交往，应该也接受了部分西方现代文明和思想。和一些抱残守缺者相比，何芷舠更是一位前瞻者。王维《桃源行》的结句有云：“春来遍地桃花水，不辨仙源何处寻。”作为一个传统的士大夫，民生百姓的安居乐业、家国天下的自立富强，才是何芷舠心中真正的桃源仙境。

← “镜花”，“水月”。 水月：湖石中有一圆孔，倒映在池水中，如同明月倒影。随着不同角度望去，可以从一弯细月渐至一轮满月，令人称奇击节。
→ 上图：石涛叠石；下图：不系舟。

↑ 片石山房于刁家巷的大门

↑ 广玉兰与绣球树。这两株树同样已经一百二十余岁，广玉兰（荷花玉兰）高大如盖，原产美洲，系当时刚从引自国外的物种，当时称为洋玉兰。木绣球枝叶繁茂。到得春夏之际，二树繁花并开，洁白如雪，香气浓郁，沁人心肺。

↓ 狭窄的火巷。玉秀楼侧的走廊。

晚清第一名园

寄啸山庄是晚清扬州最后的大型园林作品。中国私家园林的建筑审美和居游功能在何园达到高度和谐与极至完美。扬州地处南北交汇之所，文化上不可避免地受到南北文化的两方面影响，在园林中亦有体现。扬州园林的建筑介于北方“官式”与江南民间建筑之间，成为一种介体。清道光年间钱泳的《履园丛话》中讲“造物之工，当以扬州为第一。”无论亭台楼阁之造型布局，还是园林之叠石、理水，都有其独特的风格与成就。

寄啸山庄以开畅雄健见长，崇楼高阁、复道修廊，与水石虚实互映，形成立体交通、多方位视角欣赏的园林。其宏昌的气势具有北方园林的特征，而其高墙深院、回廊山水亦富扬州特色。吴氏片石山房遗存石涛所叠山石则以小巧见长，是江南园林普遍采用的方法之一。

何园建于晚清，普遍采用了一些新材料和新纹样，并开别门以迎外客。由静观的居赏渐趋动观的居游。建筑中折射了其时西方文明的不少投影，而平面布局、楼阁式样、以及透逸简直空灵深远的风格则深得中国传统园林之精髓。

寄啸山庄见证了晚清扬州最后的繁华。而今扬州原有的地理优势依稀重现，“沉舟侧畔千帆过，病树前头万木春”（唐刘禹锡《酬乐天扬州初逢席上见赠》），如鲲鹏振翅的江阴大桥、润扬大桥，如卧龙千里的高速公路，仿佛就是寄啸山庄“天下第一廊”的无尽延伸。

无论地理上身处扬州的兼收南北，还是时间上正值晚清的合璧中西，何园主人兼容并蓄的气度，使得何园的布局和营构具有典型的时代特点和独特价值，正如中国古建筑专家罗哲文为何园的题词，堪称“晚清第一名园”。

（撰文／张乐天　　摄影／施政）

一二七

← 欧式百叶窗

→ 与归堂卷棚

兴衰勃忽迷楼影

杭州胡雪岩宅

一览众宅小

清光绪元年（1875年）的农历十月初六日，一个来自胡雪岩祖籍地徽州的文人到杭州办事，经朋友介绍由一位胡姓师爷带他进府走马观花了一番。这个文人返乡后写了本《南旋日记》，记下了当时的观感：“其大厅上悬御赐‘勉善承荣’匾额。进大厅后数步，见两（石）门，一额左图，一额右史，左图为内宅花园，右史即芝园。（芝园）有两花厅，楼极高耸，画栋雕梁，五色炫目，厅前有鱼池，以工丝磁琅玕为栏，旁砌假山，中嵌名人石刻，池畔两亭对峙，木刻楹联书法甚佳。过亭穿石而上，另有一亭，为宸翰亭，较之厅上之楼尤为高耸，凭栏而望，满城屋宇如在井底，城隍山、西湖皆望可尽。”这段文字乃现存史料中对胡雪岩宅最早的第一手描述。

《南旋日记》作者所见的胡宅，是胡雪岩于同治十一年（1872年）开始兴建的。胡雪岩建此宅时正处于事业鼎盛时期，家产逾四千万白银，是当时清政府年收入的一半，可谓富可敌国。他用重金购得杭州城元宝街一块绝佳的风水宝地，耗巨资兴建府邸。工程历时3年，于光绪元年（1875年）竣工。

选地 元宝街得名于元代时建于此处的宝藏库，原来在街的东西两端各有地面上刻有元宝图案，同时路面呈中间高两头低之势，颇有元宝心之态。身为东南第一富豪的胡雪岩选宅于此，不能不说煞费了一番苦心。

《南旋日记》作者谈及胡雪岩府外景：“未至门，见石板阔而且洁，大有吾乡景象。”所谓吾乡景象，指明清以来徽州城郭乡村中常见的大石板路面，这种特色迄今仍体现在徽州的古街巷陌间。这样的描述是极为精当的。元宝街沿街一道白粉高墙，街中部开有一座典型的杭派石库门，外观十分简朴。这就是胡宅的正门，由此进去却别有洞天，占地共10.8亩（约7230平方米），建筑面积5818平方米，由13座楼以及一座杭派园林组成，如同一座巨大迷宫。

大门朝向 胡宅大门朝南，位于宅院主轴线偏东南侧南墙上。大门设在宅院主轴线的东南方——巽位，这种处理方法不仅达到宅邸藏而不露的效果，而且从风水来说，巽位主文曲星位，仕途发达。

→ 清晨阳光斜照进恍若仙境的芝园

其兴也勃

胡雪岩府全宅呈南北狭、东西宽的长方形，布局分中、西、东三大部分。中央为待客议事及家庭核心成员的起居区，西侧是观赏游玩的园林区，东面则为内宅生活区。整座府邸建筑构思巧妙，恢宏繁丽，既保持了官宦之家的中轴格律，又充满江南园林曲折变幻的空间韵味。胡雪岩聘请了当时的能工巧匠，精心打造，反复修改，务求臻善臻美。府内亭台楼阁富丽堂皇布局巧妙，雕刻彩绘精美绝伦，园林造景玲珑秀气，家具陈设豪华气派，充分反映了住宅主人的性格，堪称清末中国巨商第一豪宅。

胡宅用材　胡雪岩在建筑用材上花钱如流水，极尽豪华穷奢，竟用紫檀、酸枝、楠木、银杏、铁犁木乃至红木等名贵木材做建筑之梁、柱及隔扇装饰，西区园林水池则用进口青铜古铺底。其用材之靡，甚至超过皇家规格。清末名人李慈铭《越缦堂日记》就记曰：“（胡雪岩）营大宅于杭州城中，连垣数坊，皆规禁御，参西法而为之。”

胡雪岩，名光墉，号雪岩，祖籍安徽徽州绩溪，道光三年（1823年）出生于杭州。他少年时入杭州一钱庄当伙计，后自办阜康钱庄，又得浙江巡抚王有龄扶持，事业开始蒸蒸日上。

胡雪岩起家之谜　关于胡雪岩的起家，历来众说纷纭。最为传奇但可能最接近历史真相的记载出自陈云笙《慎节斋文存》，云胡雪岩在后任浙江巡抚的王有龄穷困潦倒时，以钱庄伙计职务之便私自借给王有龄一笔钱，后王北上得官，回浙后重用胡雪岩，使胡的生意得借官府之便扩展开来。

无论如何，胡雪岩从起家开始即以“官商”面目展开经营，这是他在晚清商界得以迅速窜红的最主要原因。他眼光敏锐，手腕圆活，富有人情味和豪侠气，同时驰骋官场商界，通吃白道黑道。王有龄死于与太平军的战争后，胡雪岩又力助左宗棠，在左宗棠荫庇下，他经营钱庄、粮食、生丝、茶叶、房地产、开办典当铺，甚至进出口军火等，后又创办享誉四方的胡庆余堂国药号，成为富甲一时的巨商。他由富而贵，官至候补道，衔至布政使，阶至二品顶戴。按清代官服礼制，二品为涅红顶，故时人称其为“红顶商人”。“做官要学曾国藩，经商要学胡雪岩”的说法在当时已甚为流行。

在元宝街新宅落成后三年，胡雪岩的“官商”业绩达到了顶点。光绪四年（1878年）四月十四日，左宗棠会同陕西巡抚谭钟麟联衔出奏的《道员胡光墉请破格奖叙片》，历举胡雪岩在左宗棠平定新疆阿古柏叛乱的“西征”中的功劳有九条之多。左宗棠在奏摺后请求朝廷：“仰恳天恩俯准将布政使衔江西补用道胡光墉破格优奖赏穿黄马褂以示优异”，朝廷竟批准了。

光绪八年（1882年），左宗棠出任两江总督。他来杭巡查时，胡雪岩在府内为左设宴，宾客如云，高朋满座。当时有位官员给胡送来一座翠玉屏风，价值千金，置于厅堂，宾客赞叹不止，不料随即被一仆人失手打碎。在座众人无不震惊，胡雪岩却面不改色，反而安慰仆人。左宗棠见胡如此宽容，不禁赞叹：“君之气量如海矣。”胡雪岩只是一笑了之。其豪奢之风，可见一斑。

← 胡雪岩像和胡庆馀堂

胡庆馀堂国药号，地处杭州吴山麓大井巷西端。此处乃赶庙会朝山的必由之路，曾是杭州最繁华的商业中心。胡庆余堂筹建于同治十三年（1874年），光绪四年（1878年）春全部落成，正式对外营业。胡庆馀堂与胡雪岩宅两处建筑在风格上有颇多相似之处。博采众长，集各家老号大成，结合江南住宅园林特色，选用铁超、银杏、香樟等上乘木材营建。

→ 上图：胡宅大门为典型的杭派青石石库门。下图：胡宅大门内的大型影壁。

富贵地

胡雪岩早年丧父，自小与其母金氏相依为命，对其母极为孝顺。同治十二年（1873年），正值胡雪岩府紧张施工之际。因为胡雪岩在此前数年奉其母金氏之命，多次慷慨捐赠棉衣、白米、银两给遭灾严重的地区，故左宗棠于该年向朝廷递奏摺说："该道迭次捐助巨款，据称均系恪遵母命……仰恳天恩俯准特赏道员胡光墉之母胡金氏匾额以示优异。"此时的慈禧太后唯恐自己的亲生儿子同治皇帝不肯顺从"垂帘听政"，民间一个商人发迹后居然能恪遵母命、行善积德，正中慈禧太后心意。朝廷立即批准了左宗棠的奏本，册封胡雪岩母金氏为正一品夫人。

得此册封，胡雪岩府得以大起门楼，整修宽广的轿厅，使得浙江巡抚到胡宅亦须在门外下轿，因为巡抚的品秩只是正二品。由胡宅大门门楼左旋便进入轿厅。轿厅占地218平方米，面阔五开间，高敞气派，梁架、柱子等全部采用银杏木。

百狮楼是全宅最重要的建筑，它上下两层，面阔五间，楼下是红白喜事及宴请贵客的地方，楼上则是胡母金氏及胡雪岩元配夫人的寝屋。此楼全部采用花梨木、波罗格木等高档木材建造，极尽奢华之能事。厅内布置严整雅洁，红木落地罩分隔空间。楼下正堂中置有大圆桌一顶，正中高挂"百狮堂"横匾，其下置中为八块红木制的书法条屏。

鲍照《舞鹤赋》 百狮楼正堂红木书法条屏，乃南北朝辞赋大家鲍照的《舞鹤赋》全文，清康熙皇帝临写明书画名家董其昌的书法。《舞鹤赋》被称为南朝辞赋的绝唱之一。其中多有名句，如描写鹤舞姿态的"众变繁姿，参差存密，烟交雾凝，若无毛质"，钱钟书在《管锥编》中曾予以激赏。

关于胡母金氏在百狮楼中的生活起居，1903年出版的《胡雪岩外传》有一段详细的描述："原来胡宅规矩，每日早晨，合府大小男妇都要到老太太这里来请安的。大约总在九、十点钟时候，老太太起来，梳洗将毕，合府自雪岩一辈起，以至下一辈孙男孙女，俱络绎到齐，先在两廊下伺候。各人都有丫头挟带着皮马椅褥……等老太太梳洗毕，坐出正院中炕，便有八个大丫头八字儿排立两旁。另有六个大丫头出来，一齐打起正中的三幅帘子。却准上面双龙捧日的那座大自鸣钟打了十一下，于是两廊下候着一班儿辈，都鹭序鸳班的上去，分两排请安毕，八字分开站住。各人带的交椅，都就一字斩齐的铺排下了。" 胡母金氏享受荣华富贵的情形，真如《红楼梦》中之史太君矣。

《胡雪岩外传》 《胡雪岩外传》，总十二回，署大桥式羽著，光绪二十九年（1903年，日明治三十六年）由日本东京爱美社排印。作者实为南社成员陈蝶仙（1879—1940），与胡雪岩同为浙江杭州人。他为写此书颇下过一番调查取材功夫，因此对胡宅的状况远比其他记载胡雪岩史料的作者更为熟悉。作者笔法试图仿《红楼梦》，却未免力有未逮。

← 东、西四面厅前矮壁上各开一月亮门，遥遥相对，互为风景。
→ 上图：轿厅正中"勉善之荣"匾额原为同治帝手书，后集字复原。但据李鸿章《李文忠公奏稿·林维源母额片》："同治十二年四月间，经陕甘督臣左宗棠奏请，……赏给胡光墉之母'勉善承荣'匾额一面，钦遵转行在案"，此匾额应为"勉善承荣"，现匾额似为修复时失误。下图：百狮楼正堂全景。

勉善成榮
泰揚仁風
承天恩賜
處世無奇但率真
傳家有道惟存厚

百獅樓
鍾毓得兩間之氣
為千古昭穆

影

神仙境

胡雪岩宅的西区为独立的园林——“芝园”。该园乃胡雪岩为纪念其父胡芝田所建。此处为胡雪岩及家人寻常休憩玩乐之所，胡雪岩为达到天下山水精华浓缩一处的目的，曾不惜心力与工本。

芝园设计师 据《胡雪岩外传》所言，当年胡宅造好芝园后，不合胡雪岩心意，决定重建，为此特聘请了设计师尹芝。尹芝，同治年间名士，湖北人，园林设计高手，曾在北京专替王府设计监制花园园林。尹芝为了体现杭州山水的特点，专门去灵隐仔细揣摸山水风光，他以飞来峰为借鉴，设计出了一幅园林建筑蓝图。胡雪岩看了十分满意，动工时又请来了魏实甫等 4 位杭州本地叠山匠师，共同参与施工。故有人称芝园为“擘飞来峰一支，似狮子林之缩本”。

芝园大假山高达16余米，为国内现存古典园林中最高大的一座人工溶洞。假山下共有“悬碧”、“皱青”、“滴翠”、“颦黛”等四个小溶洞，四洞风格恰与“瘦、漏、皱、透”四字相合。四洞相互连通，卵石铺地，曲径通幽。洞壁上还嵌有多方胡雪岩精心收集的书法名家董其昌、郑板桥等人的题刻和嵌碑。

芝园大假山的另一奇特之处在于，假山之巅从西到东依次分布有冷香院、荟锦堂（即四照阁）、影怜院三座楼阁。在假山之上构建成组大型建筑，不仅在形制上为国内古典园林所罕见，其力学结构工艺上的造诣也着实非同小可。

芝园的另一精华——湖泊型水池，位于大假山的北侧。由于胡宅地表远高于元宝街周围地面，为解决蓄水问题，当年胡氏不惜巨资用黄铜皮铺做水池底。水池的西侧建有一座三孔石拱桥，上设两层重檐八角亭，号称“晴雨亭”。桥亭的两侧均为折桥，分别与北侧的延碧堂和南侧的大假山沟通。

芝园之杭派南宋遗风 芝园体现了江南园林的风格和体系，但又不同于苏州园林的书卷气，而浸透着深具富贵享乐气息的南宋临安城遗风。其建筑多施刻镂，纹彩装饰，呈现富丽的杭州地方风格。园内以山水景象为主题，水面与空间相互渗透，再依山筑楼阁，临水建亭厅，植花木，点山石，兼顾平面与立面效果，形成空间景象的起伏。

延碧堂坐北朝南，三开间二楼，一楼会客，二楼则是胡雪岩自己休息的处所。《胡雪岩外传》中描述，从四照阁上望去，“延碧堂正面那边的飞楼、画阁、碧槛、红窗，都隐约在花梢树杪之间，芳菲可爱。”出厅南入临水露台，可观赏全园山水，由于处于逆光角度，景象显得含蓄幽深，近台水面所映衬的对面大假山上连绵不断的楼阁轩榭，宛如人间仙境。

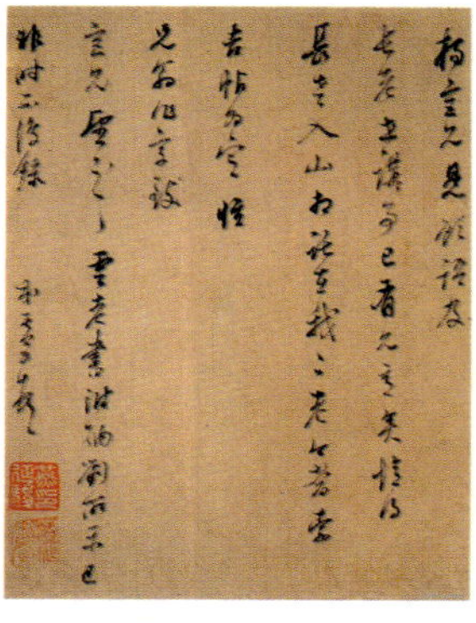

↑ 董其昌书画与碑刻。晚明书坛兴起复古运动，书风离俗而趋雅。其中影响最大，开一代书风的应推董其昌。清初康熙酷爱董其昌的书法，至乾隆又推崇赵孟頫的书法，因此董、赵书体身价大增，成为清代书法的典范。

↑　上建“晴雨亭”的三孔石拱桥。芝园的水体由三个看似相通、实则各自分离的水池构成，鱼戏莲叶间，其乐融融。

↓　左图为大假山上的冷香院，冷香院前高耸的石制凉台名为“扑凉台”。

右图为延碧堂。

温柔乡

从中轴区二门处的靠东长廊可以看到一个不起眼的昏暗的门洞，其实这里就是胡宅东部建筑群的唯一通道。东区为典型的居住庭院，由老七间、新七间、鸳鸯厅、楠木厅、融冬院、颐夏院等一系列庭院组成。和中轴区的布局不同，在这个区域内各院落既自然联系又互不干扰，格局自由宽松多变化。整个东部生活区屋宇密集，通道曲折，故有观者称之为“迷宫”。

胡宅东区除住有胡雪岩的子女外，主要是他的多房姨太太的起居之所。胡雪岩在晚清诸名流中不仅因商场政坛上的长袖善舞闻名，也以风流倜傥著称。胡宅东区正可谓他精心营造的温柔乡所在。《胡雪岩外传》描述道：“(胡雪岩）想起隋朝的迷楼来，心里实在羡慕的很。一日，想到住宅里的楼屋原来是走马楼，处处都通的，地方曲折又多，也不亚于迷楼风景。”

和乐堂　又名老七间，其柱子用南洋杉，栏杆为紫檀木，格窗用花梨木、酸枝木、黄杨木，做工极为考究。

和乐堂是胡宅东区建筑的重心所在。该建筑坐西朝东，分二层，一层为胡雪岩的书房，二楼则是七位姨太太的住房。在后檐供仆人来往的走廊下，有一地窖，深约2米，占地约有七八平方米，当年曾是胡雪岩地下金库的所在。

融冬院是一座二层三开间建筑，一般称之为“花厅一”。颐夏院也可称为“花厅二”，是一间单层三开间的建筑。虽然颐夏院与融冬院名字各一，但配合中间的假山、水榭，却可以合二为一地视为一个院落整体。此处为东区居室空间与园林空间有机结合的典范。

胡宅建筑在细节上的精雕细作在东区也有绝佳反映。除去彩画与砖雕景窗，内墙壁的堆塑也极为精美。其中规模最长手法最细腻的一面堆塑墙从融冬院始，沿着假山和流水一直延伸至鸳鸯厅处，估计有百米之遥。

↑　半是阳光、半是阴影中的和乐堂天井。

→　上图：载福堂又称楠木厅，因该厅全用上等金丝楠木建造而得名，夏天居住特别凉爽。

下图：清雅堂，也称“新七间”。楼上是胡雪岩子女居住的地方，楼下为宴请亲朋好友之处，清雅堂坐北朝南，面阔七间，材料多选择花梨木。

載福堂

清雅堂

西洋风

《南旋日记》作者在游观过胡宅后，惊叹之余，又予以激烈的批评：“惜楼过高，且过于雕琢，近乎洋人格局。而弹琴、下棋及吟诗、作画之室，俱偪阙如。据云用去朱提百万方克蒇事，以予观之，实觉俗不可耐，不堪久留。良以园主（乃市井中人），胸中丘壑，故布置未能适当耳。”

实际上，由于所处时代的关系和胡雪岩屡与外商打交道的经历，胡雪岩府建筑中的众多细节都是中西合璧的作品。当时的维新洋货——西洋彩色玻璃、大穿衣镜、水法流苏吊灯在这所古典建筑中随处可见。胡雪岩的书房，内里设摆琴棋书画，门外的穿廊则砌着五光十色的彩色玻璃；主人的各个房间则安装着当时最先进的短程通话设备——铜管传声筒。建筑上的铜制摇梗、铜梗臼、铜漏漏（落水管）都是引进欧洲建筑构件的做法，为国内住宅所罕见。这些融合手法，真实显示了那个特殊历史时期一代巨商的物质与心理信息。

西式镜厅 在芝园影怜院中间两边墙上嵌有金边大镜，据《胡雪岩外传》所载，是英国一位钦差所送。《外传》写道：“两面镜光互相激映，一层一层的，也数不出有多少层次。再居中悬着一架十三层的水法塔灯，是日本定造来的。……风吹起来，满园子只听得琳琳琅琅的响着，真便是王宫后院也赛不过此。”这类装修形式，在欧洲的王宫和贵族府邸，包括土耳其的奥斯曼皇宫内，都大量采用。

西洋风的另一突出体现是东区内使用的所谓“德律风”（电话）。《胡雪岩外传》中说胡雪岩为了避免姨太太之间的矛盾，专门请人安了一门西洋德律风，拉了十二根电线到十二房姨太太居室中。但胡宅建成的时间离电话传入中国的时间尚早，其事实真相让人疑窦丛生。

在胡雪岩府的修复工程中，所谓“德律风”的遗物被发现。经考证，这种新式通话工具其实相当于当时远

↑ 模仿法国凡尔赛宫镜厅而建的芝园影怜院镜厅。

←← 上图：颐夏院、融冬院之间的峭壁山和庭院。明代园林名著《园冶》云：“峭壁山者，靠壁理也。借以粉壁为纸，以石为绘也。理者相石皴纹，仿古人笔意，植黄山松柏、古梅、美竹，收之圆窗，宛然镜游也。” 下左：位于和乐堂后侧走廊的地下室。地下室全部用当时最流行的严州青石砌成，糯浆石灰抿缝，防潮性能极佳。下右：胡宅中广泛使用的铜隔漏（铜落水管）。用于进行屋面排水，原物均由欧洲进口，内含60%铜，40%锌。

洋轮船上采用的铜管传声筒，用来供姨太太们招呼下人办事所用。虽非真正电话，但也是当时技术水平下最先进的通话设备，同时也是国内清代住宅中唯一保存完好者。

其衰也忽

时间距离《南旋日记》作者游览胡宅过去约半个世纪。1930年代初某年的农历七月初五日，以清史研究见长的学者许国英到杭州游玩，一汪姓朋友忽郑重言之曰：“杭城有一特殊建筑物，今将拆毁，后此更无机缘，可再睹庐山面目，盍一往观？”许国英问是何建筑。朋友告诉他：“即五十年前大富翁胡雪岩之第宅是也。……曩以家落，没入宫中，辗转六获售主。今为某银行所有，将取其材移建他所，已支解十之三。苟不速过，则交臂失眼福，宁非可惜？”初七日，许国英来到元宝街胡宅游观，看到的狼狈景象更甚于朋友之描述。原有的珍玩家具固然早已荡然无存，连宅内各扇大门的兽环也被大半摘去，甚至园林大水池用于蓄水的黄铜铺底都被掘走卖钱，此时工匠们正在拆解厅堂的梁木，“大斫而小，长截而短”，要用去装修银行的柜台和地板。许国英因此“于神往之余，爽然若失”。

西北角之缺 胡雪岩府在西北角缺了一隅，这颇和中国建筑的风水阴阳理念相悖。据说当年这里原来是一个小理发铺，胡雪岩在建宅时虽予以重金收购，奈何理发铺主人终不为所动。胡雪岩一贯提倡和气生财，最终也就作罢。后来风水先生云：“此青龙方，如崩一角，即胡氏失败之先也。”

古云富不过三代，但胡雪岩之家业由盛而衰，竟不过十载。导致胡雪岩最终失败的原因很多，最直接的原因是当时中国的丝茶贸易为洋商所操纵，胡雪岩不甘屈服，孤注一掷出资2000万两银收购生丝与洋商抗衡，却终因寡不敌众而失败。仅折本银800万两，并严重地陷入了资金周转不灵的困境。由此又引发他所经营钱庄的挤兑风潮，此后钱庄倒闭，负债累累。同时胡雪岩又卷入左宗棠与李鸿章之间的政治斗争，遭到了李鸿章集团的打击，胡雪岩因此被革去道员职衔。光绪十一年（1885年）十一月初一胡雪岩死在租借来的小屋里，一灯如豆、七尺桐棺，终年63岁。

光绪二十五年（1899年），胡雪岩的后人将此宅折合十万两白银抵债给尚书协办大学士文煜。其后经历数次战乱，先后做过兵营、学校、工厂、仓库，到上世纪九十年代，昔日江南第一宅已经面目全非，成为挤着130余户居民的大杂院，长期失修，建筑物毁损严重。

1999年，杭州市政府投资近3000万元进行抢救性修复，以留存的文字记载、测绘图纸、照片以及实物为依据，修旧如旧，恢复胡宅原有建筑风貌。诸种作为修复依据的历史线索中，最为珍贵的要算从意大利建筑系学成归国的沈理源于1920年绘制的胡宅平面实测图。沈理源的绘图时代，胡宅的主要建筑还大部保留完整。沈理源为梁思成的同时代人，是中国最早用西洋的测绘法作建筑测量的人之一。在这幅以英尺为单位的专业建筑图纸上，胡宅格局与尺寸比例一目了然。修复后的胡宅至2001年竣工开放。

东方古建筑的保护模式 学术界对于如何修复古建筑一直存在争论。国际上古建筑保护的权威纲领《威尼斯宪章》强调的“保留原样”的原则可能更适合欧洲古代石构建筑的特点。胡雪岩故居的修复采用“修旧如旧”、“原状复原”的原则，是中国式木结构建筑文物在保护方式上的一次尝试。

（撰文／胡腾　摄影／施政）

→ 和乐堂南侧“鸾凤和鸣”砖雕。内雕有一雄一雌凤凰及相关装饰牡丹，其直径均在110cm左右，雕工精美，形态逼真。在“文革”时由当时居住于此的居民用石灰将其封起，方得以保存。石灰留处可见其砖雕为四砖拼拢。

← 影怜院镜厅

从厝岭南斗纷斓

澄海陈慈黉宅

壮志凌云，遨游八表，不拘禹甸江皋。
商海飞舟，骄姿只手擒鳌。
传薪奕世风云志，爱家乡、盛举名高。
构华堂、数叶同枝，兰蕙香飘。

新居不限楼台榭，看中西合璧，独树风标。
百折回廊，参差院落连霄。
游人向慕纷纷至，望晴空、五彩旌摇。
沐春风、淑气和畅，莺啭如箫。

——陈文惠《高阳台·题澄海前美陈慈黉宅》

起厝

清宣统二年（1910年），广东潮汕境内建筑工匠们的嘴里纷纷念叨着当地的两句俗话：“是骡是马牵出来溜”，“牛角唔（不）尖唔过岭”。知底细的人便晓得又有“斗工”可以看了。潮谚云：“潮州人无脸当死父”，形象地概括了潮州手艺人不服输的心态。潮州工匠视技术为生命，务必精益求精。所以，建筑工地成了竞技场，工匠呕心沥血，穷尽妙思，各显绝技。观者只是不知这一次召集“斗工”的是哪户人家、哪处制作？

→ 陈宅屋脊墙脊皆精雕细刻，颜色绚丽，灿若明霞。

斗工　清代时的潮汕一带，凡是大型建筑工程，如宗祠、寺庙、宝塔、富家宅院等，通常会请两班或两班以上由有名工匠带领的工人参加营建，比赛建筑水平、工程质量和手艺技术。这种习俗，谓之“斗工”。

原来，是澄海人称作“慈黉爷”的陈黉利家族首领陈慈黉要在家乡隆都镇前美村“起厝”，潮语叫“厝”是宅居、“起”是建筑，即兴建宅第之意。陈家因此大集工匠，造就了清末至民国年间潮汕建筑史上规模最大的一次“斗工”。

陈黉利家族　也称陈慈黉家族。这个族称的由来，是因为陈慈黉早年经商于南洋，在暹罗（泰国）京城曼谷创办了陈黉利行，蜚声东南亚，陈氏家族也因此逐步登上了“泰华八大财团之首”的宝座。清末，陈慈黉回乡归养，又对家乡有诸多建树，闻名遐迩，人们盛称他为“慈黉爷”。

这一次，陈家从潮汕各地请来了最有名的工匠。每一项建筑，从泥、木、石到嵌瓷，请的都是两班以上。而且公开告照工匠：谁做得好谁有赏，谁做得好下个工程就由谁担主角。为了技术保密，同时也为了给主人一个惊喜，工匠们施工时都采取措施，先用谷笪（潮州一带流行的由竹篾编织而成的晒谷器具）围起来，人就躲在谷笪内精雕细琢，等到工程完成了才掀开谷笪，请主人过目，让包括对手在内的众人品评。

潮州的工匠们还记得陈家此前的众多宅第工程。陈黉利家族兴起于陈慈黉之父陈焕荣，他在香港创办港岛第一家华人进出口贸易商行“乾泰隆”，开展跨国贸易。陈慈黉将陈氏家业进一步做大，他以泰国“陈黉利行”为中心，并在新加坡、越南、汕头等地设立分支机构，形成了一个横跨南海各国的贸易体系。当陈慈黉在东南亚的大业已定时，陈焕荣即返梓颐养天年。从同治十年（1871年）起，开始在祖居前美村永宁寨的西侧营造宅第，可惜工程未完成陈焕荣即去世。陈焕荣去世后不久，年届六十的陈慈黉也和他的父亲一样，在事业巅峰时将家业交给二子陈立梅管理，自己告老回乡，继续父亲未竟的事业，在永宁寨先后建成了三座“通奉第”、一座“仁寿里”、一座“观察第”以及三座“五间过”等巨宅。宣统二年时陈慈黉已六十七岁高龄，但仍壮心不已，这一次他要在永宁寨寨外的东南面再择地创建“新乡”，营造规模更大的新宅。

工匠们没有料到，这一次“斗工”一斗就是近三十年之久。前美陈宅共有4座大宅，分属陈慈黉的3个儿子，“郎中第”属次子陈立梅，开建于1910年，至1920年建成，共有大小厅房158间。“寿康里”属长子陈立勋，开建于1922年，至1930年建成，共有大小厅房116间。“三庐”书斋是“寿康里”的附属建筑，有厅房30间，兴建落成时间与“寿康里”同时。“善居室”属幼子陈立桐，开建于1922年，到1939年还未完全建成，后因日军侵占汕头，被迫停工，共有厅房202间。从陈慈黉开始的历代掌门人都抱着一个宗旨：不计工本，唯求其精。其中陈慈黉在世时亲自主建的“郎中第”历时10年，其间就因质量不好，曾反复3次推倒重建。四宅中最为壮观的“善居室”，从1922年兴工后，其继建主人是陈慈黉的幼儿媳，她也因部分建筑质量不好，曾多次责令拆除重建，以致延缓工期。停工时，部分门窗、屋梁和木雕还未油漆。

← 连接住宅的天桥、通廊。

→ 上图：“善居室”大门左侧的大池塘里种满了荷花，无边的碧叶或许可以遥接当日陈慈黉家族初兴时的盛況。

下图：位于陈宅四面，做了望台之用的更楼。

神话

绵延近三十年方落成的前美陈宅，数座巨宅连片而建，连同中间池塘和规划未建的花园在内，总计占地面积2.54万平方米，总建筑占地面积1.65万平方米，共有大小厅房506间，形成一个巨大的建筑群落。从施工到建成，陈宅连同它的主人一直笼罩在神奇的气氛之中，围绕陈宅的一系列神话被不断制造出来。

由于陈慈黉及其后代掌门人在建宅时异常注重建筑质量，只求好，不求快，潮州人甚至发明了一句俗语："慈黉起厝，好慢孬猛"。相传陈慈黉一见某个工人紧紧张张、拼命劳作时，就立即问他"是不是家中有事待你去理？"，然后就叫工头先给他发工钱，让其回家理完事再来做工。因为类似事例一再发生，人们就形成了陈家对工程进度毫无要求，对建造者的态度却极为宽厚和善的独特印象。对于后一点，民间又传说，无论是何人，只要拿得起工具都可以到工地来干活，无论干多干少，一天一个银元的二钱是不会少给的，所以几十年下来，这几座巨宅不知养活了多少人。

对于陈宅的建筑设计，也有一种奇怪的说法：当时没有请什么人设计，只是请了风水先生看风水相地，请信得过的族亲管施工。至于如何建，全凭住宅主人一张嘴，说要怎么建就怎么建。工头施工既无图纸也无方案，凭一支带有尺寸的竹杆比来比去，建到哪就算到哪。建得不合主人意，就遵命推倒、拆除重建。这个传说让人很难相信。普遍认为中国式的传统建筑，有经验的老工匠还晓得怎样建。而陈宅这种融人西方建筑风格的宅第，如无设计图纸，工匠如何下手？况且陈宅布局奇特，上下左右四通八达，构思巧妙又恰到好处，如无整体设计又如何实现？但这种说法出自目睹建筑过程、现还健在的原陈府老管家之口，让人真伪莫辨。另外，陈宅的营建在经济上也毫无预算，该用多少用多少，从南洋和西洋运来的洋货如瓷砖、彩色玻璃、"红毛灰"的应用成了时尚，甚至到了堆砌的程度。

红毛灰 即水泥。潮汕一带民间称西洋人为"红毛"，至今仍称"水泥"这一外来建筑材料为"红毛灰"，以别于当地的土产"贝灰"。

那么，建造如此宏伟的宅第，到底耗资多少钱银？这又是一个不解之谜。清末至民国的潮汕乡间，人们茶余饭后议论谁比谁富时，时常用"再富也富唔（不）过慈黉爷"这一句俗语来作最后裁决。据传汕头的黉利栈每晚清点银元，往往由于银元太多，来不及逐一点数，只好先用米斗来量算。

或许是为了形容陈家宅第之大，潮汕人还制造出一种不无夸张的说法。据说陈宅建成后，一个专职开关窗户的仆人，从一早起就挨门挨户开窗通气，全部开完已是中午，午后即逐个关上，到晚上还常常忙不过来。

透过如此种种夸张怪诞的传说，不难窥见陈宅在潮汕人心目中留下的强烈印象。细加察访，陈宅的神秘之处其实并非无迹可寻，对皇家宫室的刻意模仿即是陈府之所以独特的最重要原因之一。

↑ 由釉瓷烧制成的瓦当，在阳光下显现出鲜艳的色泽，其花式变化多端。

↑ 陈慈黉宅数以千计的窗户，多以西洋图案和瓷砖为外部装饰，以花岗石为内框，以闪亮的铜柱为窗框，以泰国进口楠木为窗扇，形态各异，姿态万千。

↓ 为潮汕民居装饰的重点是门楼、屋面和厅堂。屋内的楹木都漆成红色，椽子则漆成蓝色，称为"红楹蓝桷"。

皇宫

“慈黉厝，皇宫起”，这是潮州人对陈家宅第的另一种意味深长的说法。这句话起源于潮汕地区的一句俗语“潮州厝，皇宫起”，形容潮汕民居的独特风格和建筑特色，意即谓潮汕民居是仿制京城皇宫宅院的体制而建造的，可与皇宫相媲美。

潮汕的大型民居群落被称作“从厝式”民居。前美新乡的陈宅正是典型的“从厝式”民居，将其和以北京故宫为代表的帝王宫室比较，结构确有众多相似之处：陈宅以形体最为高大端庄、装饰最为豪华气派的大宗祠为主体和建筑中心（如故宫的太和殿）；然后是围绕着它按尊卑顺序依次左右展开的小宗祠，以及附带的包屋或从厝（如故宫的东西宫）；有的还在四面设更楼（如故宫的角楼），外面还挖有池塘和环绕的沟渠（如故宫的护城河）；前面有宽阔的阳埕（如天安门广场）。从而形成一个与故宫相似的对外封闭、中轴对称、形体端庄，等级森严，向心围合的建筑整体。

从厝式民居　中国传统的合院群有“单元重复式”和“向心围合式”两种类型。前者如北方大户人家宅院的四合院组合。后者以闽粤交界区为中心的从厝式民居为代表，反映着古代中原大型聚居建筑的合院类型“向心围合式”的遗存。

潮州民居的皇家风格由来已久。清乾隆《潮州府志》云：“望族营造屋庐，必建军家庙，尤为壮丽。”民国年间编撰的《广东年鉴》也说：“粤有华侨，喜建造大屋大厦，以夸耀乡里。潮汕此风也甚，惟房屋之规模，较之他地尤为宏伟。”潮汕人多地少，华侨众多，经济发达，人文鼎盛。潮人大多聚族而居，具有深厚的宗族观念。这一观念，体现在村落建筑上，就是以宗族为中心的围寨格局。特别是富贵望族之家尤为重视此风，以立规模宏伟的建筑群为荣。而民间传说则将原因归结到明代潮阳贵屿华美村出“假国舅”陈北科的身上。

↑　高高耸立的陈宅外墙面。自外远望，大面积的粉墙与黝黑的屋顶，对比鲜明。高墙后面，宅院成为一个同外界隔绝的空间，保持绝对的静谧和安宁。

多彩艳丽的镂空屋脊。

檐下彩画。

中图：传叶堂中室内装饰，糅木雕、石雕、灰雕为一体。

右图："传叶堂"贴金木雕。

"善居室"中的陈氏宗祠"传叶堂"。

最早的皇家式民居——黄门第 据说陈北科在赴京赶考时，碰到前往京城认亲的国舅，二人成为好友，后真国舅途中病死，陈北科遂盗用其名进京认了皇亲，做起了假国舅。一次上朝时，忽闻雨而大惊失色，藏入台桌之下。帝惊问其故。陈答说：潮州民居乃用草或泥所造，下雨必须躲在桌下，方免淋湿衣衫，望依京城四合院建造。皇上听后即同意陈北科回潮州，按皇家式样兴建国舅府“黄门第”，并由朝廷负责建筑材料。今日的“黄门第”位于贵屿闹市，门面已十分逼仄，但其气势仍在。

因此关系，皇家式样便在潮州一带流行开来。潮州人的屋顶居然用起了禁用的桔黄色，并自豪地说这才是真正的“皇宫起”。结构和规模外也是同样的“逾制”，如公侯房舍最多的“门屋三间五架”（《明会典》），可是潮汕“府第式”民居的门屋往往超过此数而多为“五间过”、“七间过”。清代康乾以后，随着潮汕华侨经济的兴起，“皇宫起”的大型民居更一发而不可收拾，根据财力能盖多大就盖多大，什么样的格局完美就用什么格局，想用什么颜色就用什么颜色，在这样的社会性浪潮中才终于有了神话般出世的陈慈黉宅。

从“四点金”到“驷马拖车” 潮汕民居的建筑格局多种多样，潮人谓之“四点金”、“下山虎”、“驷马拖车”等。“四点金”是以前厅—天井—后厅为中轴线，前后厅东西两旁各一房，占据整座大房的四角，故称“四点金”。“下山虎”的规模小于“四点金”，其格局比“四点金”少两个前房，其余都相同。“驷马拖车”则是以“三厅二天井”式祠堂为“车”，祠堂两侧各并排两座“四点金”为“马”。在潮汕，“四点金”多为富贵人家所建，并常配有祖祠；“下山虎”在乡村则较为普遍；而“驷马拖车”则是大宗大户富贵显达之家所建。陈慈黉宅就是潮俗典型的“驷马拖车”建筑。

陈慈黉宅中的四座宅第，除“三庐书斋”是中西结合的别墅式建筑外，三座大宅第皆是“驷马拖车”式建筑。宅第的主厅堂是“四点金”房局，两侧火巷（也称双背剑）则仿北京故宫的东西宫格式，分成若干个小院落，构成大院套小院，大屋带小房的住宅网络，加上梯楼、天桥和通廊，萦回曲折，四通八达，表层顶还用红砖铺有人行道，上下相通，扑朔迷离，宛如迷宫。只是外围并不用墙，而是以一圈两层洋楼，形成一个内低外高、类似城寨的方形大庭院。楼屋顶既有架梁盖瓦的传统结构，又有栏杆阳台的西式结构。在至高之处设置了望台，居高临下，总观全宅，便于防盗防火。如此规模宏伟、设计完美的一座“慈黉厝”，可谓将潮州大宅“皇宫起”的特色推向了极致。

在这恢宏的屋宇背后，隐藏着的是潮人以世家大族后代自居的心态，以及开放与叛逆奇特融合的海洋文化性格。曾被贬官潮州的韩愈在《送郑尚书序》中描写潮州人的海上生涯：所谓“帆风一日踔数千里，漫澜不见踪迹”。这样来去自如，自然有恃无恐。陈慈黉之父陈焕荣虽是从捞虾捕鱼为生的渔民走上经商之路，但陈家的祖先却来自一个显赫的世家大族，唐代太子太傅陈邕的后代。陈邕是唐玄宗李隆基的老师，因与李林甫不协，开元年间被谪入闽，最后在漳州落籍定居，卒后被被封为忠顺王，称“忠顺世家”。陈慈黉家族即出自这一脉，故其门第灯笼都写“忠顺世家”。如此种种因子，才使得汉唐世家的“府第”能够在潮汕以“从厝”的形式延续和发展。

← 西式栏杆阳台。整座宅院在外围又建起一圈二层洋式楼房，代替传统的围墙，形成一完整的独立结构。楼房面朝庭院，后墙向外。围合式天井。
— 连接住宅的天桥、通廊。

西风

尽管陈慈黉宅以“从厝式”民居为基本格局，但却大量采用西洋装饰和建筑材料，形成了和当时文化思潮中流行的“中学为体，西学为用”相仿佛的奇幻风格。

陈宅所用的建筑用料与装饰材料在品种的繁多上达到惊人的程度。地方材料的贝灰砖石，与大量的进口泰国楠木、水泥、瓷砖各尽其用。大面积的楼地面和门窗，大都采用质地尤良、纹理雅观、色泽大方的泰国楠木，通过精湛的制作，雍容华贵，充分显示了材料的优美质感。在装饰手法上，采用本地产的精制贝灰灰膏，大胆地塑造了中西结合、典雅古朴的附墙柱，突出的古希腊式花柱头，结合古雅自然的拱门洞，达到夸大空间、突出入口的艺术效果。梁柱的用料既有传统的石木，也有近代的钢筋混凝土结构，不同材料，施以不同的表现形式。而本地取之不尽的花岗岩石，不论是使用在立面结构上，或是使用在装饰上，都处处发挥了它的优势。在檐梁头的花饰上，还巧妙地把英文字母A、B、C等雕刻，汇缀于花饰之中，中西结合自然得体，形成陈宅独特的“建筑符号”。

红头船　将西式建筑风格和东南亚等地的建材带进陈慈黉宅的正是潮州独有的远洋帆船“红头船”（因船头油刷朱红色而得名）。潮人以红头船起家者以陈黉利家族最为有名。1995年，该家族自编印的家族史定名为《似汪洋行舟》，以舟象征家族，用汪洋来形容南洋商界，所谓“舟”便指红头船。

中国民居建筑习惯用亮(光)厅暗房、布局对称，因此，高大的实体墙面，开设不大的门窗，并多选用花岗石框，配以中国建筑传统的窗格，形成古雅、清淡的古建筑色彩。陈宅建筑在运用传统的形式下，巧妙地改善这些单调、压迫之感，在门窗造型上采用方形、圆形、三支拱等多种形式。在所有的门廊、门窗套等用的是制作别致的潮汕嵌瓷、灰膏泥塑。使用各式优质瓷砖，刻花玻璃镶框。泥灰起线和门窗顶用传统的“书卷”花鸟图纹、贝灰泥塑或中西结合的尖顶图案，色调淡雅、明快，突出了装饰。以上种种夸大了门窗的视觉面积，把平淡无味和本来有粗笨之感的石框，经过精工细磨，化为艺术的建筑，把使用功能和建筑装饰紧密地结合在一起，显得自然得体。

大量运用釉瓷砖镶贴墙面、腰线也是陈宅建筑的突出特点。主人广集国内外各种传统优质瓷砖，花色品种数以百计。根据不同位置，选用不同颜色、花纹、图案的瓷砖粘贴成幅幅景物图案，把窗间墙面变成一幅幅美丽图案，大大地增添了院落的生活气氛和艺术享受感。在采光适度、恬静幽雅的小姐楼，客厅墙裙用洁白瓷砖镶贴，顶面贴清秀淡雅的瓷条，显得文静清幽、自然舒适、贻然大方。

陈宅中这些不管是物质外观还是文化品格都存在极大差别的中西样式被并置在一处，使整座建筑的装饰风格显得有几分怪诞而奇幻。但正是在这种看似不协调的形式中，却包含着一种兼收并蓄的强大精神力量。日本泰斗级建筑历史学家伊东忠太（1867－1954）在其完成于1935年前后的《中国建筑史》一书中写道：“世界各国之文化皆输入中国，中国善摄取而调和之结果也”，“世界无论何国装修变化之多，未有如中国者”。这两句话用来形容陈慈黉宅中西一体的建筑风格，也许再合适不过。

善居

前美新乡陈氏四宅的营建，“郎中第”历时11年，“寿康里”与“三庐”书斋历时9年。最后一座大宅“善居室”于民国十一年（1922年）动工，至民国二十八年（1939年）因战争原因被迫中止，仍未最后完成。“善居室”整个建筑共有房166间，厅36间，是4个单元之中最庞大、最壮观的一个。其建筑细部用力之勤，雕琢之细，更可谓冠于四宅。

一　西式拱门洞，带有伊斯兰风格的门饰。

“善居室”主人是陈慈黉幼子立桐，因其早逝，故这座楼宅基本由幼媳（潮语俗称细奶）一手督建。据说她见家中诸宅皆建得很壮丽，生争强好胜之心，丈夫虽已辞世，却不甘落人之后，因而屡次把已建成部分推倒重建，精雕细琢，不遗余力。这样一介细弱女子，掌岭南最豪华之宅第营建达十数年之久，其性情人品如何，让人颇为好奇。可惜史无记载，湮灭无闻，只能凭建筑想见其为人。

“善居室”之精美，又不全在规模宏大、装饰豪华。陈慈黉家族始祖陈焕荣，出身贫寒，自幼未有读书。后来发迹，深感无文化之苦，遂重视以文育人，陈家因此有了财文并重、“商与儒本无二道”的家风。建宅主人同悉陈家立家之本，在宅内集清末民初书法大家的石刻作品为一庐，从而使建筑与家风有了如影随形般的完美结合。

一进“善居室”的龙虎门，抬头就见到石门匾上浮雕“民康物阜”四字（和中国传统匾题书写方式相异，此匾文字是自右至左排列），这是清末翰林院编修、岭南著名书法家吴道镕在76岁高龄时题书的。其宅内大埕中两个厢房的石门匾“兰室”和“蘧庐”，也是吴道镕书写。他的书法初学柳公权，晚年改学隋碑，宅中匾题都是隋碑体。

兰室、蘧庐　“兰室”，是女子居室的美称，出自张华《情诗》“佳人处遐远，兰室无容光”。“蘧庐”指客房宿舍，出自《庄子·天运》：“仁义，先王之蘧庐也，止可一宿，而不可久处。”

进入“善居室”大埕中央，面向正厅，就见到两边四个火巷门匾分别浮雕“五柳”、“三槐”、“翚飞”、“凤翥”八个字（文字也是自右至左排列），落款“华世奎书”。华世奎字璧臣，居天津，工书法，学颜真卿，字体气魄雄伟，骨力开张，一时商店招牌多出其手。传说他为人写字要价甚高，可谓“一字千金”。在陈慈黉宅内，华世奎共书写十一个字，不知付给多少润笔费。

五柳、三槐、翚飞、凤翥“五柳”出自陶渊明文章《五柳先生》。“三槐”是古代三公的代称，出自《周礼》“面三槐，三公位焉”。“翚飞”、“凤翥”是形容住宅壮丽。出自《诗小雅·斯干》“如翚斯飞”，《楚词·远游》“鸾鸟轩翥而翔飞”。“善居室”仿佛皇宫，以“翚飞”、“凤翥”来形容恰如其分。

在“善居室”大埕中北厢房“蘧庐”门斗内，共有横直刻文五幅，由清末科考最后一届落选状元朱汝珍书写。这五幅刻文，四幅是出自清代山阴金缨先生编撰的《格言联璧》。其中一幅为《格言联璧》“存养类”第二篇，文字颇令人警醒：“清明以养吾之神，湛一以养吾之虑，沉警以养吾之识，刚大以养吾之气，果断以养吾之才，凝重以养吾之度，宽裕以养吾之量，严冷以养吾之操。”

落选状元朱汝珍　朱汝珍（1870－1942），广东清远县人。光绪三十年（1904年）七月，他参加清朝最后一次殿试。本来他的试卷最好，应钦定状元。但慈禧太后因洪秀全、康有为、孙中山等都是广东人，对广东人有反感，故而将第二名直隶宁肃人刘春霖提为状元，把朱汝珍降为榜眼。朱汝珍擅长书画，在当时极享盛名，在陈慈黉故居内竟有这位著名落选状元的手书石刻五幅，可谓难得之珍品。

“善居室”的书法石刻，对华世奎、吴道镕的颜体和隋碑体，采用的是圆浮雕的形式，使其浑厚饱满的笔划体现得无懈可击。而对其他人所写的隶书和篆书等则采用阴刻或平浮雕的形式，使其如刀似剑的笔划得以充分的显示。石无声但字有意，透过这些精心攒集而成的匾题刻文，实可想见建宅主人当时的一片良苦用心。

（撰文／胡揚　摄影／施政）

← 左图：“兰室”匾额

右图：雕刻有英文字母的梁头花饰。

→ 楼屋顶的红砖人行道

下卷

现代实践——当代建筑名家访谈录

中国文化需要继承与复兴

阮仪三

同济大学建筑城市规划学院教授、博士生导师
国家历史文化名城研究中心主任
全国历史文化名城保护专家委员会委员
历史文化名城学术委员会副主任
对中国历史文化名城的保护与规划有深入的研究和实践
著有《古城留迹》、《中国江南水乡》、《江南古镇》、《历史文化名城保护与规划》、《城市遗产保护论》等15部著作

1961年毕业于同济大学建筑系
2004被联合国教科文组织遗产保护委员会授予"亚太地区文化遗产保护杰出成就奖"
2005法国文化部授予文化与艺术骑士勋章
2006成立"上海阮仪三城市遗产保护基金会"

近期保护与规划作品

古运河保护项目
上海提篮桥犹太人保护区规划
苏州平江历史街区保护规划
山西平遥古城
丽江古城
江苏周庄古镇
浙江南浔古镇

苏州平江历史街区俯瞰。

八个一模一样的问题

一、您所以为的“中国气质”和“中国气质的建筑”是什么？

中国与日本、欧洲、美国、东南亚有很大差别，其中日本很多文化是从中国传过去的，气质研究事实上是个有关文化传统的问题；此外还关乎人对整个世界的认识：一群人在一个共同的土地上生存，延续了一种共同认同的文化。

中国人讲天地人，讲天人合一。中国人实际上从比西方人更高的高度来看人与自然、人与人的和谐传承和共生共荣。中国人的建筑的特色是土木建筑，中国的窑洞，是从穴居转化过来的，吊脚楼是从巢居转化过来的。中国的所有的民居的形成，都是天人合一，有天井，鸳鸯楼，前后相套，它要踏地，人和自然共生共荣，但是又不能对不起自然，滥用自然。比如四水归堂，就是对水的节约、合理利用。比如丽江的房子，家家门前都有流水，户户门前都有水沟，特别是反映他们用水特点的是三眼泉，前面用的是喝的水，中间是洗的水，后面是冲厕所的水，水是自流水。

中国的民居非常精彩，无论扬州、苏州、绍兴、徽州、云南、泉州、福州，还有山西的民居，如窑洞，一个平地上挖个洞下去，一分四块，它是落地式的，中间是一个天井，周围四处掏洞，真是精彩。山西灵石静升古镇的窑洞造在丘陵地上，上面是高丘，然后沿着坡下去，山坡上是窑洞，山坡下是半窑洞，平地上是锢窑，锢窑是把土挖起来，叠成拱券，是平地上起拱造屋，冬暖夏凉。山西平遥很多锢窑。人跟土是最亲近的，人是从土里出来的，最后还要回到土里去。土里还有很多微量元素，住在窑里接受地气，不会生病。它充分考虑和利用地形，充分考虑人和自然的和谐共存，人和土完全融合。它们蕴涵了极其丰富和博大精深的文化内涵。

中国人的人文生活特色还反映在建筑的装饰和雕塑上。比如八仙，唐代就有了吕洞宾，明代有了明八仙，清代有了暗八仙，看到八仙，绝对不是宋代以前的建筑。其他亦然。这些装饰上大量体现了“比德”文化，实际是一种比喻、暗喻，比如刚才说的暗八仙，是一种暗喻，追求神仙般的生活，有法宝能抵御灾难和病痛；有的用到二十四孝，是明喻，持家要尽孝；有的用到七子八婿，暗喻门丁兴旺，等等。

二、您最喜欢的中国建筑有哪几个？请举例说明，并说明理由。

我是苏州人，也是扬州人，是阮元的后代，出生在苏州，从小在苏州长大，我的老宅就在扬州，扬州也经常去。苏州、扬州、绍兴我是胸有成竹，每年都做规划，每条老街老巷我都熟悉，因此对这些地方可以说怀有深厚的感情。

我喜欢苏州和扬州的一些厅堂式的带园子的住宅，园林，它们是世界极品，可以说我们以后再也做不出这样的东西了。真正的园林里面有非常深邃的文化涵义。比如“与谁同坐轩”，出自苏东坡的一句词“明月清风我”。与谁同坐呢，不是与夫人、女朋友，是与清风、明月、我，我们三者可以互通，相得益彰。你看这个亭子是个扇亭，后面有个扇形窗，暗示清风徐来，暗示它是招风的；后面是个笠亭，后面是松树，说明它招的什么风呢，是松壑之风。底下是水池，那就是明月，暗示月亮的倒影，所以清风、明月是从心里来的，里面有暗喻，也有借喻。而且它诗句本身就是一个明喻。

三、您在日常生活和居住中的“中国习性”有哪些？

喝茶，我从来不喝咖啡。写字，我喜欢写写毛笔字，用其他笔也可以。看书，手不释卷，我的书挺多的，各种书都读，博览群书是嗜好。也喜欢随手写写东西，写论文，也写随笔，写杂文。所以我的习惯还是中国传统文人的那种。

四、您最喜欢的中国传统艺术样式和最喜欢的中国器物是什么？

中国绘画，书法。

我对古董也比较喜欢，但是我不搞鉴定，也没有特别去收藏，但我家传有一些，以后我的子孙也可以留一点给他们。阮元留了一些字画下来，像这幅挂在墙上的字是恩海的作品。恩海是恩字辈，也是翰林院编修，是我祖父的父亲那一辈的。根据“恩传三锡，家延千名”的排行，我是第三辈。我的孙子也都受了这样的家传，我办公室门口“文化名城遗产”的字是我大孙子阮一家十三岁时写的。

五、怎么看待建筑在时间里的概念？

不同的时代出现不同的建筑，但是同一个民族的建筑总是一脉相承，源远流长。而且建筑跟其他文化艺术形态不同，滞后于时代。文学艺术是即时反映，建筑是滞后，因为建造需要一个过程，成熟需要过程，被认可也需要过程。

前几天我参加贝聿铭设计的苏州博物馆落成典礼，开完以后几个老同志喝茶谈谈，有几个老同志都说看不懂，说不知道好在哪里。在我看来，苏州博物馆是极品设计，是他的封山之作，是苏州的幸运，苏州能留存贝先生的作品，同时也是贝先生的幸运，他能把作品留在家乡。可以用“中而新，苏而新”六个字来评价。我对贝先生说，你这个作品是我们学生的很好的教科书。我有这样三个理解，第一，它能够把苏州园林的内外空间的交融、结合、穿插运用在这里；第二运用了不少（三角）形态（他之前也大量用过三角形态，如卢浮宫、中银大厦、东馆的建筑），但是这个个案是苏州屋顶（1：2）的运用；第三，非常简约地借用了苏州建筑黑白墙的元素，但是又不是苏州的墙、苏州的屋顶，用了其他的现代材料。这些就是他高明的地方。他也非常认可这三个理解。

六、对古建筑的保护与修复的看法？（包括对一些在原址上重建项目的看法）

我觉得要按照世界遗产保护的原则来保护、修复，所谓的四性原则：

第一是原真性。要原样修复，其中很重要的，是原汁原味，坏了要修缮，就是要整旧如故，以存其真，这也是我的老师冯纪忠在 1980 年说过的。

第二是可读性。历史是可以读取的，是可以看懂的，因为它有历史的遗痕、风貌，要把这些信息留给后代。

第三是整体性。建筑不是一个部分，它不是一幢房、一块碑、一个梁、一个屋顶，它是一个整体，同时还是一个群体，除了建筑，还有道路、铺地、树木花草、环境、河、桥、坡岸等等，群体才能体现它的实质。

第四，永续性。保存是要留存，是要永远留存。而对于宅来讲，要能让现代人能够居住，要适应现代居住的需要，因此要必要的加以改建。改什么，怎么改，怎么能不失其本质，又能提供新功能。这里是有所区别的，有的是作为博物馆来改建，有的作为文物来保存，有的作为历史建筑来保存。对历史建筑，我们要注意整饬、修缮，但要保持其风貌，同时注意更新，要运用科学的方法考量，比如水、电气设备、卫生设施等等，可以接入。

我们有四十亿幢房，能完整保留的只有一万多幢，只是很少部分。对一些损失了的，也不应该重建，不需要重建，只要留存历史资料即可，在《威尼斯宪章》上写得非常清楚，《中国文物保护准则》上也写的很清楚。

七、对中国城市现状的看法和建议？

中国现在的城市，从城市规划、城市设计到住宅的设计，都缺了一窍，缺了传承中国传统文化、中国城市规划的传统和中国建筑传统的一窍。缺少这方面的研究，外国的东西搬来就用，造成千城一貌，这跟我们简单化的追求快速建设，简单吸收外国经验相关。我是搞城市规划的，全国的所有的城市规划图纸，特别是洋图，都差不多，都是排房子，看起来很科学，很合理，但是对城市原来的特点考虑不够，没有深入研究城市不同的特点、历史因缘、地理特征、人文传承。原来的城市，比如西安和延安，南昌和赣州，无论从城市格局、布局，街巷的肌理，建筑的形式，完全不一样，现在全一样了。看起来是现代化了，但是缺少了自己的特征和灵魂。我们上海过去提“一城九镇”，说我们城市没有特色，就来建特色，好像命题不错，其实是欠妥的。我们的错误就是把本来的特色抹掉了，自己去生造。

八、对中国建筑师的建议？

现在中国建筑师缺少对中国文化的研究和对中国文化的尊重。中国建筑师应该有一颗中国心，因为你们在中国长大，应该为中国人设计建筑。同时应该像贝聿铭那样，多造一些“中而新，苏而新”的建筑。上海就该造上海的新建筑，同时是上海的、中国的，创造我们这一代的新作，希望我们今后的新建筑经过一段时间后，让别人觉得很向往，觉得中国是充满魅力的，而不是让人遗憾。现在北京也考虑到了，奥运会人家要来看北京，他们要看的是中国的北京，而不是看肤浅、简陋的现代化的北京。不久世博会也要开了，希望人们也看到一个新老传承的上海，有上海特色的上海，而不是看欧陆风情的上海，而不是德国的古堡，欧洲的古镇。跑到上海来看这些不是开玩笑吗？建筑是无声的，它不断在展示文化，建筑一摆至少三五十年，影响巨大。

中国文化需要继承与复兴

Q：中国古代城市和居住形态的关系与源流？

我们中国的城市从周代开始就有自己一套，方城十字街，方城井字路，左祖右社，前朝后市，左文右武，左双右单，左衙右府……左祖右社，左边是祭祀祖宗的，设立宗庙，右边是祭祀天地的，社稷台，祭天祭地。然后左文右武，左边是文庙发展文化，右边是武庙抵御外来侵袭。然后这边是衙门，那边是府宅，或者是城隍庙，敬鬼神、讲来世，劝人行善。它讲“有序”，天人感应，天人合一，把整个的山川河脉、地理形势和人的居住环境结合起来。古代人讲风水，要选择住宅、村庄、城市的位置，都要根据天文地理，可以从八卦来看。八卦就是完全的很朴实地把自然形式反映出来，乾，坤，离，坎，巽，震，艮，兑，它就是天，地，日，月，风雷，山川。然后再加上阴阳五行，红黄蓝白黑，左青龙右白虎，前朱雀后玄武，这一套东西完整地把天文地理归纳起来了。然后人在其中，怎么样选择合理，“觅龙，查砂，理水，点穴”“负阴抱阳，是为龙穴”，那这个就非常符合实际。你看周围的山脉形式、水利形式、风向的形势，周围的各种各样的地理环境，然后再确定。所以人要和宇宙和谐相处，然后你才能“发”，就是滋生发展，人丁兴旺的意思，在于你和自然有一个很好的配合，这是中国的东西。欧美呢，人定胜天，改造自然，创造自然。现在它吃亏了，又回头来了，它也觉得中华哲学是有道理的，“一生二，二生三，三生万物”，是这种概念。

中国建筑的类型很多，有三大类型，第一种是公共建筑，如寺庙、宫殿、宗教建筑、纪念性的建筑，第二是民居，第三种是一些特殊建筑，比如西藏、云贵的一些建筑，如傣族的竹寮，贵州的石头房。现今遗存的中国古代建筑基本都是宋代以后的，现在我们所见的大多数都是明清民居。尽管如此，根据史料记载，中国古代建筑基本都是一脉相承，包括基石部分、柱子部分、门窗部分、屋顶部分都是一样，前厅后堂，前朝后寝。一般是纵向展开，很少横向展开。这就是基于中国人的文化观念，很少追求高度上的上升。当然这跟采取木构体系，楼层很难造高有关。礼制里面也禁止老百姓造超过两层，否则会被问罪。造到三层以上的基本是阁楼。开间一般不超过三间，超过会被视为谋逆。

中国的建筑能体现跟人的关系，体现中国文化的运用。中国的建筑可分为大宅、中宅、小宅。大宅是富贵人家，中等人家住中宅，小宅是平民百姓。中宅以上一般都能反映对生活和文化的一些追求。“学而优则仕”，还有一种“耕读文化”的传统，从陶渊明开始就讲究闲情逸致，反映了黄老学说一脉。反映在住宅形态上，出现了一些新的类型，如庭园、闲宅、山居，都是闲散的，它体现了“出污泥而不染，濯清涟而不妖”。李渔在《闲

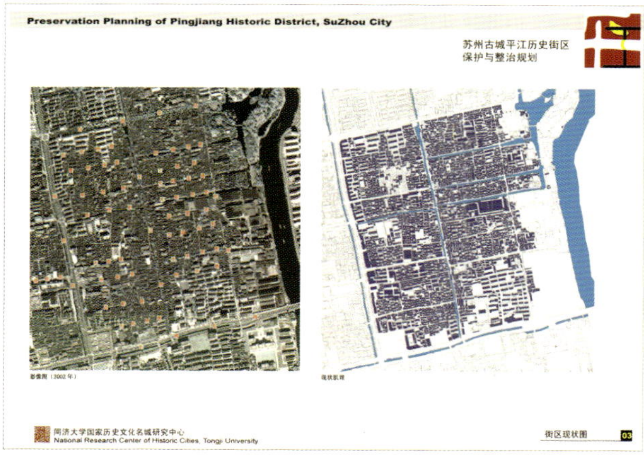

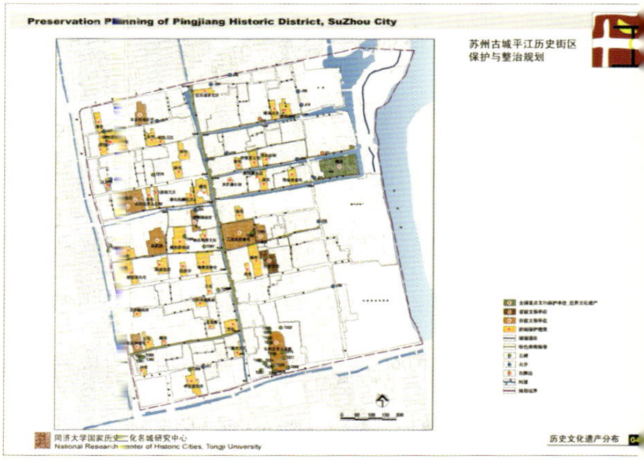

情偶记》中也讲到他对住宅的构想和造就的意境。

中国有两种园林，一种是皇家园林，一种是私家园林。皇家园林追求宏丽、雍容，但是它也会借鉴私家园林的元素，如乾隆造避暑山庄，还有后来的颐和园。苏州私家园林文人气比较重，讲究文化品位。扬州宅园则有商人气，特别是后期盐商巨富，他们造园林要接待皇亲官宦，要逞富、斗智，因此他们的园林就有豪华之意，而少雅致之情。它有很多大的戏台，可以演戏给人看；很多大的长厅，可达到四个；还分楼上楼下，可同时开八场规格相当的酒宴。这是出于交际的需要。

其实中国园林是完整的生活的质的扩大，是居住和生活需求的扩大。中国的宅子都有自己的功用，有的是会客的，有的是自家聚会的，有的是谈事的，有的是弹琴的，有的是听曲的，还有下棋的，作画的，赏画的，读书的，听书的。作画和赏画有时也是分开的，有不同的院子。如网师园，殿春簃的外面是看松读画轩，里面是作画的殿春簃；外面的看松读画轩也不光是看画，它除了人为的画卷，还有自然的画卷，就是门外的三棵松（一棵是古柏，一棵是白皮松，一棵是罗汉松）一边看自然景色，一边屋里也研究书画艺术，非常精彩、高明。绍兴又很不同，绍兴出师爷，出帮闲，所谓无绍不成衙，无绍不开店。他们只求稳妥，居家安适，柴米无虑，然后养几盆花，种几盆草，闲情逸致，他们的花园都在房子边上，做侧厅、侧花园，不追求显贵，他们的住宅也反映了这种闲散、清雅、舒适，对小宅别院的满足感。

陈从周先生曾经在美国的大都会博物馆仿照网师园做了一个明轩，但是可惜的是，摆在那里却没有任何说明，参观者都不懂，也无法理解。

Q：世界遗产申报对当地城市发展的意义和影响？当地居民的生活呢？（比如平遥，丽江）

最重要的意义是，人们知道了，遗产是好东西，遗产对城市发展是有利的，是应该得到尊重的，并为之努力的。这是一个文化理念的大提高。

我们说，对城市来说，建筑文化遗产是城市今后发展的重要资源。现在的城市已经开始趋之若鹜了，而不是拒绝于门外。当然，有很多人的出发点是不对的，只想到赚钱，或者为了出名，但是知道保护遗产总是有好处的，对从官员到老百姓都已形成共识。过去老百姓很难理解，现在他就知道保护了，知道拆了以后，新房子修得再好也不值钱。

知道遗产的经济价值是第一步，这有助于提高认识；但是也不能太看重经济利益，包括官员看重功利，他们往往急于求成，所以往往杀鸡取蛋，或者做表面文章，这就使遗产不能真正得到保护。所以我们专家就要去引导，给他做规范，做规划，并督促他们认真执行。我也借着去一些地方党校或一些干部培训班开课的机会，向官员们讲保护遗产的重要性，同时也讲在申遗、保护的过程中存在的问题，很受他们欢迎，希望可以有正面影响。

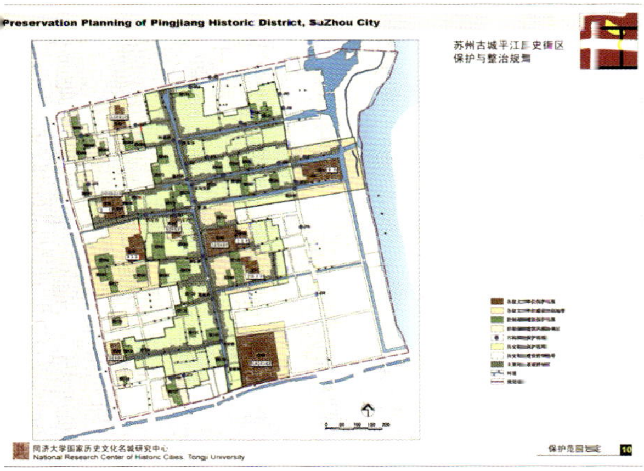

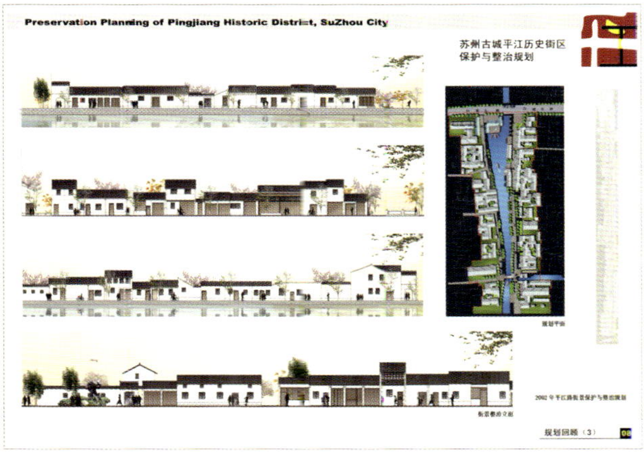

Q：古城规划中的历史留存与新建筑是如何共生与协调的？（比如苏州平江历史街区）

传统的建筑观念和现代方法是完全可以结合的，问题是你怎么去结合，怎么去考虑。首先有一点，你对传统文化必须有很深的感情，然后你才能专下来。比如说讲江南水乡里面有很多形成的要素，“小桥流水人家”，这个“人家”就是很多临水建筑，出现了水房，水阁，水榭，水亭，水廊……还有各种形态的桥，拱桥、折桥、平桥、石桥、木桥，桥拱圈也有不同。而且根据不同情况出现各种不同的水乡格局，“家家尽枕河”，“枕河而眠”，枕头下面都是水，不是虚的，都是真的。特别是利用古人对水的这种尊重。“因水成镇”，因为有了水了，就去适应这个依附的要求，和谐相处。用这种本质的观念，一种思考的方法，一种设计的手法，然后形成一个文化传统。

苏州的平江区，我就处理了这些问题。我做好以后，很多人不理解，贝聿铭做的苏州博物馆新馆很多人也不理解，这个理解要有个过程。欧洲在这方面处理得比较好。在欧洲很少见到仿古建筑，新的就是新的，但新得非常协调。卢浮宫里的金字塔它也是新的，但是它不把旧建筑盖住，它是陪衬；而且它用玻璃的，是通透的。贝聿铭说，希望用最透明的玻璃、最细的杆件，目的要把老房子透出来。同时新技术、新材料、新结构、新功能也将卢浮宫内部空间重新组织。包括阿姆斯特丹，它绝对不做老的仿古的建筑，它就做新建筑，但是跟老的又很协调。小姑娘就该穿小姑娘的衣服，小姑娘跟老太太站在一起也可以很协调嘛。欧洲不同时代就有不同教堂。建筑大师勒·柯布希耶做的朗香教堂，它是个现代狂想派的建筑，大家认为它是很好的建筑。所以新旧协调，要害在于尊重老的，同时创造出我们自己新的，两者协调。同时注意新旧对比不突兀。

平遥、丽江、山海关、凤凰古城。这些都是历史古城，我们做的规划基本都保存它原来的脉络，但内容进行了更新。我会完整继承和保持它们的历史风貌，同时保留内部的格局、街巷的肌理，要分清所有建筑的类型，进行调查、甄别、定性。分成六类，第一是文保建筑，第二是优秀历史建筑，第三是风貌建筑，第四是待拆建筑，第五是待改造建筑。第六是其他类。定性之后，清楚其走向，哪些要做风貌，哪些要做商业，哪些要继续安居乐业，哪些要进行更新，比如盖幼儿园啊、医院啊，绿化啊。所以这些古城留存了完整的历史风貌，但也得到了现代化的发展，只是用了新旧分开的办法。

我在苏州和扬州也做了整体规划，我保留了几块保护区，如平江路，是完整的历史街区，也设置了新的商业区，如观前街区，里面也做了内部更新，一些破败的旧区也拆掉了，变成新的住宅。扬州也是这样，扬州有居民参与古民居修复，在我和德国的世遗专家的指导下进行，是个特例，最近扬州拿到一个联合国的人居奖。

Q：如何看待中国古代城市中公共场所（园林、戏台、古刹）的消失和传统习俗和生活情趣、生活氛围的消失？

这个是必然的。我们只有适应这个改变。我们保护遗产，要进行分析，有些是纪念性的价值，满足感情上的需求；有的是历史性的价值，满足研究性的需要；有的是观瞻性的价值，是旅游文化需求，它们提供不同的功能。比如古城墙、烽火台，它们现在都没有那种作用了，但是还有纪念性的、研究性的、旅游性的价值，也可以保存。有的公共建筑，比如戏台，它也可以演现代的戏剧。

关于文化习俗的消失，我觉得是我们汉族人的悲哀。五四、文革，对我们文化多少有所破坏，之后又缺乏复兴。其实，帝王将相可以不要，但是才子佳人可能还有用，三皇五帝可能不要了，但是祖传丹药可能还能治病。历史上造成的这种破坏，还有80年代以后发展过于迅猛，心态比较浮躁，还有文化理念的滞后，直到现在我们才开始意识到这个问题。我觉得经济大潮过后是文化的大潮，这可以期待，但外国文化对中国长驱直入，如美国的大片、日本的漫画，把本土的东西全打倒了。建筑的设计和城市的规划也是一样。中国人要能抵御住这些外来建筑师、规划师的“入侵”，你要有好的理念、好的作品去和他们竞争，象贝聿铭那种外国人是极少数，我国的建筑师要有民族的信心，也要反对“崇洋媚外”，“外国的月亮比中国圆”。

Q：您所认为的最适宜当代中国人的居所和生活方式是怎样的？

我认为是初步解决温饱问题，现在开始提高到文化层次。当保存遗产引起普遍重视后，开始出现趋中国化、趋地方化、趋人性化的趋势，归根到底是人性。我们中国的文化是独立于世界的，有自己的思考方式，这是我们很珍贵的特质，我们对自然的认识是区别于欧洲人的。尽管受了很多现代教育，但这些观念是与生俱来的。我

苏州平江区沿水人家

平遥古城

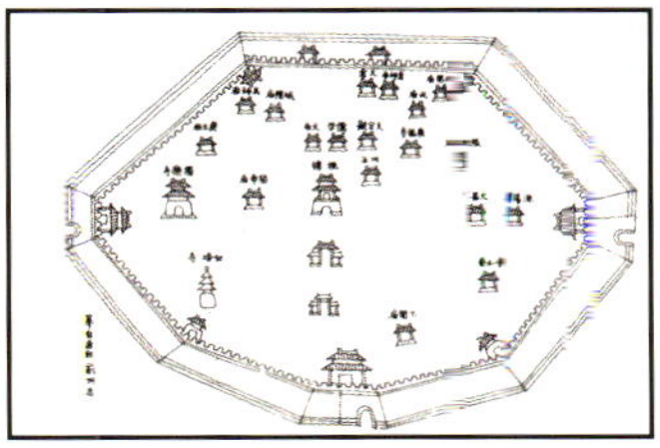

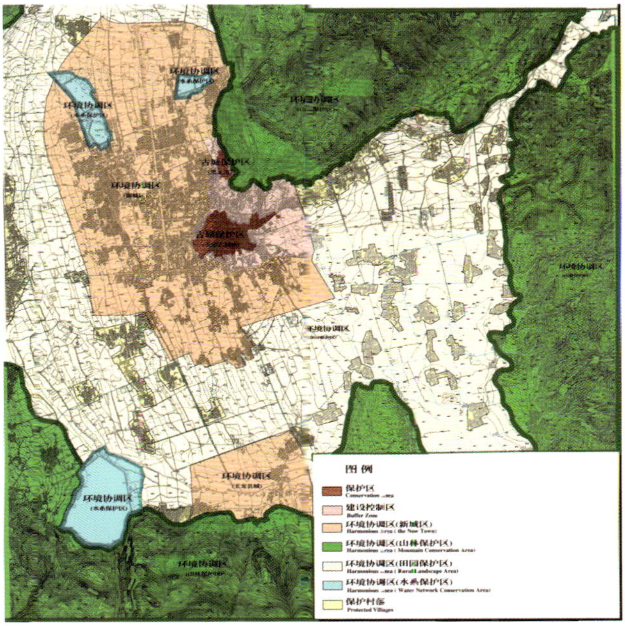

左上为苏州城区俯瞰图，左下为苏州城古地图。右图为平江区保护范围图

们的人文观念也与外国不同，比如我们的家庭观念与美国人的那种淡漠就不同。为什么三万犹太人能在中国活下来，因为中国人对邻里关系很重视。现在讲和谐社会，正应该提倡这些东西。

Q：中国当代家族观念已经变化了，那么相应的生活方式以及住宅形态会如何变化？

时代发展了，科学进步了，人对生活的要求也高了，因为老城市缺少现代生活设施。以前没有车现在有车了，以前没有抽水马桶现在有了，你叫人家再倒马桶，不对了。现代人到外面当然要坐汽车，现代人当然要用空调。住宅要发展，你不能总是住老房子，住穴居，住树上。还有，木结构也要改变。历史的东西要永远留存，技术化过后才有生命力，而并不是说老东西留着一点都不碰它，这是不对的。

但是我们还是会有个“情结”，一个“家”的聚拢的概念。比如说我们现代建筑哪一家里都没有天井，但上海的里弄建筑，即使是在外国人租界里但是给中国人住的，也有天井，顽强地呈现出中国人自己的一种居住文化、习俗、中国符号。

Q：如何看待当代建筑师的建筑实践？包括具有中国气质建筑的实践？

尝试总是很可贵的，应该支持。任何东西都应该创新。而且创新不是标新立异，不是愤世嫉俗，不是为了出人头地，而是在传承祖国文化的基础上，有自己独到的见解，这些都是很好的。时代的进步就应该由这些尝试来推动。如建筑史上，印度的塔进入中国，变成楼阁式的塔；中国自己的木构体系建筑发展成非常华丽的装饰的东西。功能上有演绎，境界上保持厚实的风范。我推崇江南水乡，每个地方都有自己的特点，而不止是小桥流水，都是当地人们具体生活体验的凝结。这些东西，我们建筑师就要很好吸收民间的精华，加以消化，加以运用。

而且还要鼓励差别，希望建筑师都找到自己的特色，从自己的角度理解，才能有创新。但是有一条，要扎根共同的本土文化。就说矶崎新，日本文化受中国文化影响大。日本建筑受中国建筑的影响，日本人一丝不苟地把唐代建筑搬过去了。现在日本的建筑，就只有两种风格，一类是洋房，一类是传统样式，传统样式也是新的变式，一看觉得日本味很重。日本味在于两个方面，一个是日本的形式、样子，再一个是地方性。还有一类是现代的房子，但是它也地方化了。不像中国的很多房子，到处都是雷同的，而且都很难看的。比如杭州附近乡下都是尖顶的小洋房，顶上一个葫芦。

希望这样尝试的建筑师越来越多。希望不要大家都毫无创造地引用所谓的外国风情，以及所谓的大师的作品，什么鸟巢，什么水立方，希望多从我们自己的老祖宗那里，从民间那里汲取养分。比如我们的天坛，我们说它精美绝伦，它的屋檐曲线多漂亮，它是从三重檐的的折线衍化出柔和的曲线。再比如太和殿、中和殿、保和殿，它们无论大小，在一些比例关系上有非常高明的处理，是我们独有的东西，我们为什么不学呢？

Q：您如何看待建筑评论、建筑理念与著作传播以及对公众的影响？

我觉得我们的建筑评论太少了。（同济大学的院士郑时龄是做建筑评论的。）我们现在的气氛也不好，一个是没人肯直言，第二个是很多人经不起直言，第三是学术品格不过硬，要么是吹捧，要么是谩骂。这个气氛需要媒体来带动，也要反对讳疾忌医，也要反对那种认为天下乌鸦一般黑的看法，要相信我们中国还是有好的东西。因此我们应该提倡批评，批评是民主的体现，凡是批评发达的国家和社会，都是经济繁荣、学术发达的国家和社会。要经得起批评，任何东西都是在批评中进步、发展。

另外给建筑师一点提议：要耐得下性子，为自己、为地方、为祖国做点好东西，不要完全为了金钱，不要受金钱驱使，不要畏上不畏下，只听领导的，不要只考虑自己。要静得下心来做些研究。当然，这个是需要勇气的，需要自己来创造条件，条件是自己创造的。

公众修养的提高是很重要的。对公众，要教育他们宽容，要允许新事物存在；要逐渐提高欣赏品位，不要一说欧陆风情就迎合，罗马柱也不表示尊贵，人家欧洲人是把废墟留在这里，中国人当宝贝乱抄袭。有些人对建筑师很苛求，一些政府、开发商希望建筑二十年不落后，五十年不落后。这些都是很荒唐的。

（人物摄影／施政　作品图片由阮仪三先生提供）

一　在拆除一个废品收购站的旧址上新建的活动中心。借鉴了青砖、黛瓦、围墙的色彩和形式，与周围老民居仍十分和谐。

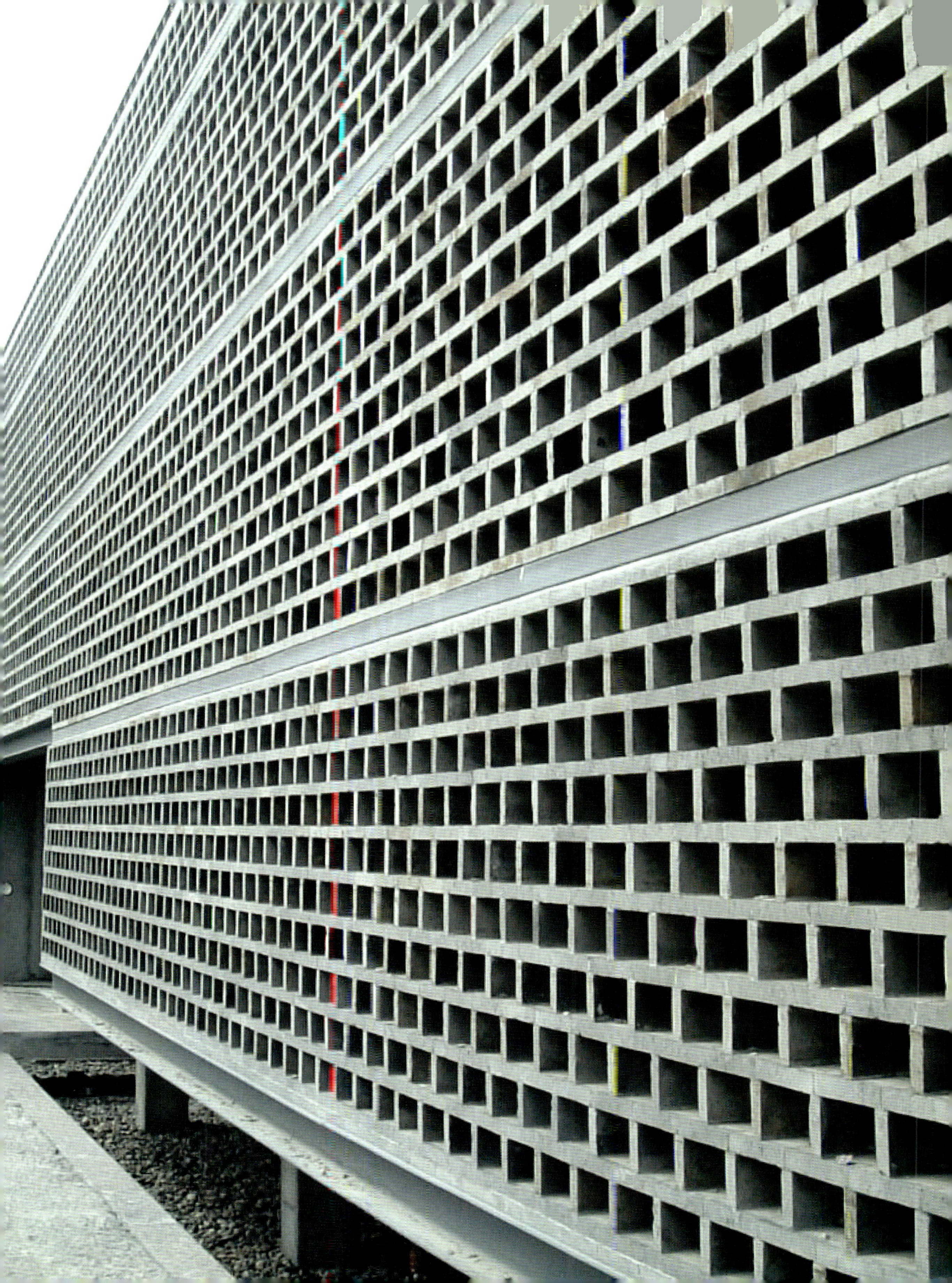

创造意境 理象合一

程泰宁

中国工程院院士，中国建筑设计大师
致力于把现代建筑理念和东方文化相结合，做出具有中国韵味的现代建筑
参加过北京人民大会堂、南京长江大桥头建筑等重大工程的方案设计
主持国内外重要工程五十余项，多次获奖
现任中国联合工程公司总建筑师，中联－程泰宁建筑设计研究所主持人
中国建筑学会学术工作委员会委员，浙江大学、东南大学等高校兼职教授

2000 年被评为“中国工程设计大师”
2004 年获梁思成建筑奖
2004 年两项国外作品入选“20 世纪世界建筑精品选”，两项作品入选“中华建筑百年经典”
2005 年当选为中国工程院院士

近期作品
浙江美术馆
重庆美术馆方案
四川建川博物馆——战俘馆
绍兴鲁迅纪念馆
李叔同纪念馆
绍兴市民广场
上海南外滩沿江建筑概念设计
上海公安局办公指挥大楼
杭州黄龙饭店
杭州铁路新客站
联合国国际小水电中心
加纳国家剧院
马里共和国会议大厦

→ 杭州黄龙饭店

八个一模一样的问题

一、您所以为的“中国气质”和“中国气质的建筑”是什么？

“中国气质”是什么？我看十个人会有九种说法，我所理解的“中国气质”就是自里而外、彻里彻外的自然和谐。与外在的“物”比较，中国人可能更重“道”、重“境”、重“气”，重视人的内心体验，在审美倾向上比较含蓄内敛，讲法度、讲理性，但也不缺“扶摇直上九万里”的浪漫，有一种很讲文化品位的书卷气……这种气质在中国传统的诗词、绘画、书法中是表现得非常充分的。

那么，在建筑中是否也有“中国气质”一说呢？回答当然是肯定的，我觉得江南地区传统建筑就比较典型、比较集中地反映了这种气质。你看那些江南民居、园林，不仅非常注重人、建筑和自然环境的契合，表达了一种超出建筑本身以“天人合一”理念为基础的、追求宏观整体、自然和谐的建筑观，而且，受老庄哲学和禅学的影响，还特别注重人的内心体验，表达了一种超越形式层面、追求意境和氛围营造的审美理想。

所以，强调中国文化精神，或者说强调“中国气质”，是想说它和西方文化精神是有明显区别的。这些年，看到国家大剧院、CCTV 大楼以及“鸟巢”等等西方建筑师的作品使我们更清楚的看到了这种区别。这种区别不仅表明了“中国气质的建筑”是种客观存在，而且是否还应该引起我们的思考：难道中国建筑师不能传承中国文化精神，创造出有自己特色的建筑作品来吗？何需把西方看作我们的方向呢？

二、您最喜欢的中国建筑有哪几个？请举例说明，并说明理由。

很多外国人把故宫、苏州园林看成中国传统建筑的代表，其实用我理解的中国文化精神来看，它们都不算特别典型，也许从传统民居，包括从浙江、湘西、四川……等地的民居中能找到更具“中国气质”的东西。它们的建筑空间、形式都是因环境、功能以及人们特有的审美理想而自然生成的。我很喜欢绍兴“青藤书屋”，里屋的那副楹联很有意思，上联是“三间东倒西歪屋”，下联是”一个南腔北调人“，横批是“一尘不到”，很能表达徐渭那种愤世嫉俗的心态，是人、建筑与一种文化精神的统一，是否还很有点禅意？

至于我喜欢的中国现代建筑，确实不好说，我们有不少有才华的建筑师，包括我的前辈、同辈以及现在不少中青年建筑师，五十多年来也有不少不错的作品，但是要找那些具有中国气质的好建筑还真不多。这里有一个创作积累问题，毕竟中国建筑师真正能有一个宽松的创作环境还只是近二十年来的事，积累不够。再加上近段时间国门打开了，在劲吹的西风面前，中国建筑师普遍处于一种失语的状态。很多人在潜意识中就以为西方的就是现代的，是发展方向；而一提中国、一提传统似乎就是保守、僵化、是没有创造性的代名词，在这种认识下，很多建筑师就在西方建筑师的作品和西方建筑杂志里“讨生活”。其实抄袭模仿容易，要走条自己的路就难得多。把中国文化精神和现代建筑理念结合起来，是一种创造，首先需要一种文化上的自觉，同时还需要一个艰苦的探索过程，这是“炒作”不来的，不过我对前景还是很乐观的。因为社会在进步，一定会有越来越多的人摒弃浮躁、炒作，沉下心来创作，具有中国气质的现代建筑也会越来越多的。

三、您在日常生活和居住中的“中国习性”有哪些？

喝茶、躺在床上看武侠小说。

四、您最喜欢的中国传统艺术样式和最喜欢的中国器物是什么？

从器物来讲，我喜欢青铜器，非常喜欢。为什么呢？因为那些鼎、爵、盘的形式、色彩、纹样非常古朴、典雅，还有一种神秘的感觉，很有文化份量。

谈到其它的艺术形式，诗词我是很喜欢的，中国传统的诗词蕴含着一种悠远、丰厚的意境，常常让你沉醉其中。我很明白，我对建筑意境的一点感悟，很大部分来自传统诗词，不仅苏东坡、辛弃疾，而且像柳永、秦观、李清照的词对我有很大影响。我不太喜欢传统绘画，也许有某几个人除外，但整体上我不太喜欢，太程式化了，有点僵化，像中国画的皴法，像以李思训为代表的金碧山水这种我就不太喜欢。反而到明末，八大山人啊、徐渭啊，他们的画我倒觉得还蛮有意思，后来到清初的“四王”又不行了。我对中国书法很喜欢，它其实不是一个个字，一篇好的书法是一种很好的线条构成，空白和线之间的关系，再加上水墨的浓淡之间的关系，感觉特别有气势，有时还让你觉得构图很怪，但很有意思，像黄庭坚，怀素。当然怀素狂草有些字看不太懂，但我喜欢他的构成和气势。反过来我不太喜欢郑板桥，有点矫揉造作，有点刻意。王羲之一般人觉得很好，我也觉得好，但好像有点"甜"。可能我还是喜欢"率真"一点的东西。

不过在这里我要说，对于现代中国人来说，中国传统文化中的好东西要保存，但更要发展，要和现代人的审美取向结合起来，否则"继承"、"弘扬"就成了空话。像前面说的中国传统绘画的线条运用重视意境的表达等等有特点，但太僵化了，不改变，就没有前途。不少现代中国画家在探索，有的取得了很好的效果，像吴冠中，他的作品我很喜欢。当然，可能他不看重东、西方绘画的差别，但这是一个客观存在。

五、怎么看待建筑在时间里的概念？

建筑很难评价，在不同的时间段，建筑的含义是不同的。现在我们普遍赞成"广义建筑学"说法，但也有人提出"零时间"建筑，这个观点我不赞同，但它说今后建筑的内涵概念会变化很大，这是我们必需看到和面对的。在过去两千多年一直到百年前，我们对建筑的认识相对来说比较稳定，而现在变化越来越快了，所以我们对建筑的理解也应该是动态的，也要讲"与时俱进"。像柯布希耶的建筑生涯，从初期的沙沃伊别墅到最后的朗香别墅就有很大变化，他所处的时代相对来说还稳定一点，如果一个年轻建筑师再过50年再设计的房子，很多理念他可能现在根本没法理解。但从建筑学这个角度讲，这是一种必然的变化，这种变化没有"进步"与"落后"之分，其地位是同等的，因为你只可能表达你这个时代的东西，你不可能表达未来的东西。我就不相信"先锋"、"前卫"，我认为你只要把这个时代表达得非常充分，你的作品就能是够流传下去的好作品，你也就是最好的建筑师了。

六、对古建筑的保护与修复的看法？（包括对一些在原址上重建项目的看法）

历史上留下来年的古建筑是一种文化、一种历史的传承，对古建筑保护采取什么方式、什么态度也反映一个时代人的素质。就像帕特农神庙，它浓缩了当时宗教、政治、经济、技术以及人们的生活方式等等，它是一个时代的结晶，同时它的残破又记录了历史的沧桑。帕特农神庙是世界文化的瑰宝，但是你需要去把它复原吗，或者移地再建一个？我想现在大概已经很少有人去干这种傻事了。至于原来的建筑已经没有了，你想原址重建一个，那大概与旅游经济有关吧，但和古建筑保护完全是两回事。

七、对中国城市现状的看法和建议？

中国城市现在是一种无序发展，所谓"规划理论"照我看也是抄别人的多。有一点可以肯定，国情不一样，不能照搬。前一段盛行的一种规划理论，主张城市向"组团式"发展，但实践下来的结果呢？我看就是变相的"摊大饼"。因为你现在看到的很多"副中心"，是自上而下生造出来的，缺乏产业结构支撑，交通、商业、文教、卫生等配套很难在短时间完善，结果这些副中心成了名不副实的"空巢"，照搬来的理论在实际上并没有收到很好的效果，现在我越来越对这种城市发展模式打问号。

中国城市建设的速度实在太快，很多问题还没有总结出来就已经过时了，西方一个城市的形成需要几十年、一、二百年，而在中国五、六年，顶多十年就把一个大中城市的构架搭起来了。规划自上而下缺乏弹性，缺乏可持续发展的空间，实践中实在是问题多多。更主要的是实践中提出的问题不是西方的规划理论所能解决的，它牵涉到太多具有中国特色的社会因素：经济的快速增长、产业结构的快速调整，但方向并不一定理性；人口众多，对社会财富占有的失衡，再加上各级领导的个人意志和政绩观，以及社会上普遍存在的浮躁心态等等，都在很大程度上左右一个城市的发展，而这些都不是规划理论问题，不是学术问题。所以我觉得中国的城市发展还没有找到一条自己的路子。我看，没有更深层次的改革，这个问题恐怕短期内很难解决。

八、对中国建筑师的建议？

我想有两条。一条要热爱自己的专业，建筑学这门专业很有魅力，也很有价值，值得我们用毕生的精力去解读它；第二条，要广泛地学习中外古今的文化，作为建筑师要有自己的文化观和历史观，它可以使我们头脑冷静，把握住创作方向，我想这是最重要的。

现在年轻建筑师条件比过去好很多，任务多，信息量大，创作环境又宽松，这都是我们曾经渴望而不可得的，希望你们珍惜。除了要有多方面的积累，重视练"内功"，还要明确目标，排除干扰，沉下心来做学问。要排除一些干扰，特别是要有明确的价值取向，否则很难沉下心来，也就不可能做出好的作品。

创造意境是中国建筑师的特长

Q：在您的作品中，您所认为的“中国气质”是如何体现的？

我把它概括为 “三个合一”，即“天人合一”、“理象合一”、“情景合一”。“天人合一”是我试图建构的一种建筑观，“理象合一”则是一种方法论，“情景合一”是我的审美方式和审美理想。

天人合一：这是被人们引用最多，歧义也最多的一个词。在建筑上，我们可以这么理解：“天人合一”的理念认为：世界万物之间有着内在有机的整体联系。从这种联系出发，重综合、重整体的认知模式就成了中国文化的一大特色。我试图建构一种自然有机、宏观整体的建筑观——自然建筑观，就是把建筑放在自然中，同时放在整体大环境（包括物质环境和精神环境）中进行观照、考量，历史与现代、建筑与自然是相互联系的，建筑景观、城市景观以至大地景观则是一个密不可分的整体。

理象合一：这里所谓理，是指理性；象，则是指意象。意象生成包括了非理性的因素，所以“理象合一”也可以说是理性和非理性的合一。“理象合一”既是一种方法论（建筑创作的方法论），也可以看成是对建筑的一种认识论。意象，按照美国学者阿瑞提的说法，是人的一种“主观体验”，“人的自发性和独创性的流露”，这和我们中国人常常说的“神思”、“灵感”很相近，它是建筑过程中一个最活跃的因素。刘勰在《文心雕龙》中对这种状态曾作过十分精彩的描绘：“古人云：‘形在江海之上，心存魏阙之下’，神思之谓也。文之思也，其神远也，故寂然凝虑，思接千载，悄焉动容，视通万里。吟咏之间，吐纳珠玉之声，眉睫之前，卷舒风云之色。其思理之致乎！”一个建筑师的素质、修养，和对一切外来刺激的敏感性，将对他的创造能力起到决定性的作用。建筑创作的过程，是“理象合一”的过程，是理性思考与意象生成相交织、相匹配、相复合的过程。

情景合一：就建筑创作而言，我主张情景合一、形神兼备，这是一种具有中国文化精神的审美境界，也是我对建筑的评价标准和审美理想。“大象无形”、“大美不言”的哲学思辨赋予了传统绘画、文学，包括建筑以特有的艺术观念，人们已经超越形式美的层次，进而探索意境、氛围和内心体验的表达，由视觉经验引入静心观照的领域，在心物间追求一种托物表意、形以寄理的精神世界。我想作为中国建筑师，这一富于中国特色的审美理想更是我们应该努力追求的。

丨 浙江美术馆

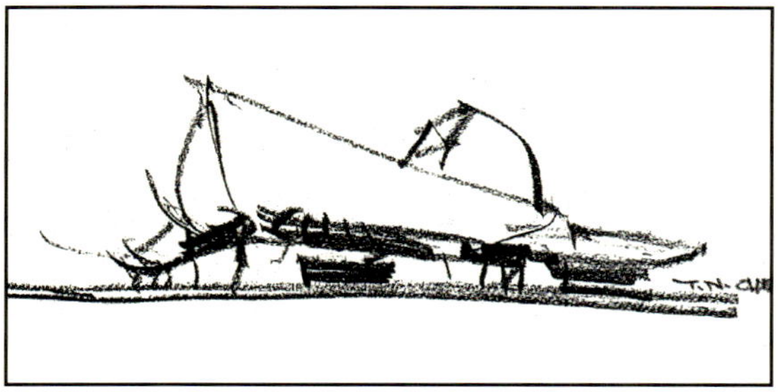

↑ 上图为加纳国家剧院草图
下图为重庆美术馆草图

↑ 浙江美术馆草图
↓ 河姆渡历史博物馆（方案草图）

上图为马里共和国会议大厦
下图为李叔同纪念馆

建川博物馆俘虏馆模型

Q：在一些具体作品的设计中是如何应用您“三个合一”的概念的？（比如绍兴鲁迅纪念馆、河姆渡遗址竞赛方案）

东方重境、重意，以形写意，形、意结合，是中国传统给出的最高美学境界。我其实也很重形式，像加纳国家剧院、杭州国际假日酒店，但是我更希望自己的作品表达一种意境美，像黄龙饭店、建川博物馆俘虏馆、浙江美术馆以及河姆渡遗址博物馆等。我觉得意境美可能比单纯的形式美更有感染力，也更能持久。

绍兴鲁迅纪念馆在鲁迅故里的中心位置，旁边是鲁迅祖居、三味书屋。根据规划要求，建筑形式应与周边的传统建筑一致，这是我们所认同的。但是面对现代化展馆的功能要求和现代人的审美理念，我对自己的创作定位是“老台门，新空间，老房子，新感觉”。台门是绍兴传统民宅的一种典型布局，在设计中，我们保持了台门前后院、多层次的布局精神，但是将前后两组展厅错位布置，展厅的一层界面也稍作旋转，使得纪念馆的室内布局显得活跃起来。设计中沿用了传统的水院、窄巷，但处理手法十分自由，特别是一层部分采用黑色的金属构件廊架、玻璃与大面积“粉墙黛瓦”的对比，使纪念馆的内部空间很有现代感，又颇有中国味。

河姆渡遗址博物馆竞赛方案是一个被认为“不像建筑”、“没有坡顶”、“没有表现干栏式建筑”而被否定的参赛方案。这样的建筑究竟应该表达什么？“大象无形”。在多个方案的探索后，我认定与有形的形式比较起来，营造一种气氛，表达一种情景合一的意境，可能要重要得多。久远的古代文化所产生的历史感以至神秘感，发掘现场和出土文物所散发的原始而粗犷的气息，是我所追求的审美境界。如果只追求形似，已经差了一个层次，何况把谁也说不清的干栏式建筑演绎为手段和规模绝然不同的现代建筑，恐怕只能是变味了。方案构思的契机是我看到一张发掘现场的照片，发掘坑有三层，逐层收进，并以斜道相连，在不同层次上挖掘出不同年代的工具、粮仓、木质构件。我想，如果把发掘坑所包容的无形空白倒过来，使之有形化，就成了几个层面的台阶，在不同层面上，散落地镶嵌着尺度不大的构架建筑。这样，是否能使人联想到发掘遗址？在河姆渡遗址博物馆这个命题中，我认为重要的不是有形的建筑，而是无形的意境，是遗址的历史感、神秘感，是对超出形式之上的更高的审美境界的追求。

Q：您的作品黄龙饭店曾多次在国内外建筑大展中展出，并年入选廿世纪‘中华建筑百年经典”，您是如何使之与背后的宝石山完美融合的？在内部空间的设置上如何体现您的东方建筑观？

黄龙饭店的南面，也就是主入口这面是宝石山，后面是城市，处于城市和自然风景区过渡的一个地带上，所以这个环境很特别。这个项目曾先后邀请美国韦尔纳·贝克特、香港严迅奇两位著名建筑师设计，以后我们参加设计竞赛并中选。我觉得我们与境外方案的区别主要不在于具体的布局和形式上的差异（事实上他们的方案也都试图运用中国传统的建筑形式），而是东西方文化理念上的不同。在他们的方案中建筑始终是主体，与环境的关系只是停留在“协调”的层次上；我们则把建筑物看作环境中的一个元素，采取了“留白”的手法，使风景区与城市空间的融合穿透，力求新建的建筑与环境融合成为一个有机的整体。

所以你从城市过来看这个房子，就可以穿透这个房子看到宝石山，树木葱茏的宝石山和饭店庭院绿化连成一体了。在阴雨天，或是夜色有点朦胧的时候，你从客房或庭院中看南面的宝石山，烟雨朦胧，就是一幅中国的水墨画，一种中国画的意境。“悠然见南山”，是我在入口刻下的陶渊明的诗句，这也就是我的点题吧！

建筑在视觉上的愉悦很重要，但是在黄龙饭店设计中我很想创造一种氛围和意境。黄龙饭店的一层围绕庭院布置大堂、酒吧、餐饮等，朝庭院一面采用了通长落地玻璃廊，当时我设想到了晚上，华灯初上，人们从大堂穿过庭院的树丛可以看到对面餐厅的灯光，这是不是一幅中国画的长卷《夜宴图》？

Q：您在最新的作品浙江美术馆的设计中应用了怎样的理念？怎样使江南文化与现代材料进行统一协调？

对中国建筑师来说，传统是不能割裂的，但如果把传统仅仅理解成为某种形式，就会陷入一种困扰。事实上，借鉴传统，最主要是要凸现一种中国文化精神，并在现代化语境下予以解读，才能获得自由，创新也才有可能。

与西方建筑比较，中国传统建筑空间有什么特点呢？第一是特别关注与自然的融合、与环境的融合。第二是建筑室内外空间的匀质性。中国传统建筑是以建筑与庭院空间相互渗透、相互结合，构成一个虚实相生的匀质空间，来展现其建筑表现力。第三，是空间形态的随机性。中国传统建筑——特别是江南建筑，它的空间形态是基于地形条件、使用要求，特别是崇尚自然的审美理想所生成的。轴线的不断转换，空间界面、形态以及建筑形式的随机多变，这种“自然生成”的空间形态，与西方建筑有明显的差别。

我在设计浙江美术馆的时候考虑了这么三个方面，一个是与环境共生，怎么样和周围的环境相呼应。它在西湖边上，背后是玉皇山，依山傍水，所以设计的时候整个建筑依山形展开，并且沿着湖面一层一层跌落，它的轮廓线和周边的环境就很和谐；第二个是江南文化记忆，因为它在杭州，这是一定要考虑的，应该说建筑的空间、形式和色彩构成都有点江南韵味；第三，在材料和造型上追求是一种抽象的、现代的审美。它的屋顶很像江南的坡顶，但形态却是自然生成，随机变化的，它用了很现代的钢、玻璃和很传统的石材，“银勾铁划”很有传统水墨画和书法的审美韵味，也有雕塑感和现代感。

Q：您在四川建川博物馆俘虏馆的设计中从外形上很难看出“中国”元素的存在，您是如何考虑的？如何让进入其中的观众产生对“俘虏”这个特殊群体的心理体验？

战俘，这是一个过去人们很少关注的特殊人群，他们曾经在战场上与日本鬼子奋战，而成为战俘后，不仅会受到敌人的凌辱、以至杀害，即使侥幸恢复了自由，仍然会遭到周围的白眼。这种情况的发生显然和中国传统的“宁为玉碎不为瓦全”的观念有关，战俘们没有“玉碎”，就成了他们的原罪，我想社会发展至今天，这种落后残酷的“集体无意识”必须冲破了。我以为战俘，这些曾经的战士虽未“玉碎”，但也绝非“瓦全”，他们像一块石头，在外力的冲撞下，有了裂纹，有了扭曲，但仍保持了方整的形体，虽有破损，但仍然棱角尖锐。这就是我对战俘馆形体的最初的构思。我想这不是从形式到形式的“解构”，更不是“无厘头的表演”，“诚于中而形于外”，是符合中国古典美学精神的。

这里我想要强调的是，这一形体构思，从一开始就是和它的意境、氛围的营造结合在一起的。高墙夹峙的入口通道、连续而迂回曲折的空间序列、展室中的囚笼铁栅、特别是光线从形状不规则的高窗、窄小的天井以及墙面乱置的小孔射入，营造了一种压抑神秘的光环境……我希望战俘馆这座建筑能和展品融成整体，向观众展示战俘——曾经的抗日战士们扭曲而沉重的人生，我想这也是一种人文关怀吧！

Q：您如何考虑现代的家族观念和邻里概念？

在住宅的规划设计中要考虑人和人的交流。其实以前北京的四合院、小胡同，上海的“弄堂”，杭州的“墙门”就很典型，在墙门和弄堂里，小孩子跑来跑去，邻居之间可以互相交流，但是这些现在都没有了。这是当代住宅设计中的一个误区，应该把观念扭过来，认真地研究发展。在国外也在专门讨论如何让两排楼之间的居民互相交流，如何利用公共空间和交流空间等问题。至于家庭概念，现在和过去也不一样了，小家庭多，但是可以考虑一些“二代居”、“三代居”的设计，这既是一种现实需要，又是一种引导，值得提倡。不过，不管怎样设计，住宅本身的私密性是要充分重视的，这个问题在使用中常常发生，诸如视线干扰以及隔音等等问题，过去重视不够，而解决这些问题正是现代家庭生活的需要。所以我经常说住宅的规划设计既要讲开放性又要讲私密性，这也对应你所说的现代的家族观念和邻里概念吧！这是一个问题不可分割的两个方面。

Q：您觉得在现代生活中怎样才能与中国气质之间找到真正的结合点？

中国文化的巨大力量就是“融合”。传统和现代、中国气质和现代生活之间一定能够找到真正的结合点。你想：追求自然和谐、提升文化品位、营造一个有氛围的环境……这些都和现代生活要求不是完全一致的吗？现在的问题可能有两个：首先是要摆脱一种浮躁的心态，这种心态和“中国气质”是格格不入的。二是要能“化”，不需要刻意搬用那些有形的东西，把明式家具搬到书房里未必就有中国味，而简约的、尺度适宜的空间再加上一点有味道的灯具、陈设，倒可能会有我们熟悉的“书卷气”。这就要看主人的“气质”如何了。

Q：您2005年当选中国工程院院士，又是第三届梁思成奖获得者，您认为您将怎样发挥您的影响力？

当选院士和授予我梁思成奖，是社会、特别是同行们对我个人的肯定，我心存感激，这也是对我的一种鞭策。我想大家认可我不仅仅是在做工程，而且在探索中国建筑师自己的路。这些恰恰和梁思成先生一生为中国建筑的复兴奔走呼号相契合；我由衷地钦佩梁先生和林徽因先生，我会认认真真把这条路走下去。我希望能够多通过作品说话。我希望我的作品要有自己的特点，有中国的特点，每一个国家的建筑师都应该立足于本国，创造一种新的、属于自己的建筑文化，正在崛起的泱泱大国——中国的建筑师应该给世界建筑增添点我们自己的东西。在这方面，我会尽自己的力量。

（人物摄影／施政　作品图片由程泰宁先生提供）

用汉字做建筑

矶崎新
Arata Isozaki

当代国际级建筑大师
他的作品兼融东西方文化理念
将文化因素表现为诗意隐喻
体现了传统文化与现代生活的结合

1931 年出生于日本南部九州岛大分县
1950 年就学于日本东京大学建筑系、师从丹下健三
1963 年从都市建筑设计研究室（丹下研究室）辞职并创建矶崎新设计室
1984 年荣获伊丽莎白女皇颁发的英国皇家建筑金奖，是继丹下之后享此声誉的日本建筑师

近期作品

美国佛罗里达州的迪斯尼总部大楼
日本京都音乐厅
德国慕尼黑近代美术馆
日本奈良百年纪念馆
西班牙拉古民亚人类科学馆
美国俄亥俄 21 世纪科学纪念馆
意大利佛罗伦萨时尚纪念馆
日本群马天文台
上海九间堂别墅
上海证大喜马拉雅艺术中心

→ 上海九间堂别墅效果图（矶崎新作品）

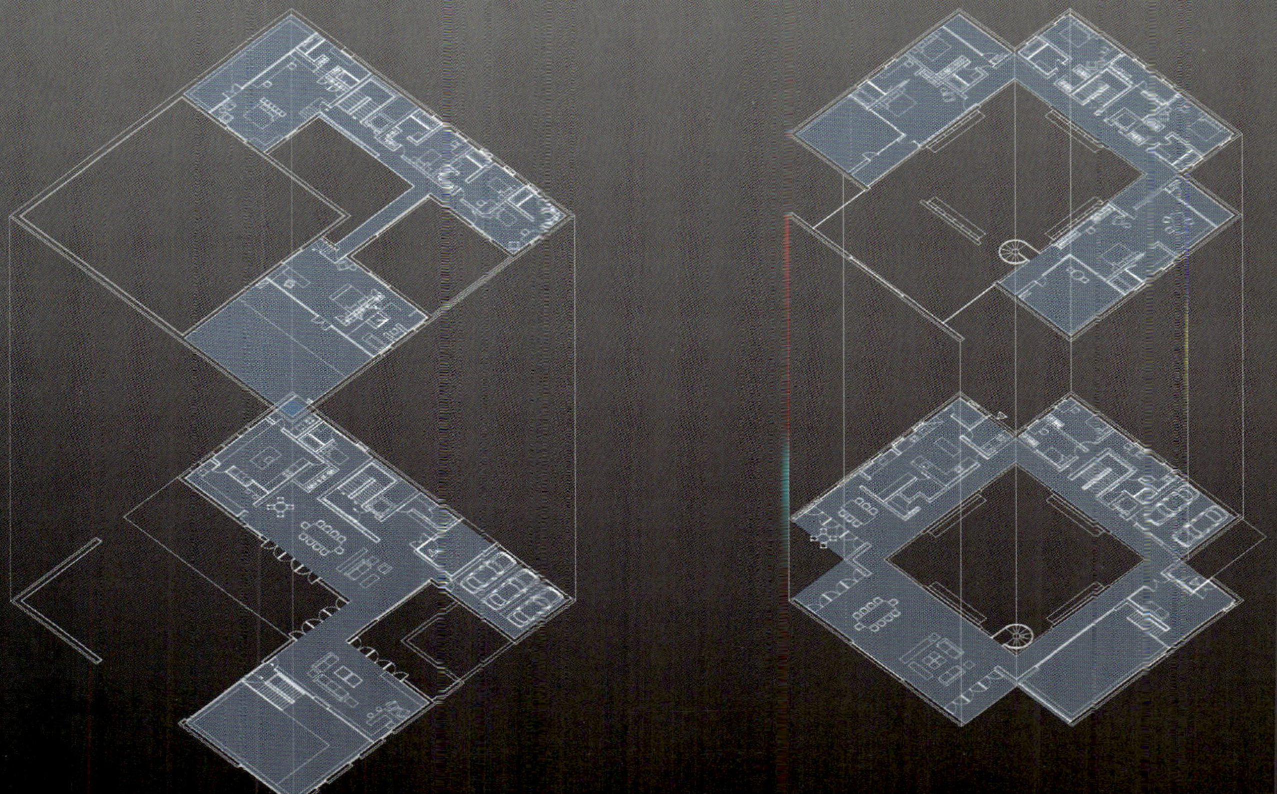

八个一模一样的问题

一、您所以为的“中国气质”和“中国气质的建筑”是什么？

从日本这样一个稍稍离开中国的地方来看中国，给我印象最深的是它作为“中心”的这一点（矶崎新在此使用了“球心”一词），这种气质非常强烈。它在建筑的设计上、细节上也一样体现出来，这种概念的统一、普及或者延伸都可以感觉得到。如果到了远离中心的中国沿海边缘城市，这种气质会反映出它更加“世俗化”的特点，更加复杂、混乱。这种说法在此并无贬义，我仅仅是想说那种比较杂乱的、或者说无序的状况，是因为它远离中心之后，而成为了由各种多重因素的重叠、交叉而形成的城市。

什么是中国气质的建筑呢？我认为能够表现这种气质、这种“中心”概念的最为典型的建筑是天坛。

二、您最喜欢的中国建筑有哪几个？请举例说明，并说明理由。

我最喜欢作为公共建筑的天坛，因为它达到了完美的形式；我还喜欢江南水乡的古镇老街，比如说苏州园林。

三、您在日常生活和居住中的“中国习性”有哪些？

我有喝茶的习惯，我喜欢中国文化的多样性。

四、您最喜欢的中国传统艺术样式和最喜欢的中国器物是什么？

我最喜欢的是宋代的瓷器，和以董源为代表的水墨山水画。

五、怎么看待建筑在时间里的概念？

建筑是建立在时间的“点”上的，所以我们所看到都只是一个“瞬间”。建筑在变化，时间也在不断流逝中。建筑如果老化了，消逝了，那么重新再建都是正常的。因为我们没有办法看到一个“整体”时间状态中的建筑，我们看到的都只能是片断。概括来说，建筑是一个处在时间流逝过程中的东西。

六、对古建筑的保护与修复的看法？（包括对一些在原址上重建项目的看法）

古建筑保护意味着不改变它的样子，那么在原址上修复是可以的，但如果再建（重建）就没意思了。

七、对中国城市现状的看法和建议？

2003年的时候我讲过“上海的超高层建筑好比学生的作品”，当时也不是言重了，但的确有这样的感觉。第二次在朱家角的论坛，同样对这个话题进行了评论。那时离2003年又经过了一段时间，我在中国工作的过程中发现中国有很多很好的设计师，问题出在决策层。

八、对中国建筑师的建议？

我对中国建筑师最大的期待就是：不要尊崇所谓的世界建筑师的流行做法，而是要寻找出中国自己最唯一的、最具独特性的（original）方法，这就是我希望中国建筑师能做到的。而且这也是他们有能力做到的。

一 天坛占地面积原为4095亩，现有2775亩，为我国现存古代建筑规模最大的一处庙坛建筑群。天坛有坛墙两重，形成内外坛，均为北圆南方。明成祖朱棣于永乐四年（1406 年）兴建郊庙“天地坛”，历时14年建成。据史书记载：“天地坛在正阳门之南左，缭以垣墙，周十里。中为大祀殿，丹墀，东西四坛，以祀日月星辰。大祀门外东西列二十坛，以祀岳、镇、海、渎、山川、太岁、风、云、雷、雨、历代帝王、天下神祇。东坛末为具服殿，西南为斋宫。西南为神乐观、牺牲所。”嘉靖十三年（1534 年），帝诏改圜丘为天坛，方泽为地坛。“天地坛”始为“天坛”所代替。

祈年殿

用汉字作建筑

Q：您的建筑理念受到中国文化影响吗？您对这个问题是怎样看待的？

我的名字用中文叫矶崎新，用英文叫 Arata Isozaki，当我用不同的语言称呼自己的时候，我会感觉到自己像两个不同的人。汉字对我的影响很大。我特别想让大家知道我是一个从汉字文化圈中成长的、有这样一个文化背景的建筑师。

汉字从12世纪时候开始进入日本，之后对越南以及其他亚洲国家也有影响，我本人就是在这样的文化圈中长大的。受汉字影响的国家，发音虽然不一样，用的汉字却相同，不同国家的人用书面文字都可以沟通。

新中国的成立是在49年，差不多刚好是我大学期间，因此我学的中国汉字是以前传统的繁体汉字。那时候正好现代建筑进入到日本，所以我在大学主要学的是现代建筑；但我作为日本人学的是中国传统文化。我在做建筑的过程中渐渐发觉自己还是深受中国文化影响，这一点也逐渐在建筑当中体现出来。

在这些文化背景下，我逐渐了解到中国文化对我建筑的影响。我要说明的是跟我以前学的不一样——那时我学的是欧洲对中国文化的理解，而日本对中国文化理解和欧洲对中国文化的理解相似。欧洲对中国文化理解主要形

成于在 18、19 世纪，当时欧洲在中国有非常多的殖民地，这些殖民文化在欧洲的混合影响又影响到日本，所以我在日本接受的是这一类对中国文化看法的教育。但是现在，因为本身传统文化的影响，我从中认识到并非如此。我以前学习到的是日本介绍的中国，不是传统的中国而是近代的中国。

Q：在您的作品当中，中国文化的影响是通过什么方式进行体现的?

汉字可以由不同的汉字组合在一起，然后形成新的不同含义的汉字，建筑也是如此。到目前基本上我们对单一的功能或者有综合功能的建筑都穿上同样的外表，但是我从汉字当中学习到，建筑可以采用和汉字相同的处理方式，把不同功能用不同的语言方式表现出来，最后形成的是一个不同的、具有新含义的建筑。

诗人EZRA POUND（庞德）1915 年曾经用英文翻译过一本题为《中国》（CATHAY）的中国诗集。特别值得注意的是这本书封面的“耀”的设计，在当时非常烦琐、喜欢使用很多装饰艺术的时代，这个设计仅仅用这么一个字做封面，是非常罕见的。对此我这样理解：空白的地方是一望无边的自然，在大片自然中间，汉字是唯一人工的作品。自然和人工的结合非常微妙，而且可以演变出各种不同深远的想法。“耀”字的构成，左边是一个光，右边上方是羽，下面是一个“隹”，它本身是由不同的、具有另外意义的汉字组成的。

我在上世纪 70 年代的时候做的作品 Fujimi Country Club house 是一个符号。这是一个高尔夫会所，在上世纪 73 年到 74 年之间建造。为什么做这个形状？当时高尔夫在日本非常盛行。我本人不打高尔夫，我不理解这种状况，所以就非常直观地做了这样一个问号。

证大喜玛拉雅艺术中心效果图（矶崎新作品）。

Interactive Museum about Humans 项目主要是青少年人文科技馆。我去看了用地之后，发觉这片用地一面面向大海，另外一面面向市区。面向大海这一面有非常强劲的海风，和面向市区嘈杂的方向是完全不同的。因此我想在建筑可以上表现出完全不同的两面。这个人文科技馆是建在岩石上的，本身岩石上有很多杂草，把杂草洗干净之后才建成博物馆。这个基地是在西班牙西北部，那个地方本身是石材的产地，因此在建筑当中用了当地各种各样的石材，而且用了传统的加工方法。这个建筑面向海和城市两面采用了不同的处理方法，后来发现这个方法和汉字的形成比较接近，比如说"耀"字左边和右边拼在一起就形成了不同的字。不同的处理方法加在一起就形成了一个新的有意思的东西。

Q：您是如何在"九间堂"中式宅院中应用"隐喻"的？

在九间堂的设计上，我运用的其实并非是汉字而是一种符号，这些符号主要是作为轮廓来使用的，但这只是在确定轮廓时所使用的一种手法。在轮廓中间还有多次重复运用这些符号。在九间堂的运用中，主要是用符号来对有庭院的中式住宅的轮廓上的诠释。

1915年，俄国圣彼得堡的一个展览上展出了马洛维奇的代表作"黑色正方形"，但实际上我认为这个作品可以作为汉字来理解。马洛维奇还留下来一张草图，从这个草图当中可以从简单的黑色正方形渐渐组合演变成其他的图案，我感觉这个过程好比是翻中文的字典，从中文的字典可以看到一个字，比如说"耀"，从最简单的右边这一部分，再加上左边和下面，渐渐地演变成复杂的字。

我考虑用马洛维奇最基本的图案圆、方还有一个十字，看看采用这三个非常简单的图案，在建筑上能不能展开。我在建筑上做了一些尝试，比如说在上海"九间堂"要建在水边的三个别墅，我把它理解成一个类似汉字的轮廓形式，我使用了圆和方型符号，现在马上就要施工了。

→ 借鉴中国斗拱的"空中城市"
↓ "方、十字和圆"草图（水彩）
→ 马洛维奇的《黑色正方形》

Q：在“上海证大喜马拉雅艺术中心”中您是如何应用汉字的方式来构造的？

汉字其实是可以自己造的，所以我造了这样一个字“光(左边)日(右上)勿(右下)”。我想让大家明白的是，左边、右边都是通过汉字的组成部分而造，实际上是对每个部分作品的单独介绍。用这种方式最终形成的喜马拉雅艺术中心，其实也是由各个偏旁部首组合起来不同含义的汉字。

简单地说，我认为并非仅仅是汉字形式上的一种理解运用，关键在于这是一个复合设施。如何把这些复合设施，通过怎样特定手段表现出来，这是很多建筑师认为非常重要的一部分。比如说喜马拉雅艺术中心，如果我不采用这一方法，而是用喜马拉雅山的形象来表现，自然也可以，当然这是比较极端的解释。如果这种做法是到目前为止比较常用的手段，那我不希望用什么特殊的手段来解决。针对这种设计体量的东西，何不把它里面所有的功能就这样展现出来看，我觉得这是想要做的事。

在设计中我也运用了徐冰作品的一种创新，徐冰的作品本身是用看上去类似汉字、但实际并非汉字的作品，事实上没有具备汉字的意义。但是我认为，这种让没有意义的“汉字”成为“汉字”的过程是非常重要的。

“光易”的演变

上海证大喜马拉雅艺术中心。“上海国际电影节——证大喜马拉雅中心电影宫”将于2009年竣工，它将成为未来上海国际电影节开闭幕式的主办场地，在明星大道两旁将铺设留有国际著名影人手印的地砖。

Q：您在您的“空中城市”中使用了中国的斗拱形式，您是怎样把古老的中国建筑元素融入未来城市中的？

“空中城市”是我在学生时期的作品，考虑未来的城市。其实我是把未来和过去混合在了一起，从我的理解看来未来和过去的意义是一样的。正好用汉字的构成方式也可以这样解释：把不同的东西组合在一起，从中挖掘出对现代的一种思考。事实上现在考虑起来，它也是一种空中“未来”的城市和“现有”以及“过去”城市的叠加。

从“空中城市”的模型照片上、城市的轮廓上，我们可以联想到中国的汉字树林的“林”字。此外在横向和竖向非常结实的结构体上，有非常多的小住宅或者其他的设施，也一样附着在上面，有点类似于中国的“斗拱”，这也是我在中国的传统建筑当中读懂和学习到的。我学生时期的“空中城市”是我40年前作的，现在有别的国家看中这个作品，我可以在其中某一个实现这样的“空中城市”（Qatar National Library）。

Q：在您的作品中，运用到了哪些具体的汉字？您的作品中还有很多树形的建筑形态，您是怎样考虑的？

现在正在建设的中央美术学院新美术馆的形状，乍一看有一点类似于“心”的样子，当然并非一开始就有意为之，而是在不断推敲的过程中，发觉它像心字。我们在制作过程中，从一开始手绘不很严密的曲线，最后通过计算机演算，通过数字变化，最终能够成为建筑作品。从这时候开始才真正成为了建筑，而不光是艺术。

另外一个有“树”的概念的是深圳文化中心，一部分是图书馆，另一部分是音乐厅，中间通过一个平台连接。两部分入口大厅也采用了树状结构，因为对称的关系，为了有所区别，一棵叫金树一棵叫银树。这图书馆的侧面好象是书的书脊，正面的玻璃幕墙是类似于竖琴这样微微起伏的形状。金树、银树把树枝联系起来，然后再给树枝盖上玻璃顶。这个设计也是从竞标到现在差不多9年了，在这过程中经过不断的更改完善，最终发展到现在这个样子。

Q：您认为在当代建筑实践中，如何对待责任、传承与创新？

简单地说，我认为作为一个建筑师，不管多少总要对社会负责。但是责任通过什么样的道具、思想、方式表达出来非常关键。我认为并非要完全简单的迎合社会需求，或者迎合某个人需求。而是要把这些需求，或者再加上地区、地域背后所不被人发觉的历史文化特性，能够用更好的方法寻找出来，“创新”性的解决是最好的办法。但是这个创新并非是建筑师本人的意愿，或者是单纯的社会需求。这个创新是通过建筑师和需要有建筑的对方进行对话，在对话当中不断挖掘出来的东西。

事实上在我内心的确存在一种分裂或者双重人格，但是我认为这是我们这一代人的宿命。这是我们现代和传统，或者东方和西方，或者中国和日本等等（相对的东西），我们每个人都肩负着对立的、不同的状态，我把自己这种分裂状态就直接展现在我作品当中。事实上在40年代初期我就写过这样的杂文，大家看过《反建筑史》中有一篇文章《流言城市》，我把自己内心中两个人的格斗、分裂在这当中进行了描绘。在这个文章中我把自己一部分叫成A，一部分叫S，这个是矶崎新在日文当中的S（新）和英文当中的A（Arata），是分成两个人的格斗。现在到中文来说是X，但是在那本书中还是S（新）。大家看了就会了解到在我心中永远有这种格斗和分裂，但是我觉得这事实上和汉字组成是一样的，汉字也是左边、右边、上边、下边在撞击过程当中才有新的东西形成。

Q：您认为您作为一位有影响的建筑大师，应该对公众和年轻建筑师起到怎样的影响？

当我在东大读建筑学博士的时候，我决心不做一位教育者，不做一位教授，我做了一位实践建筑师。我写了很多的书，一些是很专业的建筑方面的书，但绝大部分更近乎公众启蒙，让公众理解建筑，理解创新建筑。启蒙公众可能也算是教育的一部分，我想这也很重要。

过去我做过很多评委的工作，这是我们发现平民建筑师的机会。参加竞赛的人他们没有名气，多数的情况是年轻人。纵然他们项目表达并不完美，但之后可能可以发展，这就是我想找的东西：寻找天才，寻找创新。当然创新是处处可见的，我认为每一个建筑项目本身，或者是建筑师总有一些困难的情境，比如说政治和经济或者是建筑规范的问题，工作经历中总会有这样的阶段。作为评委我有责任，这个责任是与这些被选中的建设师或者是方案，提供一个解决办法，我只关心他们的创意，而不关心他们的条件。

（人物摄影／施政　作品图片由矶崎新工作室提供）

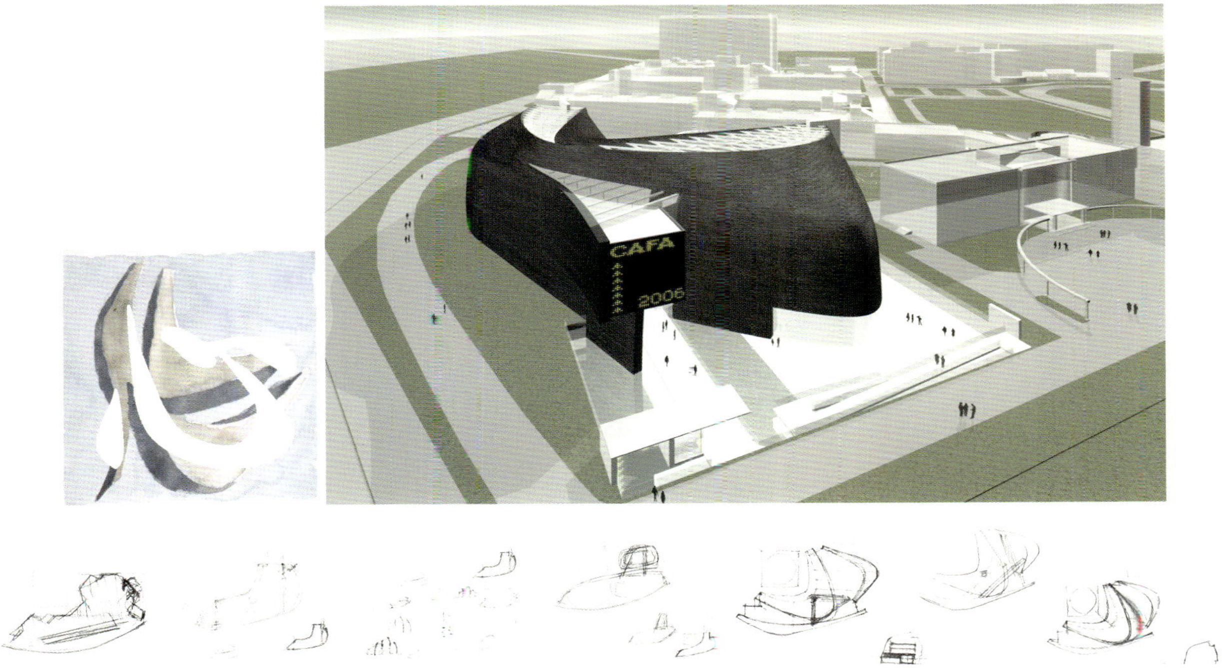

“心”形的中央美术学院新美术馆的设计演变。

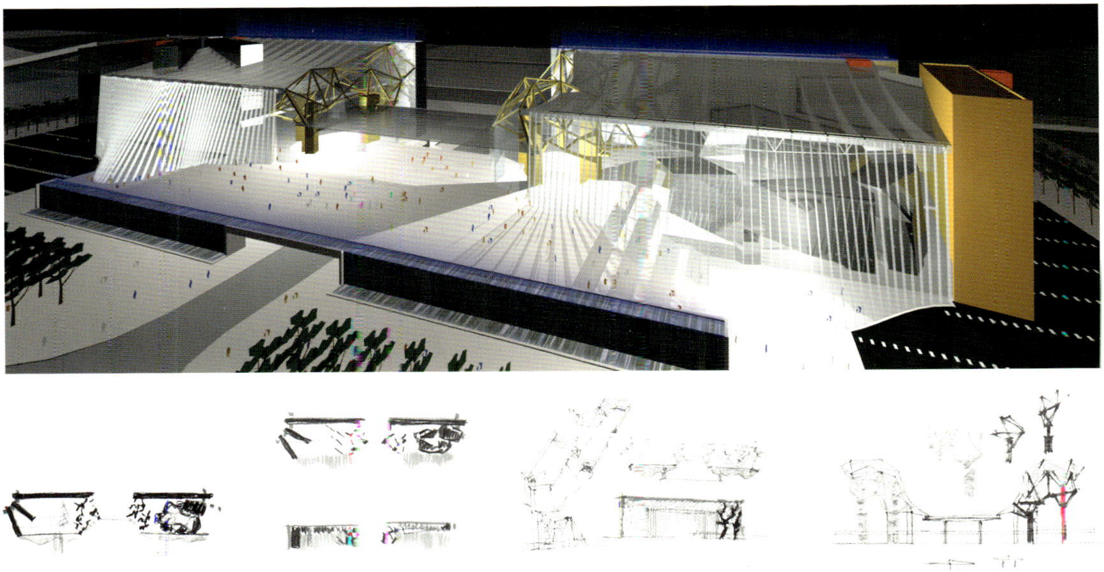

由金树和银树连接起来，然后再给树枝盖上玻璃顶的深圳文化中心

有特质的东西历久不衰

严迅奇

香港最富创造力的建筑师
在香港和亚洲地区有大量建筑作品
在国际上多次获奖

近期作品

半岛酒店二期工程
香港新机场中环机场大厅
TITUS 广场
Pollock Path 山顶公寓
PARKLANE 购物中心
乐富购物中心
花旗银行大厦
香港大学研究生中心
中国北京南银大厦
希尔顿酒店
中国天津会展中心
上海证大九间堂别墅

有特质的东西是历久不衰的

Q：您怎样理解中国传统建筑的本质和特色？

中国建筑的本质是功能性和理性的。功能的考虑总是先于形式。因为有这方面需要，才发展出某些建筑元素和架构。比如传统的院落建筑，它往往根据一个使用逻辑来营造：要把一个大家族和谐地放在同一屋檐下，或者一组建筑群的许多屋檐下。再比如很多建筑都设有石台防止水淹、屋顶挑出木造的檐子来蔽遮门户。传统民居的另一个特色则是空间内的光线引入，江南地区，气候宜人，建筑物增强通透感远较北方地区为宜，光线透过院落

引入，与白墙反影，屋笼出挑遮挡后的自然光线，使室内光线显得柔和。特别是位于书房或卧室旁的蟹眼天井，光线从上方渗漏，是传统民居的一大特色，加上建筑构造上使用不同的自然物料，带出不同的纹理质感，使光和影成为建筑空间内的点缀。

Q：在您的作品中，比如九间堂别墅，是怎样体现您对传统建筑的理解和借鉴的？

我们从传统富裕家庭的居住方式中获得启发，就是一种多层次的合院方式。除了内敛和安全感外，不同活动可安排在不同的院子里进行，先有大门前厅，进入款待客人的主起居室前一个比较正式的院落，然后另有院落后的私人空间，从那里人们可以用超然的态度观察前面空间发生的事情。相对于欧美的豪宅设计，我们觉得对今天中国的新贵一族来说，传统的本土空间概念可能更切合他们的生活方式。九间堂立面及空间处理以下重要元素：天窗、天井、小院落、石笼隔断、遮阳设施等，均以现代的简约手法带出了传统民居的朴素、飘逸、宁静、和谐。

Q：您觉得传统建筑的生命力在哪里？

有特质的东西是历久不衰的。我在1989年强调的中国美学，其中包含了含蓄、朴素及简洁的密切联系。比如斗拱是为了支撑挑出的屋顶而设计的。这种明净的风格在唐朝建筑中表露无遗，就是质朴而没有太多装饰。

（所有图片由上海证大集团提供）

1 上海证大九间堂别墅（严迅奇作品）

有庭院的中式住宅——上海证大九间堂别墅（严迅奇作品）

↑ 水殿风来暗香满

→ 竹影婆娑

↓ 庭院深深

诗性的生活是前提

王澍

当代最活跃的青年建筑师
现任杭州中国美术学院教授
并任中国美术学院建筑系主任及中国美术学院建筑营造研究中心主任

1963 年生于新疆乌鲁木齐
1985 年毕业于南京工学院建筑系建筑学专业
1988 年东南大学建筑研究所硕士毕业
1997 年在杭州创办“业余建筑工作室”
2000 年上海同济大学建筑城规学院建筑学博士毕业
2003 年作品《拆筑间》入选威尼斯双年展
2006 年与许江合作作品《瓦园》——威尼斯双年展第十届国际建筑展中国国家馆

近期作品

苏州大学文正学院图书馆
上海顶层画廊
杭州墙门（雕塑）
垂直院宅（钱江时代）
宁波美术馆
中国美术学院象山校区一期工程

→ 中国美院象山校区

八个一模一样的问题

一、您所以为的“中国气质”和“中国气质的建筑”是什么？

这个问题难回答，但是也属于必须要回答的一个问题。如果说中国建筑的特征的话，很多人会说“院落”和“大屋顶”。但全世界的传统住宅建筑里边大量的都是院落式的，这个区别可能不是中国建筑和外国建筑的区别，它是近现代建筑和传统古代建筑的区别。建筑是一种实体的“地上凝固”，实际上真正能够感受到的，是在里面呆过，或者亲眼所见，所以我们今天对中国建筑的体会，基本上是以明清的中国建筑为对象，到山西能看到唐、辽、金的建筑，气质差别巨大，但一些基本的东西还是一脉相传的。

中国的建筑一般是要讲一个“风水”。中国人如果要造一个房子的话，那么对整个周围这块地方，朴素一点可能会基于生活里的常识，长期养成的对生活的一种理解；说得稍微抽象一点，可能基于对整个这种宇宙天文、山川地理的一个认识，而形成了一个判断。这个养成了中国建筑的基本气质：它不是简单的只是一些建筑而已，而是后面有一个文明，有一个哲学，有一个对世界的认识，有整个文化的塑造。它形成了一个场景：两边有杨柳，河边有渡桥，渡桥后面掩映有房子，那这个房子大概在哪里？不会在山上，山上一定是庙，不会是住宅，住宅就应该在一个合适的地方。目前在大量的绘画中还可以看到各个时代的场景，这个场景今天仍然可以比对，大的脉络我觉得是一致的。

接下来按我的认识，其实中国人对建筑的理解就是房子，或者说就是以房间为基础的房子。它放在不同的位置，形成不同的格局，起不同的作用，它更接近于人类学的描述，它应该有人类的位置。

另一方面，中国人造的房子很“正气”。比如说它有轴线，有非常明确的系列，这种仪式化或礼制化的格局本身，反过来就是建筑对社会的一个反映或者说塑造。而这里我们一般是以儒家的传统作为基础，“浩然正气”，不会随便的歪斜，一歪斜就跑到老庄那里去了，像苏州，严整的宅子旁边有一个自由的园子，这是“孔子路线”，这是“老庄路线”，都很清楚。这些东西加在一起，我觉得形成了中国建筑的一个基本的气质。

中国人造房子的规模和尺度还有一个参照标准，就是山川河流与树木，就像中国人画山水画一样。山川河流房子人，合在一起，我称之为“一个世界”，而不是说人是非常自我膨胀的。这里有一个关于美好世界的把握在里边。

剩下的是对材料和建造方式的选择，一般会选择比较贴近于自然品质的材料。按中国人说的讲“气”，中国人的养生讲“呼吸”，使得中国人的选择会有一个标准和原则，不选择石头，不选择非常硬质的材料做主材，而是用木头，土，这些能够呼吸的，非常接近自然品质的。

还有对生活常识的理解，除了人住在里面还要在外边有一块很安全的属于自己的“小自然”。这实际上是非常成熟地对生活有理解之后，也不矫情，不追求过多的象征、表现，中国人一定要好生活的。这些东西最后合成了一个综合感受到的“中国建筑”。

至于为什么要把屋顶做成这样一个曲面的、斜的，除了排水之外——排水也可以做成直的，也有象征，但更多的不是沉重的历史意义的，而是一些非常像诗歌一样的象征。比如说汉代，我觉得是非常好的诗歌的时代，那是整个一个诗歌的王朝。尽管留下来的今天看都是朴素的短歌，但那是非常好的诗歌，质朴的，源头型的。

二、您最喜欢的中国建筑有哪几个？请举例说明，并说明理由。

很多。像绍兴徐渭的青藤书屋，我觉得它代表了一种中国人对生活的最基本最纯真的感觉和理想。那是非常小的一个房子，有院、有园，有修竹，房子不大，前后两进，有前院有后院，书房下面还有一个小鱼池，角上有两块石头，种了点竹子。它可以称之为“范式”，就是说不管你房子造得多大，最核心的东西大概就是这个。

苏州我最喜欢的园子是“艺圃”，它留下来的东西可能是苏州园子里面最老的，文徵明的孙子建造的。也是非常简单，但看上去很合章法，非常美妙，这种美妙是说它非常简单，但里边一定有打动你、用语言无法言表的、让你非常流连的东西。

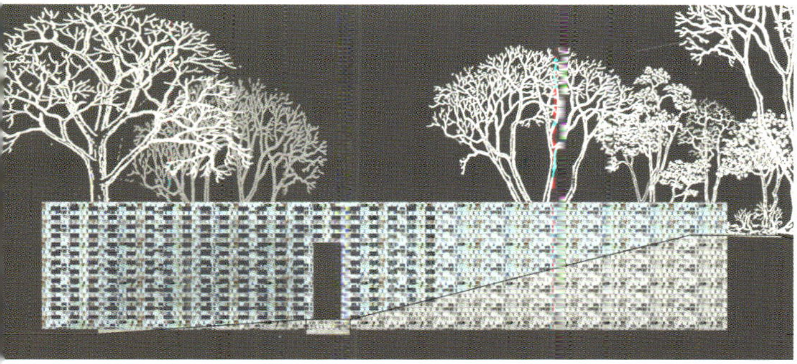

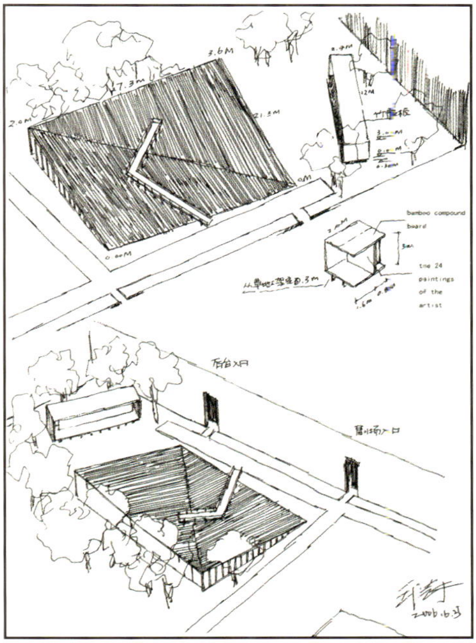

金华公园瓷屋
瓦园草图
瓦园

其他的还有很多。中国我觉得最美好的，在全世界，如果是作为建筑师的话，中国是学建筑最好的一个国家。基本上是随处可见，只要你的眼睛足够的好，你能看得见，你学习的对象还有如此之多，太幸福了。

三、您在日常生活和居住中的"中国习性"有哪些？

我特别喜欢喝茶，我一定要在我的住宅或工作室里选择一个安静的地方泡茶，我谁也不想见，坐在那里，就像中国人说"寄情山水"。安静和热闹，这就是有区别的。

我写一点书法，我会有一个桌子是比较固定的，平常我的毛笔我的砚台都放在那里。当然，我的那张桌子也经常要变成讨论图纸的会议桌，但是只要不讨论图纸，我的东西永远在那儿。

剩下我觉得很重要的是闲散地散步。我曾经写过一篇文章，叫《12米的旅程》，那时候我自己家里总共就50几个平方，12米是我那个住宅里面最长的散步的距离，我可以每天在这条路上走过来，走过去。我觉得跟在园林里面散步也差不多，那是我在我的条件下达到的极限。

四、您最喜欢的中国传统艺术样式和最喜欢的中国器物是什么？

很多种器物我都喜欢，但可能接触得最多的是砚台，喜不喜欢，其实是和你真正见过多少好东西有关。比如说从南唐到现在的砚台我都见过，真正的原器用手抓过、把玩过，这种喜欢是不一样的。我记得广州历史博物馆一块宋代的砚台，除了一个方的砚台，除了为了充水它有一个斜面之外，没有任何装饰。但是你仔细看可能会发现，它不是完全的方，是方中带一点点"圆"；所有的垂直面也不是垂直的，垂直里面带一点点圆弧状的"斜"。就这一点点东西，你就可以判断说，这是中国的东西。

传统的艺术样式，其实我兴趣也很多，比如说中国画、中国书法、中国的陶艺、戏剧、音乐，古琴古筝。。但我接触最多的可能还是书法，我觉得这是中国艺术里面很基本的一个样式，因为它是文字的书写的对象，而任何一个文明的基本的标准，都是以语言和文字为基础的。实际上我喜欢的是比如说魏晋的书法，其实都是一封一封的信，我写给你的，你写给我的，他知道这个字写出去代表自己，但他的基本的意识不是要写一个表现给谁看，他在写信。这个很重要。

五、怎么看待建筑在时间里的概念？

在西方建筑里有一个概念叫"永恒"，它的体现就是房子用最坚固的材料建造，但是中国的"永恒"更接近于自然界的生物循环的正常的状态。为什么中国建筑会选用那些实际上都是长久不了的材料？因为中国人从来就不认为这个房子一造起来就几千年，它一定是不断地循环的一种建筑。

第二个是在选材的时候要这代人很容易地就能够看到时间的变化。比如说它很快就有风化了，很快就长了青苔。。这是他每一代活着的人想见到的，而不是说造起来之后，这个时间感几百年以后才出来。

第三个你可以看到它的体系，除了诗意的时间之外，还有个现实，就是我这个现实的人很快要用，所以中国的所有的建筑都是装配式的、快速建造的一种体系，不是今天改革开放之后才是快速建造的。比如说从隋代到唐代的转换，首都从洛阳到长安，皇帝给宇文恺的工期是非常短的，就8个月。来不及造就把洛阳的宫殿全部落架，拆掉，重新组装，8个月基本上就出来了。这也是对"时间"的理解。

"时间"在中国园子里的体现是非常人性化的。中国的园子造完之后20年以后才是最好的，因为它所有的植物才能够长到想看到的那个状态。所以中国人有一个词叫"养"，房子不仅要造，而且要养，就像一棵树一样，这个"养"其实就是不光是看着它，你要去维护、投入、爱护、培养。

关于"时代"这个概念，我觉得任何一个美好的时代，可能有一条线索是两千年以前留下来的，它还在延续；可能有一条线索是50年前刚出现的，它也很磅礴。我希望见到的世界是一个多线索、都还有生存余地的、可以生活在一起的一个时代，而不是说一种新的杂草就要把全部植物干掉，就长这种草了，不是这样子。

六、对古建筑的保护与修复的看法？（包括对一些在原址上重建项目的看法）

我觉得最重要的是什么？文明。一个文明的积累是不容易的，这些古建筑都有可能是我们的老师，保护古建筑我觉得是要把我们的老师保护住。地上这种实体的东西，拆掉以后永远不再回来。

我曾经问过很多人一个问题：中国到底有多少年历史？比如说杭州南山路的历史是从2002年开始的，它把所有老的房子用一种材料重新覆盖一遍之后，这个街的历史就已经被改变了。我们说的那个5千年，是在博物馆里头、书上。这个是非常可怕的，可以看到文明的断裂已经断裂到了一个什么程度。

至于根据原样修复没有什么意义，哪怕是传统用木材，现在也用木材；传统用砖，现在也用砖，再造一遍。建筑是“空间”或“实体”和“生活时间”的结合，两个东西结合才能够有它的生命。

七、对中国城市现状的看法和建议？

中国城市可能到现在为止，我觉得最宝贵的一点就是各个城市之间的差异性、多样性还是有的。但大的趋势是相反的一个方向。不光是中国，而且是整个亚洲，都处在城市结构崩溃和瓦解的进程中。

为什么说呢？大规模的郊区开发模式在中国的市中心大量的出现，宽大的马路，成组团的开发，在现代建筑学上叫“城市郊区”。这种开发之后，城市不见了，最有魅力的一种人类文明的现象发生了改变，比如说杭州西湖大道两边就是典型的郊区建造，它把一个非常核心的城市区域，瓦解成了郊区化的状态。

现在城市里几乎每一栋房子都从国外copy而来，但是这种乱七八糟的建造方式倒是国外没有的，也许这是一种新的城市状态和现象的出现。库哈斯赞美中国的这种建造：“不够乱，还要更乱，因为越乱越有活力”，因为荷兰就是在欧洲属于历史积累很短的国家，就像美国人为什么创新，是因为没有历史没有传统，只能创新。反过来中国5千年历史的国家，碰到的问题就跟一个美国的建筑师截然不同，你必须要思考。像库哈斯可能理解中国像割据状态下的一个无政府主义国家，到处可能会发生事情，他很兴奋。但是如果中国人都跟着傻乎乎的很兴奋，那恐怕要出大问题。

八、对中国建筑师的建议？

我觉得往大说最重要的就是社会责任。因为太多建筑师都处在疯狂炒更的氛围下，这个问题必须要讨论。你干的事儿是真正对你的环境和世界有所助益呢，还是在祸害这个世界，这是你必须要想的。

另外一个角度呢，我也觉得必须要讲，就是哪怕建设的量很大，速度也很快，工作也很庞杂，仍然要想办法让自己处在一个正常的心理状态中。光想大的东西是不够的，另外应该从生活的一点一滴开始，积累一些好的东西，贴近生活常态的、正常生活的东西。

苏州大学文正图书馆

诗性的生活是前提

Q：如何在中国美院转塘象山校区的设计中体现中国建筑思想？在建筑材料的选取上如何使传统材料在今天的应用成为可能？和功能的结合？是否师法文人诗意与山水画？

我们这个学校是强调以人文立学的美术学院，当时提出来“重建书院”，但这是一个5千人规模的校园，不是任何一个中国传统的书院能够照搬的。那么是不是由一系列小书院构成的大书院？接下来这个地方有一个山，有两条河，而中国人有一个特别好的传统，就是特别会面对山水进行有诗意的合适的建筑。这个传统，如何才能够把它激活，而不是简单的继承。简单的继承是永远继承不来的，因为每一块地、每一块地点都有它特殊的情况，一定要有一种切合此地的方法。

这个建筑是一系列看上去标准建筑的零散的布局，而且不是简单的几何形状的角度，而是像中国书法一样

↓ 中国美院象山校区，保留了原来的向日葵和玉米地。

带有某种率性和随意的角度。后来有来参观的美国或者欧洲的建筑师说，他能感觉到所有的房子都是因为对面有一座山，山在变，房子跟着在变，而且变得非常的微妙，他们觉得很神奇。这是非常典型的中国式的做法。

院落的做法核心的技术问题之一，就是把那么小尺度的中国建筑，转化成大型的当代的公用建筑。我曾经写过一篇文章谈到杭州的六和塔，实际上很大、非常胖的一个大塔，但是感觉不大，而且经常被人看不见，因为它整个那个色彩在一定的阳光下，那个山就不是绿的，是灰的，那个东西完全会消失掉的，这个都是我学习的对象。六和塔是密檐塔，"密檐"会让我马上想到通风的百页，如果不是考虑样式而是考虑室内通风的话，它会非常有效地解决立面的控制。"对我来说，建筑的造型是次要的。"就是说大的格局远远比一个建筑的单体要重要得多。所以我用一个非常简单的方法把这个建筑的造型给"灭"掉了，但是它最后形成的那种整体的氛围就出来了。一开始很多人是有抵触的，说我们坐在室内的时候，密檐正好把我们的视线给挡掉了。那我的回答是这样，中国人对这件事情其实一直是很自觉的，就是看外面不是简单的站在一个空荡的地方看，而是永远意识到中间有一个东西，或者象照相机一样有一个取景。。它会真正使你产生人和自然的联系，你会发现你和自然之间原来不是光着身子赤裸裸的，中间有道东西叫做"文明"。第二层意思，它就是个屏障，让你不能自由地看，然后你的眼睛会返到你的内心，你会发现整个室内的气氛会变得非常的平静，这是学者或文士该呆的地方，心灵非常的宁静。后来大家也接受了。

包括像材料的选择。为什么选瓦？和我称之为物质的“物性”更有关系。很多人一想到“瓦”就是一个瓦的样式和概念，而我要让你看到的是，这种材料也许你看过千百遍，但仍然不同。很多人就会说，王澍你把瓦檐做到每个人都能用手抓到的位置，会不会容易被损坏，人会不会撞到瓦上。我说，我要让你们视觉或者想像中的那个东西就直扑、或者就在你的面前和你的手边，有这个意思在里头。

师法中国山水的绘画，这个是有。但是我要强调的是，对我来说，从来不是为了一种“怀旧”或者“复古”的情绪去想，相信这些东西都应该有一个当代状态，而旧的东西它不会原封不动地活到现在，它一定有一个自然变化。第二，仍然需要让它发生改变，让今天的人看传统要看得有感觉。我对中国的传统会非常有兴趣，也会琢磨很多；但是我希望在我自己做的东西之中，和它只保持着一线之牵的关系，我永远喜欢用非常间接的方法去尝试。

Q：关于苏州文正图书馆、金华建筑艺术公园，这两个作品您是如何构思的？

这两个作品都有几个共同特点，一个就是它对建筑所处的山水位置的照顾。比如文正，9千平方米的一个图书馆，那么小的土地上，旁边也是一个不大的山、不大的水，如何处理出一个合适的尺度？后来我用了艺圃里面的意思，里边有很大的房子，但有意地让你只能站在那个大房子当中看小亭子，影响你尺度判断的是那个小亭子。所以苏州文正旁边一个小房子立在水中，那是控制整个建筑真实尺度感的关键。那个小房子就叫作“观点”，它是一个判断点，也表示了你的思想。同样的，金华那个也很典型，是一个平地，我在后面起了一个大的土坡，就是为了让那个小房子盖在那儿，整个环境被我改造掉了。

另外一个共同点就是，都是以站在房子之中向外看作为基本的感受位置。苏州文正可能是个双元结构，站在里面看外面，站在外面回头可以看整体。金华这个也一样，它强调的是从里面朝外看，它因为小，更浓缩，就像只有几个词的短诗。它非常简单，就是一座房子，前面有个茶室你坐在里面，然后看到有一个窗子，而这个窗子的形态非常特殊，窗子就是一个小园子，它占了这个房子一半以上的尺寸，其实它是一个场地，我们称之为叫“园林”也好，“建筑”也好，“窗子”也好，它把几个概念压缩成了一个。我的建筑里的抽象性和简洁性是以称之为“认识世界的知识分类法”为基础，把若干个认识的分类进行合并。

Q：国外交流活动中是否有意识的体现中国建筑特征？对自己产生何种影响？如何看待大量国外建筑师设计的大型公建现象？

我觉得最大的影响实际上是一个判断的清晰。这个判断，就是文化的区别，文化的位置。不是你一定要强调“我是中国人”，“中国文化”，但你不可避免地带有这个文化特征。这一点我觉得自信心也会强一点，你会发现国外的建筑也没你想象的那么好，你甚至可能比他做得更好，好建筑都集中在杂志上。我们有时候会把西方给神化掉。

国外建筑师在中国的一些大型公建，我觉得笼统地我都愿意称它为“中国的现代建筑”，不是“外国人的建筑”。比如说库哈斯、赫尔佐格他们做的东西，他在这儿实现了，就是中国建筑的一部分。就像库哈斯说过一句话，“我把中国人想要的东西给带来了”。不是好坏，而是现在这个状态，你想要这种东西，是你想要的，你要，人家给你了，而不是人家硬要塞给你的，是你自己想要的。如果你要批评，不要批评他，批评自个儿。

Q：如何看待“中国房子”、中国现代城市住宅？

提“中国”，是希望能够出现一种很自觉的“中国的范式”。因为建筑师做房子都有一个“范式”的问题，“范式”实际上是决定一个文化基本状态，一个建筑基本特征的东西，而中国建筑师绝大多数都是在用纯粹的西方范式在做设计。

“建筑”这个词是西方来的，在今天承担了太多本来不需要承担的和谐和责任，比如说强大的象征性，巨大的表达，关于财富、关于精神、关于文化。其实你都需要用砖头、混凝土、用这些不会说话的东西去表达。我认为中国传统只有“房子”，它和山水和城市保持在一个和谐的状态中，这是我真正要关心的问题，而不是每一个房子要做成多少有个性、多少张扬的一个东西。西方在60年代也有过讨论，有一种说法就是“简单的建筑，复杂的城市”，这和现代建筑本质上是很有区别的。

我提倡要做“房子”，不要做“建筑”。我做的不分什么住宅、美术馆、学校、宫殿还是别的什么，都是“房子”，像象山校园，就像一堆大宅院，你就是改成住宅，也没有什么关系，环境和气氛都很好。

Q：如何看待自发产生的广大的乡土建筑？它们的走向和对未来建筑形态的影响？

第一点我是非常感兴趣，就是老百姓造房子的时候，它会产生一种非常类型化的状态，就是用一种模式反复处理，以一种非常类似又有效的差别的形式出现，我觉得这是构成一个城市或者聚落的一个基本的原理。老百姓懂、建筑师可能不懂。当一个基本的建筑法则崩溃凋之后，老百姓开始有了一点点自我表达的权利，会出现很多很好玩的东西，但它是在建筑师视野之外的。

另外它仍然表征了中国建筑传统崩溃之后的一个结果。因为中国人从很早开始，如何造一个城，如果造一个聚落，它都有一套，大家都按照一个类似的规定在做，不同的地方传统在一些细腻的地方表现出它真正的差别。而这个东西崩溃掉之后你会发现，院落消失了，它也形不成真正的村落和城镇，它是完全疏离化的。其实中国不是只有杭州上海北京这种才叫城市，山里边好一点的村子里结构是一样的，中国在很早以前就实现了全面的、全国的城市化进程。今天我们在把它完全摧毁之后，以一种全面郊区化的非常幼稚的方式在搞“城市化进程”。

我觉得需要建筑师去关注，所以我们现在也在搞一些“新农村建设”的题目，也开始在尝试。

Q：您所认为的最适宜的中国人的当代居所和生活方式是怎样的？

我觉得可能还是你想要一种什么样的生活，不是你“适宜”什么。因为“生活”这个词是由生活方式和文化价值的选择在里面。当然还有你“可能”要什么样的生活。

比如我们看传统我们可以看出来，北方地广人稀，这种宽大的平摊的以四合院为主的住宅就比较多；南方人口很多，两层、三层以“天井”为尺寸的就很多。尽管两个东西有别，你仍然能看出来，除了室内，永远要一块属于“我”的室外。我要在我的小室外里头要有植物，要有一个非常安静的。。今天我们对“安静”这个词可能都很难理解了，你到那种老的城里，穿过几条巷子，拐弯一个门，然后进到家里的时候，基本上连声音都听不见的那种“宁静”，那个是你想要的，特别方便的一种生活。我觉得这个也是中国传统特别好的。

Q：如何看待关于文人气质与理念传播？

我比较反对的是当代建筑师的职业化倾向，他会把这个职业作为一个不需要思考的前提：“我是建筑师，所以我只要画图就好了”。这个我觉得是非常成问题的。

那么你首先在生活中，你有一个生活的状态，中国传统的文人从来不是简单的知识分子，他所有的东西，那些“琴棋书画”都是生活里要用的，也是以一种非常生活的状态来履行知识分子的责任的。在当代，你需要一个基础，这个基础对我来说就是“人文”；而一个基础具体行为来说，就是“文人”，它会影响到你一系列的状态。比如说以诗性的生活为基础，以社会责任感以批判的状态来面对你所要的东西，这都是一个前提，它能够粉粹“专业”。而“专业”这个词非常可怕，比如说，造房子，谁给你的这个权利？这个权力是非常近代化的，在“专业”之前是没有这个权力的。

在面对学生的时候，我一定要在教“专业”之前，先把这个“人”给教出来。我们在尝试，我们的建筑系一二年级一定要学书法这门课，已经实行两年了。《论语》、《老》、《庄》这些课程好的老师我们还没找着，所以我还在找。我们不是搞的简单的专业人才的教育，我是要“育人”的，“育”某种造房子的人的，这里也有一种不一样的理想。所以我有四个字，孔夫子说的，“有教无类”。

Q：您认为自己是明星建筑师吗？您怎么看待明星建筑师的影响力问题？

这是一个当代的特征，对于建筑来说这种关注肯定是一个好事儿。国内这些在媒体上曝光比较多的建筑师，我觉得，一般来说他们工作或思考的状态比较积极，面对社会、面对文化，他有真正的思考在里边。另一方面我觉得需要一个好的互动，建筑师可能需要更谨慎地面对这个事情。当媒体报道很多的时候，你对外面的传达，影响力不同了。实际上我看到一些好的媒体它也还能把得住这个分寸。我觉得还是需要有些声音。

现在是中国非常特殊的一个时期。公众教育还是需要，中国最缺乏的是专业的、好的、真正的建筑评论。《纽约时报》有建筑评论版，会持续地、正式地去讨论和介绍一些东西。这个在中国太缺乏了。有人问我说，中国有建筑评论家吗？我觉得基本没有。有建筑评论吗？那倒也还有，谁写这些评论？往往是这些建筑师自己。

（人物摄影／施政　　作品图片由王澍先生提供）

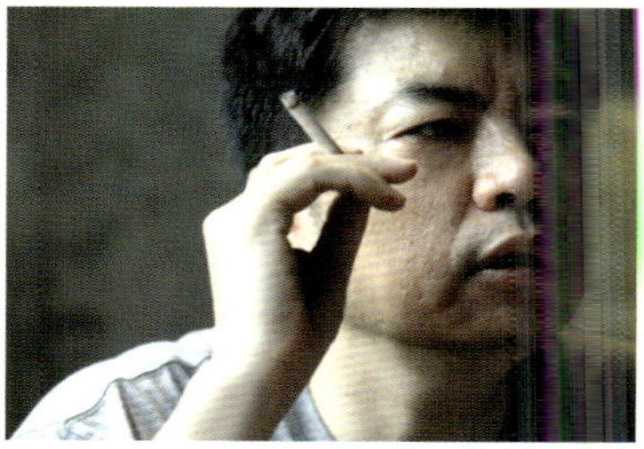

钥匙就是开门的

刘家琨

当代最活跃的青年建筑师
1982 年毕业于重庆建筑工程学院建筑系，分配至成都市建筑设计研究院
1987 – 1989 年四川省文学院从事专业创作
1999 年成立成都市家琨建筑设计事务所

2000 年首届梁思成建筑设计双年展
2001 年德中文化年，土木 – 中国青年建筑师展，柏林 AEDES 画廊
2003 年法中文化年 – 中国新建筑，法国，巴黎，蓬皮杜中心
2005 年意大利帕尔马建筑节，意大利，帕尔马
2006 年荷兰 NAI 中国当代建筑展，荷兰

近期作品
艺术家工作室系列设计
犀苑休闲营地
鹿野苑石刻博物馆
摩托罗拉成都软件中心
重庆四川美术学院雕塑系
上海青浦建设展示中心
四川安仁建川博物馆聚落
中国国际建筑艺术实践展客房中心（南京
成都锦都商业院街

→ 鹿野苑石刻博物馆

八个一模一样的问题

一、您所以为的“中国气质”和“中国气质的建筑”是什么？

到底是“中国传统气质”还是“中国气质”？我看中国人都是中国气质。不是很好定义它，要做一个历史性概括好像也挺难的。以前那种平稳的社会，那种精雕细琢，是中国气质。当代这种“快速建造”也是“中国气质”啊，所以我反过来问一下：中国人是什么样的？什么样的气质才是中国人的气质？房子是根据人的需求和愿望来建的，以前的房子肯定是反映当时的愿望的，现在的反映现在的愿望。不管过去还是现在，都是根据人的需求来做的，都是直接反映当时人的愿望的，所以我觉得这问题首先根本不是一个建筑问题，而是一个社会学、人类学问题。先要定义中国人。

关于中国建筑大致可分为三个状态吧，一个是有几千年历史的传统状态，以及民国以后西学东渐，外国的东西进来一点点的过渡状态；然后是1949年以后，说白了就是30年计划经济的状况；包括十大建筑的那种宏大叙事啊，工厂啊，学校啊，筒子楼啊，工人新村呐，这些都是非常明确的计划经济时代的。再就是改革开放以后，一个多元化状态。这种状态似乎是和民国时期那个状态有一点点类似，但是强度完全不同，那时候经济什么状态啊，而现在经济腾飞，所以只是“对外开放”这么一点点相同。或者换个角度说传统状态和计划经济时代都是闭国的状态；民国时代有一点点开放的状态，现在就是大开放的状态。但既然强度不一样，就什么都不一样了。这个时代的中国人就在这个时代中重构自己的气质吧。

二、您最喜欢的中国建筑有哪几个？请举例说明，并说明理由。

故宫啊，天坛啊，一些民居，一些村落。喜欢什么不用理由。

三、您在日常生活和居住中的“中国习性”有哪些？

我觉得都是中国习性。我“身在庐山中”。

四、您最喜欢的中国传统艺术样式和最喜欢的中国器物是什么？

我喜欢昆曲，京剧、二胡也挺神的。不过也就是一般喜欢，不是爱好。

我还喜欢收一些“这么大的东西”（用手势比划）。是个关于尺度的比喻主题。

五、怎么看待建筑在时间里的概念？

其实我真是生活在当下。我以前出一本书就叫《此时此地》。关于传统这个问题，我比较谨慎。中国传统大宅，我知道那是财富，但是那是过去的方式，它本身就是必须在占有大宗资源的条件下才允许的，大宅子占有的资源对当代来说太奢侈了。当代多少人啊，资源状态和当时一个大宅子占有的资源状态完全是两种不同的社会条件。传统建筑、大宅子是那个文化下的一个结晶，是一个挺棒的东西，也挺珍贵的，但是现在要鼓吹占用那么多土地修一所大宅子，和我们当下关注的问题，密集生存所面临的人均资源问题，是有冲突的。

六、对古建筑的保护与修复的看法？（包括对一些在原址上重建项目的看法）

国家有清楚的政策，譬如“修旧如旧”、“本真性”等等，我拥护国家政策。

七、对中国城市现状的看法和建议？

如今时兴对中国城市提些看法，其实都是盲人摸象。说也没什么新鲜的，说也白说，反正就是高速建设时期的混乱嘛，但愿这是阶段性的，但愿以后乱出点名堂来。

八、对中国建筑师的建议？

针对自己面对的真实问题认真自信地去处理。

1　建川博物馆文革之钟馆

钥匙就是开门的

Q：你如何理解建筑中的戏剧性？

戏剧性。要吸引人，要动人，好莱坞那个模式，“5分钟一个小高潮，10分钟一个大高潮”，“到19秒的时候一定要有音乐起”……这是电影工业。建筑是一个全身心的进入，不是存在一个表面上看的。设计一个房子要有一个接受，不是一个线性的接受，到这儿，10分钟了，一个高潮；9秒了，要一个音乐；它不是这样的。因为别人可以从后门进来，也可以不进入就这么看，“瞬间接受”，而不是一个“线性接受”。

↓ 中国国际建筑艺术实践展客房中心模型（南京）

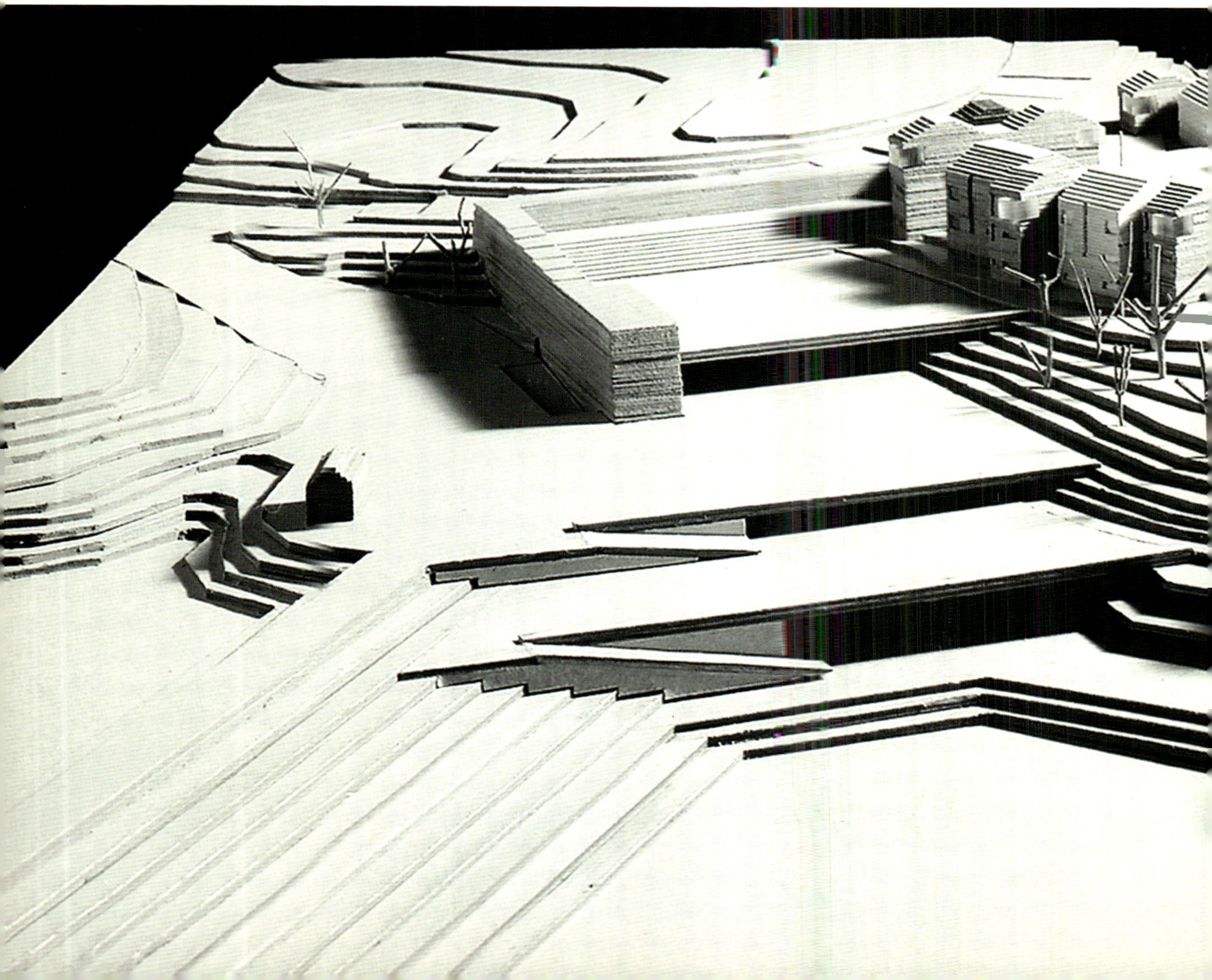

我认为物质性更重要。就是同样的东西带给别人新的感受，但是除了空间之外，两种物体并列也会产生很强的效果。双重阅读，诗里面两个词的错用，两个词的并列，“抽象内感”，我挺喜欢。通过你的材料，也许会造成一个共通性的感受。一首诗里也许两个词的并列让人觉得有什么震颤，建筑方面，两种材料的非规范运用也会造成那种震颤，这个差不多。而且它不象写一个应用文或者散文那样告诉你明确的意思，它不是几个词并列就给你一种说不清楚又很清楚的感受吗？这个有点像建筑。而且它就是它，就在那儿，它就是你通过几个词的组合或并置产生的一些东西。这个也是戏剧性的。

Q：你如何处理关于现代和传统的、乡土的建筑材料问题？（比如鹿野苑石刻博物馆）

鹿野苑是要讲一个“人造石”的故事，因为它是石刻博物馆嘛，我们要加强这个主题，用清水混凝土做的，清水混凝土就是“人造石”嘛，但是没有乡土什么的。当时只要用农民来修建这个东西，其实我就是针对一个没有什么属性的一个材料，你说清水混凝土是哪儿的？中国的？不是 到处在用。我就喜欢它这种广普性，而不是说它是“中国”的。然后又用中国农民的一种办法来解决它，鹿野苑你要把它说成是乡土啊，本土啊，也可以这么说。

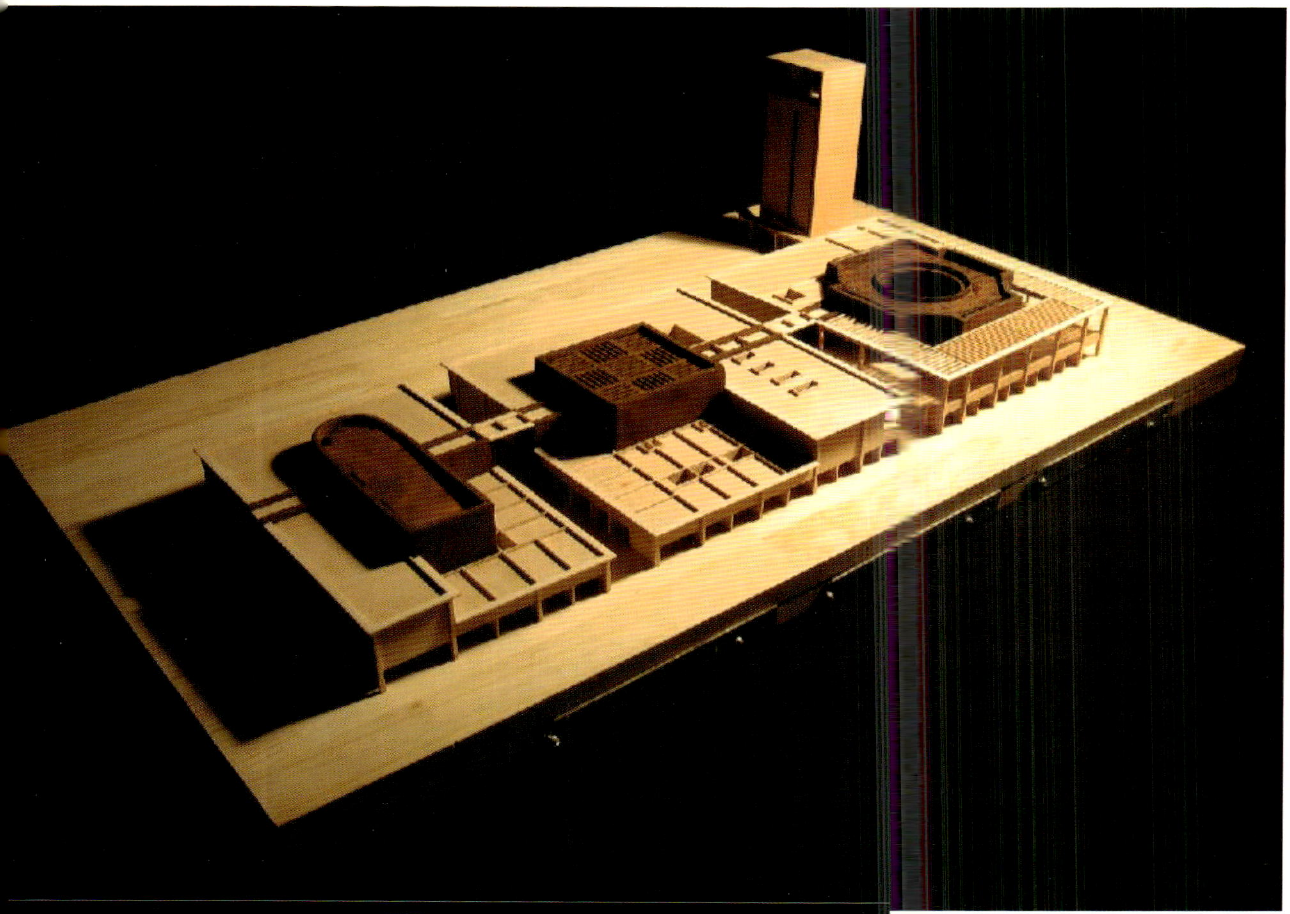

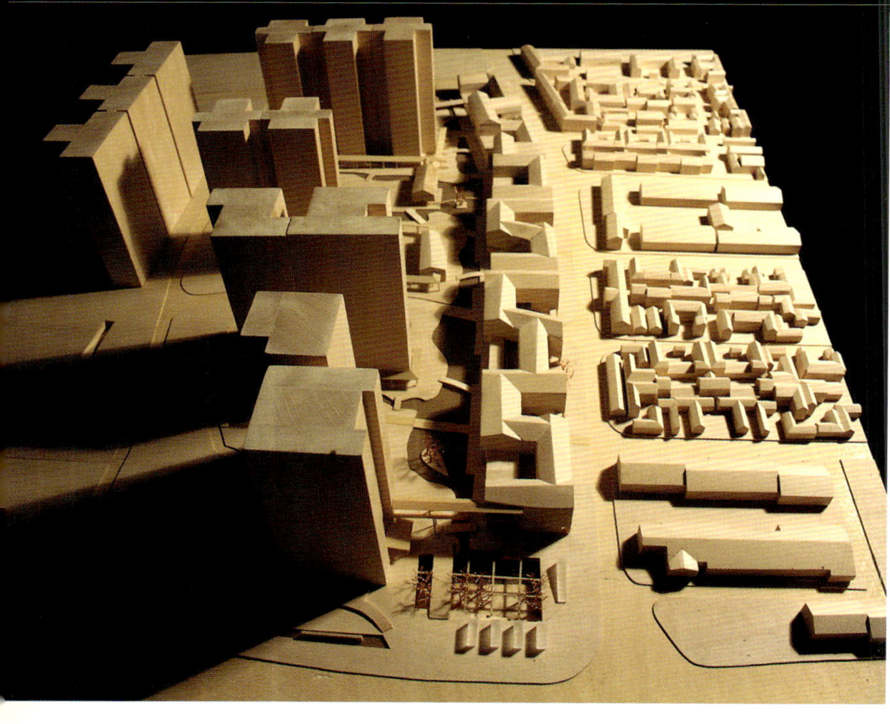

建川博物馆文革之钟馆模型
锦都商业院街模型
鹿野苑石刻博物馆

Q：在你身上，文人情怀与特殊的叙事话语是如何渗透在建筑设计之中的？在你的个人体系里，写小说和盖房子之间是否存在着一种共同虚构与“互文”的关系（比如说《明月构想》）？

刚开始做建筑的时候，我还想文学和建筑发生点关系，我觉得关于一个线索、一个路线可能能发生一点浅薄的关系；但真正做了这么十几年，它们的不同对我更重要。所以好的文字，就说出除了文字什么都不能说的东西；同样好的建筑，也是说出除了建筑什么都不能说的东西。一个东西不是另一个东西的譬喻，“它直接就是”，“它不是苹果，不是……它直接就是”。做什么事情你用最锋利的事情去做，而不要拿着这个套那个，就像以前谁写的，“钥匙砍柴，斧头开门”，就是不要这样。钥匙就是开门的。

《明月构想》里面，建筑只是个“元故事”，它有个乌托邦在里面。其实是写一帮人，到一个地方造城，那个时候在计划经济时代经常有这样的举动，不管是在中国还是在这些国家，“共青城”啊，哪儿哪儿“平地起新城”啊，这其实是乌托邦，我只是把乌托邦这事儿和建筑的乌托邦连在一起了。那时候写法也是无厘头的，就写“乌托邦”、“反乌托邦”的关系，建筑只是里面的骨架。还有建筑是小说里面的一个视角，因为我觉得好多作家写的东西没有空间感，然后你要找一个角度和其他人不一样嘛，从别人没接触过的角度进入一个事物的方式。好多人也写作这样的主题，但不一定从建筑这个视角进入，这个我比较熟悉，我也可以有一套和别人不一样的质感，也会自然地用到一些别人不知道的词。我觉得从一个不是学文的，而是工科的、数学的、医学的，从这个角度去干这个事情一定有不同的界面。

我也不是一个职业写手……我进过文学院，但是进去之后一篇东西都没写出来，我不知道那个职业的写作圈子是那样的。一进入那个好象我正儿八经要写似的，开什么“笔会”啊，讨论“构思”啊，我就觉得……开三天笔会，就有几个月的“文学厌恶症”。所以我说“不职业”。现在，我觉得建筑是“职业”。我现在虽然搞的时间有点短，中断了好多年，但是现在我可以说我是“职业”的。

写小说和盖房子之间，“无中生有”算是个共同的东西吧，这是个挺重要的事情，乐趣在这儿。其实建筑师干不了很多事儿，很多事儿都是别人在决定，但是最后这一下，在一块地皮上，什么都没有，你就弄了个“无中生有”。不管它差不差，但是你不是做了一个“小世界”吗？不是有人住进去吗？你不是沾了点“造物”的边吗？操控了一个“小世界”，不管这个“小世界”好不好、坏不坏，但是人住进去了，那就重要了，所以我说建筑师是重要事情里的小人物。

Q：你有过新疆、西藏的生活经历，然后定居成都，你觉得身处的城市环境对建筑设计概念有哪些影响？

我不必天天都去考虑国际，因为你躲都躲不掉；我也不必时时都想到地域，因为你天天都在这里。至于成都，是一个向上看得见国际动向，向下离乡村和传统不远的城市，在这里生活也有其优越性。

以前去新疆做了一个建筑（新疆塔里木石油文化中心）然后就回来了，那个建筑本来是一个文化中心，但他们喜欢幕天席地唱啊，跳啊，所以根本不想到一个有屋顶的房子底下去干点什么。听说现在是给牛和羊住的，我觉得那也挺好。

Q：你认为个人工作室和真正群体意义的住宅设计之间的最重要的区别在哪里？

住宅挺实的，房地产那种什么样的套型，是经过总结以后，这个针对的人，他的生存情况、他的资源情况。如果给人做一个（房子），有点像肖像画一样，要根据他个人的状态，比如说罗中立的，何多苓的、这只是跟他个人有关的。那个事儿很实在，很细致，再细致就得细致到家庭装修了，你得听那个家庭主妇的，一般我们还不太听那个男主人的，有时候男主人比较粗一点，家庭主妇细致，因为那是她的地盘嘛。所以都是很实在的事儿。

如果咱们讨论讨论"国六条"，90平方米，按建筑面积算，把公摊什么刨掉，还有60、70平方米，还要住进那么多人去，几房几厅，建筑师干不了多少事儿。它就是一个社会需求机能。实际上还是甲方说了算，领导说了算；领导的后边是谁说了算？是社会的动向说了算。那一层一层下来之后，社会动向后面是民众的意识，建筑师可以影响一些，就是民众的意识，我们把这个圈儿倒过来啊，民众、领导、甲方、建筑师，这是交互的。

Q：你怎么看待在建筑设计中的财富倾斜、文化倾斜与影响力倾斜问题？

我们建筑师去设计一个豪宅没什么问题啊，没什么道德问题。但你说我多愿意去设计吗？也不见得。因为从关注的点来说，集合住宅就是我关注的。现在"国六条"下来，不管它对不对吧，也许根本不该这样，国家应该用税收来解决问题。让开发商修小的（90平米以下），可能是一个更加粗暴的干涉，但是确实存在这么一个硬伤，尖锐的问题，资源紧缺的问题。建筑师其实就是把社会愿望赋予这么一个角色，你不能指望一个建筑师给出一个社会方向，建筑师根本就不是这样一个人。

（人物摄影／唐浩　作品图片由家琨工作室提供）

← 鹿野苑石刻博物馆草图
→ 四川美术学院雕塑系及模型

常识与美学

艾未未

前卫艺术家

“中国艺术文件库”艺术总监

1999 年开始在北京草场地建造自宅，被多家国际知名建筑杂志给予了很高评价

他以艺术家的身份切入建筑领

他的作品所展现的美学风格正是基于他对生活和世界的独特理解

1978 年北京电影学院

1979 年第一届《星星画展》，中国北京

1981 年 parsons School of Design，Art Student league，美国纽约

1988 年个展《旧鞋 · 性安全》美国纽约

1994—1999 年主编出版前卫艺术刊物“黑皮书”(1994)、白皮书(1995)、灰皮书(1997)北京

1998—1999 年“中国艺术文件库”艺术总监

1999 年 第 48 届威尼斯双年展，意大利

近期作品

草场院子（自宅）

中国建筑师走廊（景观）

艾青文化公园

金华乌江大坝

· 草场院子（自宅）

八个一模一样的问题

一、您所以为的“中国气质”和“中国气质的建筑”是什么？

这问题呢，如果我们把它缩短一点，谈“中国”，先别说后面的“气质”，那你认为中国是什么样的？我觉得呢，这个问题是一个非常复杂的问题。这是一个事实，这是一个，几乎就是如同寻求真理一般的一个情况，尽管我们都是中国人，但好像这是几乎无法说清、不愿说清、或者不允许说清的一件事情。我觉得这是中国最大的一个问题所在。今天，就说当人对“真”、对“事实”的寻求设置障碍，或者是说主动地、或者被动地放弃这些事实的时候，那么实际上，美学的依据已经消失了。就是说，所有的“善”和“美”，基本上首先要建立在“真”之上。在这些最基本的概念上，中国的美学是非常混乱的。

如果说中国人的特征的话，我觉得是一个是非观不强的社会，它不太强调是非的问题，实际上呢，道德原则也是不强的。你看中国的事情你要看成语，它都有不同的系统、不同的层面来谈同样的事情。同样一件事情，可以有完全截然相反的和不同层面的说法，这个非常丰富，造成一个文化的模糊性，和不确定性，和无原则性，标准非常的复杂。所以说，我是一个人格分裂的人，有若干体系，那么这些体系其实是处在一个自相矛盾和混乱的状态下，是处在一个非常模糊的、不确定的、不可用一条标准来解释的状态下。那么我觉得这个状态和中国的状态很接近。

概括一下来说：混乱、无理性、甚至疯狂。我还觉得比较愚昧，因为它离事实太远了，或者很陈腐，因为它所依附的价值系统早已不存在，或者说从来没有过。建筑是一个非常需要直观和正常的感觉的一个系统，它不是一个造型，不是一个唯美的东西，它是一个实用的，跟社会、政治、和所谓“气质”有最大关系的一个东西，那么这个气质是直接反映在建筑上的。我觉得这才可能是具有“中国气质”的建筑的一种品质。

二、您最喜欢的中国建筑有哪几个？请举例说明，并说明理由。

如果说中国建筑，我觉得它有非常强的魅力，它的魅力主要在于在漫长的历史上，曾经产生过最优秀的体系，曾经产生过这种非常智慧的、因地制宜的、因陋就简的方式，无论从皇宫的建筑到百姓的，它都有非常强的伦理体系和结构体系，这两块几乎都是没有什么其他建筑能够超越。

它的伦理系统，造就了人们赋予所有的尺度以含义，赋予所有的形态以含义，没有一个民族像中国一样，对每件东西都是具有非常清晰的含义的。这含义是跟身份、跟拥有者的品行有着直接的关系，但是同时呢，具有非常强的一套心理的逻辑，情感逻辑，它始终认为自然界的最好的东西具有一种神秘性。那么这种特征在封建社会的建筑当中，不光是建筑，家具、日用品、服装，包括人的动作、行为、姿态，到一个眼神，包括人的每一个动作上都有含义，甚至包括园林、建筑的结构，都与这个系统有一种不可分割和严谨的对应关系。更不要说中国人对材料、对自然界的风，雨，水，山，再加上易经，风水，所有的这种理解，包括对“君君臣臣父父子子”这种系统使它成为一个非常严谨的体系。

具体的建筑我一个都不喜欢。但是这并不影响我对中国文化价值的判断。所以我最厌恶那些人说他们喜欢哪个建筑，但是他们对整个建筑根本不理解。我觉得那是一种非常简陋的做法。

三、您在日常生活和居住中的“中国习性”有哪些？

家只是个人品质的一个延伸，只是一个外延，就好像我们选择穿各种各样的衣服，我觉得很简单，一个是你的情绪一个是你希望别人怎么看你。我觉得家庭它无非是让你自己感觉到舒适。但自己是什么就是非常难的。谁敢说什么是自己呢，对不对。那么自己是一个人，他具有自我特征，但他所有的品质是与生俱来，再加上他的学识和知识结构所形成的一个美学系统，这两块儿你可以称之为自己。但在中国现有社会条件下，我们没有太多的自己。

→ 艺术家家中，背后是由明清家具做成的装置作品“古家具新形象”，脚下是清朝庙里拆下来的梁栏。

→ 草场院子（自宅）

四、您最喜欢的中国传统艺术样式和最喜欢的中国器物是什么？

艺术品是美学表述的一个物，支撑它的是一种美学。如果说物的话，太多了，汪洋大海一样。像玉器，商周的铜器，那个时候的所有东西，都有非常强的美的造型和美学理念在支撑着它。从新石器时期，中国就对玉、对神秘的抽象形体像玉璧、玉琮这些器物有着很大兴趣。这是值得骄傲的早期的一个成果。

我对玉器是喜爱的，早期的玉器，对周代以前的玉器我有一些收藏。它完全不同于今天关注的系统，完全是两个系统。神秘性是吸引我去的一个最大的理由。就说你手上拿着一块古代的玉的时候，你就很难想象生产力在当时的那种情况下，一个人他要花如此之大的力量去征服这么一块石头，然后在上面刻出有含义的图案，而这个图案和几千公里以外另外一个地方是一模一样，有着同样的规矩，有着同样高超的制作能力，这让人是不可想象的，到底是什么东西使他们在一个规定的图形下又达到了工艺上的最自由的程度。

我们永远地失去了那一块地方，我们只知道在人类行走的过程当中做过一个非常优雅的、漂亮的动作，电影里一个非常让人不可忘记的一个眼神，但是它最大的特征是永远地失去了，我们才有这种感受。但是物质文明正好是承载着让你有思考的可能。

五、怎么看待建筑在时间里的概念？

时间实际上是时过境迁吧，对待时间，时间当然是一个暗藏潜在的因素，但是呢还有一个文明的问题，就是文明像一条河流一样，它在不同时间经过了不同的地点，它已经从它的源头进入了另外一个区域，它的地貌不同了，它的土质不同了，气候不同了，我觉得这个是不可回头的一件事情。在建筑上也是一样，它是一个不可回头的一个过程，那么一个时代必须为它自己这个时代的人、它的状态制作出新的可能性。因为美学的特征在于它在“此时此地”，或者是“彼时彼地”等等。

六、对古建筑的保护与修复的看法（包括对一些在原址上重建项目的看法）？

第一，修复的理由，人类是要有记忆的，那么这是一份文化的遗产。所谓遗产就是说，尽管今天我们不这样做了，不用它了，但是它记录了我们是从哪儿来的，这是很重要的。

其次是怎么修复，修复就是说尽量不修复，只要不让它往更坏发展下去。修复是一个非常悲惨的事情，意味着它的生命力已经不能够支撑自己，不管是遗产还是活人，都不能够支撑自己。那么这个逻辑很简单，它是要死的，但是我们尽量让它晚点死。我觉得一块地方坍塌，也比做新的好，因为做出一个新的已不是它。这个前提已经变了，这是一个原则性的问题。就是说，如果你说它是有价值的，那你就要认识它的唯一性。我刚在云南看一个庙，那简直比拆了和烧了还要坏，它就是重新做了一个新庙，那就说中国人在美学系统上是有问题的。美学系统这么简单的问题，文物系统、文化系统，什么啊，更不要说领导干部了，全都不懂。然后以修复的名义，最后一次，毁掉了那些中国有可能留下来的东西。一个东西，败落在那儿，它是有尊严的，死亡是有尊严的。你要把死亡扮成一个活人，这是一个最可笑的事情。那么如果人类不敢承认死亡是有尊严的，败落是有尊严的话，那是美学上出了问题。

七、对中国城市现状的看法和建议？

中国的城市是没有市民的城市，这不是一个真正的城市。什么是市民？市民是一些有着各种目的、有着各种可能性的人群，他们的利益是完全不同的，这些人群必须聚集在一起达到某种强度，它才会具有丰富性，具有互相索取的可能，互相给与互补的可能。那么中国不是这样的社会，这一切在中国所有的城市是一张图，除了几个殖民地城市，上海，或者是青岛，这些曾经被外国人设计过的城市，带有某种成熟的城市的规划的可能性。那么凡是在中国所谓的纯规划体制下形成的这种城市，都是一张图形成的，就是非人性的、非理性的，这种不适合城市发展的，不适合它生长的。城市是需要生长的，你不能一天设计出一个城市，你要留出很多可能性，是为了明年后年十年二十年五十年以后的，那么当这些东西都被切断的时候，它就是一个死亡的城市了，但中国大多数城市就是一个疯狂和死亡的城市。

八、对中国建筑师的建议？

我觉得建筑师也好，一个人也好，我觉得应该尊重自己的时代。尊重时代就是说你处在“此时此地”，应该清楚地了解我们是什么样的生活，我们是怎样一群人，我们经历过什么。因为建筑是一种改善的工作，你能改善什么，你能提出什么样的标准，这个标准是你信任的标准，而不是简单的。因为中国的建筑教育很差的，他们都知道很多大师，然后他没出来之前就想做出什么了不起的作品，实际上他们狗屁不是，我说你出门的第一块砖就把你绊倒了，然后你再爬不起来。

建筑，我觉得并不是有机会就能做好。事可大可小，你一天只需把一件事做好，如果这件事还没做好，很简单，是跟人的觉悟程度、做事的要求、控制能力和美学是有很大关系的。就像现在社会提倡的“创新”，今年还是“创造力年”，这完全是不了解什么是创新。创新是离不开自由的，你没有自由的灵魂你说我今天想创新，那开什么玩笑啊？

艾青文化公园
金华乌江大坝

建筑的核心就是常识与美学

Q：在你的建筑作品中（包括草场院子、景观、艾青文化公园、乌江大坝等），你所认为的“中国气质”是如何体现的？

我从99年开始做建筑，在6、7年的时间内做了将近40多个项目。我不是一个受过建筑训练的人，电影学院没读完，艺术学院在美国也没有读完，然后中小学的时候基本上是劳动，我们那时候没有什么真正正常的教育（文化大革命的时候），所以我是受教育程度是非常低的一个人。

↓ 草场院子（自宅）

那么我怎么能做，为什么能做？我觉得建筑不是一个需要很高的专业知识的一个行业，那么我认为在当中更重要的是你个人的能力，处理问题的能力、判断能力和对美学的接触。我从事艺术行当很多年，那么我的动手能力很强，因为我从小必须做很多农活，或者是跟建筑有关的活，比如说打土坯、烧砖，或者制作一些东西，我很小的时候已经具有这种生存能力，或者说改变自己生存环境的能力。那么我做建筑最初无非是没把它当作建筑，对我来说是一个非常简单的事情。所以这对我来说不是一个障碍，因为我没有职业，没有行业特征，所以对我来说做任何事情都是很自然而然的事。就是我的事情只分我要做的或是我不要做的，我不管它是摄影还是电影或是建筑，还是其它的什么东西。因为做的同时是我寻求快乐的过程。

那么我为什么做了这么多项目，是因为我做了这些东西以后，引起了很大的关注，然后不断地有人问我说能不能帮我做这个，我说当然可以。但这一切基于我对一个我不熟悉事物的兴趣。做建筑仅仅是我做艺术的一个延续，它是一种表达的方式；这个表达方式给别人一种感受，或者接触的可能，它就这么简单。

作品的类型非常之多，公建，有的是水利，有的是景观，有的是所谓的城市规划，有的是室内设计，也有住宅，也有雕塑，各种类型我都接触过了。对我来说对世界就一个看法，我的判断也只是一个。

在所有的问题上，我最终都要回到一个基本的判断上，回到一个对世界最基本的看法上。还有一系列的常识对与错。这些判断都是很重要的，我认为我可以做任何事情。因为我是一个人，上帝在创造我的时候已经把我的基本品质规定了，来到这个世界上必须面对任何事情。没有一个概念能够比“人”让一个人获得更多的东西，也就说，它已经包含了一切。对我来说如果能够用一个“人”的方式更加纯粹地来对待一个事情的话，我尽可能地……或者说我觉得我很幸运能够这样。

Q：以艺术家身份介入建筑设计，在你看来是一样特别的技艺还是在未来世界人人皆可的？

我相信可以，而且只有这样才是合理的。当然社会是不允许这样的，但是逻辑上是这样的。比如说耶稣是生在马槽里，事实上这个很富有含义，那么如果没有这个马槽，那么我们就无法想像那个场景是怎么样的，那么马槽实际上就是他最初的一个家。这个家它可以是另外的一个形态，可以是马吃东西的一个地方，对不对？所以说我们所谓的美学及美学的“和谐”，这些市面上通常说的屁话是没有任何含义的。真正有含义的在最早的神话和诗里已经讲得很清楚了。

Q：明清家具在你的作品中展现了奇特的活力，你认为自己是在现时和特定空间使它们“复活”或是为它们嫁接新的生命吗？

这是我长期的一个看法，或者我长期关注的一点就是我们的知识从何而来，价值，对、错，还有“伪”和“真”，它的某种关系。那么什么时候一个概念发生了变化，它变化的时候发生了什么，由于这个变化之后我们怎么再看这个东西，我觉得这些对我来说非常有含义，而且也很有意思。它阐述了美学的产生和美感产生的可能性，或者判断这种可能性，或者人的意识形态，如果人有意识形态的变化的可能性。我觉得在做这些作品的时候，我对这些问题比较有兴趣，一个原始概念变化的可能。

Q：当你作为“鸟巢”的设计顾问提出建议的时候，你认为是什么原因促使他们选择了你？你认为在你的建议中被采纳的最重要的想法是什么？

他们和艺术家合作有很长时间了，不止我，以前他们也和一个非常好的瑞士艺术家合作。赫尔佐格本人是有很深的艺术的底子，他从来就说“艺术是高于建筑的”，因为他认为艺术表达的自由是很大的，那么他曾经与波伊斯，德国很好的艺术家，一起工作过的。因为他知道我对中国的古代的历史比较了解，那么同时我对建筑是了解的，我了解因为我做过，我已做过不少建筑，热衷于建筑这样一个事情。

最初我当然也没有想到我会参与得这么深，他们做了一个明智的选择。他们做了一个比喻，艺术家像鹰一样飞在非常高的地方，可以非常严密地、非常哲学化地批判一个事情；建筑是脚踏实地的一个行业，而艺术是可以超然的，可以从绝对的角度来谈，从美学或哲学的角度，但是大部分艺术家知道什么不对，但他不知道怎么能够“对”。我觉得他对我的评价很高，用他们的话说：“我们还没有遇到一个人像你这样，既能够非常尖刻地发现问题，同时有解决问题的方法，使问题用另外一种方式同样可能解决”。这一点上我们的配合非常的顺利、默契，而且有成效。

在这个过程当中，重要的是他们给我了一个条件，就说他们有一个很开放的结构，就是我们有可能回到最初，那么什么叫回到最初呢？你来了以后你所有的观点都可以说，任何问题我们都希望你有一个你的观点，为什么可以？为什么不可以？那么怎么可以？在这个问题上没有什么建筑师会像他们这样做的，能够像他们这样的能够把自己降到最低程度的受众。

Q：设计公共建筑（包括大型公建、酒吧）和私人住宅（包括个人工作室、私人单体别墅）时，你分别拥有哪些微妙的心理？

完全不同，但是也没有什么大的不同，我一直考虑我是个“人”，那么我所坚持的都是一个人应该坚持的，那么我的常识比大多数人要好，就是我知道人是什么，一群人是什么，社会是什么，政治是什么。大多数人是不具备我这种可能性的，他们也是一个“人”，但很多人只是很局部地活一个人的生活而已，可以说我经过的和我的经历，都比很多人很多生都要复杂得多，所以对我来说非常容易，对别人很复杂的问题对我来说却一看就是很简单的问题。

艾青文化公园，我对这个公园作了简单的处理，没有任何纪念的含义。直到今天当地政府还说，是不是应该把艾青的诗放在上面，把他的名字放在那儿，我都否定了。我的设计很简单，是出自于我对事物的一个理解，公园就是绿地和树丛。最初很多人说，应该有指路牌，到处有诗歌，什么什么的，我觉得诗歌阅读的最好方式是一个人拿一本书坐在一个地方，而不是到公园里看这个诗，这不是一个很好的阅读方式。

Q：你认为当代的家族观念和邻里观念会通过居住建筑形态的变化而改变吗？

我说了一个观念，正好之前我在看另外一个文章，中国，是我们在自己的国土上失去了家园的一个国家，没有经过战争，没有经过灾难，但是每个人都失去了家园。因为我们每个人都搬了家，我们不可能跟小时候的同学在一起，我们熟悉的那个角落再不存在了，我们知道的那个停留的地方没有了，光线、那块影子、那棵树，都不在了。人类在历史上没有经过这样的时期，我们没有移动，但整个世界都在变了。真是像老毛说的，“坐地日行八万里”，今天就是这样的一个社会。

当然历史总是逐渐变得沉淀……但是在建立之前呢，我们应该先尊重这个文化，这个变换的文化，那么建筑师也好，知识分子也好，应该首先承认这是人类一个时期的一个特征，我们应该做出忠实于这个时代的一种特征一种美学。我觉得应该首先要处理，怎么样处理高的速度和大的规模、陌生的这种环境，怎么样可能促成我们说的理想，新的这种可能性，我觉得这个是需要的。那么既然它是需要的，那么大量的建筑师在自己的工作中仅仅是靠抱怨这件事是不可能的，你是一个专业人，你必须要提出相对好的可能性。

Q：你怎么看待在建筑设计中的财富倾斜、文化倾斜与影响力倾斜问题？

我觉得这分两个层面，一个是觉悟的层面，我们知道做什么。实际上一方面中国是一个非常强化的资本、权力的这样一个文化的特征；另一方面，这个社会仍然是被反科学 不科学或者是缺少科学的人所控制的。那么实际上是给好的建筑师留下了非常大的空档，因为建筑不是靠一个简单的观点来完成的，现在仍然有非常大的空档你可以将建筑门窗做好，把一个简单的阳台做好了，或是把采光做好，这种可能性太大了。我不相信真正有多少建筑师去做这些，大多数人都是在大的问题上遇到了障碍，在小的问题上是无能的。

大多数建筑师是在原则问题上缺少政治观点的，所以这些人只是一些知识与权力的会意者，因为他们没有在有可能的情况下推动一个更好的方式去影响社会。我觉得大多数建筑师没有这个能力，也没有去认识到这一点，这是一个很大的问题。

Q：你认为最适合当代中国人的生活方式和居住方式是怎样的？

人，怎么能够最舒服，首先要了解你是谁。那么实际上中国人，现在简单地说，几亿的城市人口，还有将近10亿的农村人口，还有着几千万的下岗的人，还有很多没有医疗费，无法上学。各种各样的问题，复杂的一个社会，严重的污染，严重的疾病，然后不断地付出未来的一些可能性，巨大的资源的缺乏，当然也有一些非常富有的、非常所谓时尚的、现代的状态和城市、区域。我觉得中国人没有对这个现实有一个很清楚的认识，单是追求快乐，追求舒适，这当然是可以的，这是每个人的一个权力。但实际上很难做到，因为人不是生活在一个封闭空间当中，你出门有邻里，下楼就有交通，那么再加上其他各种各样的问题，生活到底是什么，由什么来构成呢？它不仅仅是建筑和内部空间，确实是由一个社会的总体品质来构成的，那么这个社会的总体品质没有得到一个提高或者是进化的情况下，简单地追求个人的是不可能的。

所以我很难说哪种生活方式是好的，我觉得尊重自己的生活方式是好的，那就是你的情感，你个人的对世界的态度和原则，体现在你的生活的可能性上，而不是盲目去追求其它东西。我觉得这个是最基本的，也不可能有错。

（人物摄影／糜红恩　作品图片由艾未未先生提供）

附录

中国传统民居形态

胡腾

建筑起源于人的居住需要，因此民居几乎是和人类的文明同时发展起来的，它是历史最悠久、范围最广泛、形式最多样最基本的建筑样式。中国传统民居的风格常和当地的自然特点、人文风俗联系起来，并且，各地各时各族的古民居均具有自己的特点，组成了风格明显的体系。通过总体布局的变化，建筑空间的灵活组合，建筑造型的意匠和细部构造等的艺术处理，表现出强烈的民族特点和浓厚的地方特色，显示了丰富多彩的艺术面貌。中国地域辽阔，民居建筑形态多样，粗略统计民居形式不下四十余种。从空间组合考虑，可概约地划分为五大类，即：庭院类民居、单幢类民居、集居类民居、移居类民居、特殊类民居。

庭院类民居

庭院类民居应用最为普遍，是汉族、回族、满族、白族、纳西族，甚至包括部分蒙古族长期采用的民居形式，有着悠久的历史，是中国传统民居的主流。所谓庭院式民居即是以单间组成的条状单幢住房为基本单位，周回布置，组成院落，成为一种室内室外共同使用的居住生活空间形态。由于气候、传统及风俗习惯的不同，庭院式民居在具体表现上主要又可分成两种，即合院式和厅井式。

合院式 合院式民居的形制特征是组成院落的各幢房屋是分离的，住屋之间以走廊相联或者不相联属，各幢房屋皆有坚实的外檐装修，住屋间所包围的院落面积较大，门窗皆朝向内院，外部包以厚墙。屋架结构采用抬梁式构架。这种民居形式在夏季可以接纳凉爽的自然风，并有宽敞的室外活动空间；冬季可获得较充沛的日照，并可避免寒风的侵袭，所以合院式是中国北方地区通用的形式，盛行于东北、华北、西北地区。合院式民居中以北京四合院最为规则典型。完整的北京四合院是由三进院落组成，沿南北轴线安排倒座房、垂花门、正厅、正房、后罩房。每进院落有东西厢房，正厅房两侧有耳房。院落四周有穿山游廊及抄手游廊将住房联在一起。大门开在东南角。大型住宅尚有附加的轴线房屋及花园、书房等。宅内各幢住房皆有固定的使用用途，倒座房为外客厅及账房、门房；正厅为内客厅，供家族议事；正房为家长及长辈居住；子侄辈皆居住在厢房；后罩房为仓贮、仆役居住及厨房等。这种住居按长幼、内外、贵贱的等级秩序进行安排，是一种宗法性极强的封闭型民居。属于合院式的民居尚有：晋中民居，其院落呈南北狭长形状；晋东南民居，其住房层数多为两层或三层；关中民居，除院落狭长以外，其厢房多采用一面坡形式；临夏回族民居，其布局形式较自由，朝向随意，并带有花园；吉林满族民居，院落十分宽大，正房中以西间为主，三面设万字炕；青海庄窠是平顶的四合院，周围外墙全为夯土制成；白族民居，即大理一带的民居，其典型布局有“三合一照壁”和“四合五天井”两种；纳西族民居，与白族民居类似，但吸收有藏族的上下带前廊的楼房形制。

厅井式 厅井式民居是庭院类型民居中另一大类，其特色表现在敞口厅及小天井。即组成庭院的四面房屋皆相互联属，屋面搭接，紧紧包围着中间的小院落，因檐高院小，形似井口，故又称之为天井。天井内一般皆有地面铺装及排水渠道。每幢住屋前皆有宽大的前廊或屋檐，以便雨天时串通行走。同时一部分住屋做成敞口厅等半室外空间，与天井共同作为生活使用空间。其结构多用穿斗式构架。这种形式民居在湿热的夏季可以产生阴凉的对流风，改善小气候；同时有较多的室外、半室外空间来安排各项生活及生产活动，敞厅成为日常活动中心，而不受雨季的影响。厅井式民居是长江流域及其以南地区的通用形式，尤以江浙、两湖、闽粤为典型。太湖流域是桑蚕丝织之乡，民居亦具特色。苏州民居可为太湖流域民居的代表。它是由数进院子组成的中轴对称式的狭长民居，在轴线上依次布置有门厅、轿厅、过厅、大厅、女厅（又称上房）等。大厅是宴客团聚之处，上房多做成“门”字形两层楼房，为家眷的卧房。苏州民居大部分不设厢房，前后房屋间的联系是靠两侧山墙外附设的避弄（廊屋）来交通。主要天井内皆设立一座雕饰华丽的砖门楼，以表示房主的财富。富商大户的住宅多附设一座精美的花园，至今苏州宅园仍是中国古典园林遗产中重要的财富。属于厅井式民居的尚有徽州民居，它多为规整的三合院或四合院的组合体，且以楼房居多。东阳民居以木雕而闻名全国，其典型平面为“H”字型，当地人称这为“十三间头”。湘西民居是苗族、土家族、汉族共同的民居形式，因其为两层楼高，且周围有全封闭的高出房屋的封火墙环绕，远望如官印，称“印子房”。川中民居，其大门是开在正中间，俗称“龙门”，宅内装修、挂落、花罩等项皆十分考究。云南“一颗印”民居是昆明附近的民居形式，为方正小巧的四合院形式。泉州民居的特点是中部三进厅堂，而东西两侧建造南北的护房，当地称“护厝”，共同组成大宅院。此类房屋对潮汕、台湾皆有很大的影响。粤中民居的类型较多，当地中下层居民喜欢应用一种“三间两廊式”民居，占地十分节省。

单幢类民居

单幢类民居即是将生活起居的各类房屋集合在一起，建成单幢建筑物的民居类型，其中除厅堂、居室外，还包括有厨房、仓储、佛堂，甚至畜圈在内。这类民居建筑分布地域较广，现大部分为少数民族所采用。单幢类民居可细分为干阑式、窑洞式、碉房式和井干式四种。

干阑式　干阑式民居是一种下部架空的住宅，我国古老的建筑形式之一。它具有通风、防潮、防盗、防兽等优点，对于气候炎热、潮湿多雨的中国西南部亚热带地区非常适用，包括广西、贵州、云南、海南岛、台湾等地区。这类民居规模不大，一般三至五间，无院落，日常生活及生产活动皆在一幢房子内解决，对于平坎少，地形复杂的地区，尤能显露出其优越性。应用干阑民居的有傣族、壮族、侗族、苗族、黎族、景颇族、德昂族、布依族等民族。傣族民居多为竹木结构，茅草屋顶，故又称为竹楼。其下部架空，竹席铺地，席地而坐，有宽大的前廊和露天的晒台，外观上以低垂的檐部及陡峭的歇山屋顶为特色。壮族称干阑建筑为“麻栏”，以五开间者居多，采用木构的穿斗屋架。下边架空的支柱层多围以简易的栅栏作为畜圈及杂用。上层中间为堂屋，是日常起居、迎亲宴客、婚丧节日聚会之处。围绕堂屋分隔出卧室。侗族干阑与壮族麻栏类似，只是居室部分开敞外露较多，喜用挑廊及吊楼。同时侗族村寨中皆建造一座多檐的高耸的鼓楼，作为全村人活动的场所。村村各异，争奇斗巧，是侗族的一项宝贵的建筑遗产。苗族喜欢用半楼居，即结合地形，半挖半填，干阑架空一半的方式。黎族世居海南岛五指山，风大雨多，气候潮湿。其民居为一种架空不高的低干阑，上面覆盖着茅草的半圆形船篷顶，无墙无窗，前后有门，门外有船头，就像被架空起来的纵长形的船，故又称“船形屋”。景颇族、德昂族的干阑建筑的屋顶皆有民族的独特形式。而布依族的民居原来亦是干阑式房子，但居住在镇宁、安顺、六盘水一带的布依族，由于建筑材料的限制，则完全改用石头做房子，但其原型仍是干阑式规式。

窑洞式 窑洞式民居是一种很古老的居住方式，即是在黄土断崖地区挖掘横向洞穴作为居室。因为它有施工简便，造价低廉，冬暖夏凉，不破坏生态，不占用良田等优点，虽然存在采光及通风方面的缺陷，但在北方少雨的黄土地区，仍为人民习用的民居形式。按构筑方式可分为三种：靠崖窑、平地窑、锢窑。靠崖窑即是利用天然土壁挖出的券顶式横穴，可单孔，可多孔，还可结合地面房屋形成院落；平地窑又称地坑院、地窨院、暗庄子。即在平地上向下挖深坑，使之形成人工土壁，然后在坑底各个方向的土壁上纵深挖掘窑洞，也可以说是竖窑与横窑结合而成的民居。此式窑洞多流行于河南巩县、三门峡、灵宝和甘肃庆阳、山西平陆一带；锢窑为在平地上以砖石或土坯按发券方式建造的独立窑洞，券顶上敷土做成平顶房，以晒晾粮食，多通行于山西西部及陕西北部。目前中国的窑洞民居大致集中在五个地区，即晋中、豫西、陇东、陕北、冀西北。

碉房式 藏族民居俗称碉房，大多数为三层或更高的建筑。底层为畜圈及杂用，二层为居室和卧室，三层为佛堂和晒台。四周墙壁用毛石垒砌，开窗甚少，内部有楼梯以通上下，易守难攻，类似碉堡。窗口多做成梯形，并抹出黑色的窗套，窗户上沿砌出披檐。居住在四川阿坝和甘孜的藏族碉房，其木装修部分则增多一些。居住在甘肃南部的藏族则多采用青海庄窠形式，说明地区条件对民居的影响甚至比民族因素的影响更大。四川茂汶地区居住的羌族亦采用碉房形式，其外墙为片石垒砌，建筑密度极高，并附建有极高的碉堡及过街楼，防御性极强。云南红河州一带的哈尼族民居称为“土掌房”，为土墙、平顶、外墙无窗的两层楼房，这种体系应说与藏族碉房有着密切的渊源关系。

井干式 井干式和干阑式一样，也是我国古老的建筑形式之一。井干式房屋外墙和内墙都是用去皮圆木或方木层层垛起，木楞接触面做成深槽，利于叠紧稳固并防水。墙角处交叉榫接，中间隔墙的木楞也交叉外露，叠积的圆木粗率地暴露在外，不饰油漆，因形如井口，故称为“井干式”，也有叫做“木楞房”或“垛木房”的。古时候，井干楼的形式是很多，目前我国主要在东北、新疆和云南等林区有这种建筑。屋顶基本为悬山式。有的为了防风，有缝处抹泥以防风寒。屋顶有草顶、树皮顶，比较有代表性的大片顶。井干式民居以大分散小集中的形式组成村落，目的是为了防火。云南永宁纳西族村寨有典型的井干式民居。

集居类民居

集居类民居是一种大型集合式住宅，以它自己特有的构图模式去组合全族众多的住屋，构成雄浑庞大的民居外貌，多应用在闽西、粤东、赣南的客家人居住地区及福建漳州地区、广东潮汕地区。集居类民居的形成原因，主要是为了保卫集体安全和保持宗族血缘的紧密联系。每组住宅类少则十余家，多则百余家，内部配有水井、畜圈、祠堂、厅屋等建筑，聚族而居，把居住、祭祀、饲养、用水、防御等多项生活、社会内容全部包括在内，形成一个封闭的小社会。此类民居又可主要分为土楼式、围屋式。

土楼式 这种聚族而居的客家民居多为环形楼房，俗称大土楼。一般三－四层，木构架，外墙为一米多厚的夯土墙，底层置杂用间、厨房、畜舍，二层为谷仓，三四层住人。底层和二层对外不开窗，三四层开小窗，内部装修有的相当讲究。环形建筑围成的庭院是大家族的公共场所，祠堂和水井都设在院中。如闽西南南靖县梅林坎下的“不远楼”，永定县高头“承启楼”是典型而又独特的代表。福建永定古竹乡的承启楼直径达70米，住房呈环状布置，为四层夯土木构架的楼房，外观封闭，无窗或很少开窗，内院有套建的圆形附属房屋，中心为全族人共司的祠堂，内部有水井、粮仓，楼门关闭以后，全族人不依靠外援可坚持抵抗侵袭很长时间。永定湖雷、坎市、高陂一带尚盛行建造另一种聚居土楼，平面方形，层数由北至南递减，称之为“五凤楼”。此外，漳州地区尚有单元式土楼，由三间为一套的单元住房组成。

围屋式　这是一种平房式的集居类民居，通常是由堂屋和三堂屋为主体进行组合发展而成的一种大型的方形建筑群。广东梅县一带客家人喜欢采用“三堂两横加围屋”式，即中部三进厅堂，两侧为横屋（即纵向房屋），横屋北端接建一圈半圆形的围屋，形成全封闭的大住宅。属于此式的民居有围垅屋、潮汕地区的驷马拖车等。

另外，广东北部南雄、始兴一带的客家人尚喜欢采用一种行列式民居，亦是聚族而居的大家族式民居。

移动类民居

此类民居为某些以游猎为生的居民的住屋。最典型的移动类民居即毡房，俗称蒙古包。它是一种可以随时拆卸运走的圆形住宅，以柳木条为骨架，外边复盖以毛毡，适用于逐水草而居、随时移动居住地的游牧民族，广泛用于内蒙古的草原地带及新疆北部、甘肃、青海部分地区。不仅蒙古族使用，一些哈萨克族、塔吉克族牧民亦使用。

此外，甘肃、青海、新疆等地因夏季比较温暖，牧民们采用一种帐篷式房屋，称为帐房。内部以帐架支顶，外部覆以细羊毛毡或帆布。西藏、青海高原上的藏族牧民亦喜欢用帐房，但他们是以黑色的牦牛毡为覆盖材料。

其他特殊类型民居

其他种类民居包括新疆维吾尔族平顶式民居，延边朝鲜族民居，东北大小兴安岭林区、云南北部宁蒗地区、西藏墨脱县门巴族地区采用的井干式民居，东北鄂温克族在林区居住的帐式棚子——撮罗子，珠江口渔民居住的水棚，台湾土著高山族民居等，都是各具特色的民居形式。

其中平顶式民居应用较广，以南疆喀什一带最为典型。因当地干热少雨，风沙大，所以维吾尔族创造了一种土墙、土平顶，居室分为冬室和夏室两部分的民居类型。所谓夏室就是建筑前部有宽大的前廊，从5月到11月，全年大部分时间居民在此廊内做家务、吃饭、待客等，成为南疆居民生活的一大特色。居室内装饰华美，有丰富的石膏花饰及各种形式的小壁龛嵌于壁间。地面铺设地毯，席地而坐。

中国传统民居与文化

胡腾

中国传统民居的产生和发展，与中国的传统文化密切相关，它反映着古代中国人的生活状况、风俗习惯、宗教信仰、审美取向和社会意识。这其中，尤其是礼制思想、风水观念、自然意识和象征美学对中国传统民居的平面布局、空间构成、场景处理与细节装饰都产生了深远的影响。

礼制思想

儒家文化体系是春秋时期孔子（前551－前479）创立的，在汉武帝（前140－前87在位）时取得了官方的正统文化地位，被随后的历代王朝推崇。这是一种特别重视伦理关系的文化体系，是中国文化的重要柱石之一。它承袭了从商周以来逐渐完备的宗法制度文化，从社会现实关系着手，把人放在一定的人际关系中来定位如君臣、父子、夫妇、兄弟、朋友等，并注重相互间的责任、义务，即君仁臣忠、父慈子孝、夫教妇从、兄友弟恭、朋亲友信，从而把社会整体秩序放在首位，努力实现“经夫妇，成孝敬，厚人伦，美教化，移风俗”，进而渐渐演变成一套具体实在执着于尊卑等级秩序的宗法礼制规范。宗法礼制对中国传统民居的影响广泛又深刻。传统民居的聚落景观构成、建筑布局、营造规格、建筑装饰，无不透露出宗法伦理观念和礼制等级思想的气息。

“礼”的核心是建立一种等级制度，礼制思想在中国传统民居的体现即以等级关系为主要特征，分贵贱、辨尊卑成了中国传统民居突出强调的社会功能。四合院就是一种严格体现了等级制度的典型民宅。四合院的居住秩序受儒家礼制思想的影响，形成了中为尊，两侧为卑；北尊南卑；左尊右卑；前尊后卑的体系。四合院中，北房的中间是客厅或祖堂，东次间是长辈卧室，西次间是主人的卧室。东、西厢房由晚辈居住，长子夫妇居东，次子夫妇居西。南房做外客厅、书斋。厢房与南房设垂花门及矮墙，隔绝内外，形成内外院，妇女不出内院，外客不进内院。中型以上的四合院还常建有后罩楼，住未出嫁的女子或女佣，或做为杂用房间。四合院的门窗一致开向院里，门里门外都设有屏风或者影壁，外面看来相当封闭，里面的生活却自成体系。它突出长辈与晚辈、长子与次子、男人与女人的地位差别，体现了中国封建宗法制度“尊卑有序”、“内外有别”、“男女有别”、“主仆有别”的特点。建筑等级制度的影响在于它不仅导致了传统建筑类型的形制化，而且也促成了传统建筑的高度程式化。严密的等级制度把建筑布局、规模组成、间架、屋顶做法，以至细部装饰都纳入了等级的限定，形成固定的形制。汉族传统民居尤其如此。

礼制思想在中国传统民居中的另一突出表现，是礼制性建筑的普遍存在。礼制性建筑从类型上分，包括寺庙、宗祠、牌坊等。它们虽然不是用来居住的处所，但与住宅相比，在居住聚落中却占有更高的地位。比如宗祠在汉族地区往往是独立的院落，它不仅是祭祀场所，也是族人举行冠礼、婚礼、丧礼等多功能的家族礼制活动的场所。居住用房都是围绕祠堂而延伸分布和递进布置的。在很多聚落中不仅有整个家族的总祠堂，有些还有家族中每一个分支的支堂，成为民居建筑分布的多个中心。堂则是包含于住宅中的礼制性建筑。这种礼制性空间的堂，一直是传统民居空间布局的核心和重心。如浙江东阳卢宅的主轴线，即由肃雍堂、乐寿堂、世雍堂等一系列以堂为主的礼制性建筑构成。此外，牌坊是古代用于表彰、纪念的一种建筑物，各式牌坊同栏成为传统居住聚落礼制活动的见证。浙江东阳的雅溪牌坊群、安徽歙县的棠越牌坊群规模之庞大，令人叹为观止。

风水观念

风水，即堪舆，是伴随中国传统建筑文化应运而生的一种民间思想。

在古代大凡有建筑营造活动，首先要考察环境，从本质上说风水观念的主脉就是“天人合一”意识。堪舆学说倡导的“天人合一”观是通过堪舆实践对传统建筑营事活动施加的影响。大到城市建设、建筑的选址、房屋的立宅坐向、平面布局、空间组织分割，小到院、门、墙、路、天井、排水、装饰、绿化及禁忌等，堪舆学均有自己的“合一”审美原则。它将建筑营事纳入到天、地、人和谐感应的总体秩序之中，求取“天地人”的亲和浑一。风水理论深深地植根于中国传统文化，对中国建筑文化乃至传统的社会生活起着重要的影响作用。风水理论中虽然不乏迷信内容，然而它实际上却是地理学、气象学、景观学、生态学、城市建筑学等等合而为一的一种综合自然科学。

古人把住宅的凶吉祸福同宅主的盛衰安康紧密地联系起来，住宅的优劣首先要看宅址选择的好坏。因此在建房之前首先要请风水师看风水、定阴阳，也就是根据风水理论审慎地勘察宅址的地形、地势、水源及周围的建筑、植物、道路等情况。

一般的选址原则是：“近水向阳”、“负阴抱阳”。在选定宅址后，还要进行建筑布局的设计，等等。以山西民居为例，民居修建一般以坐北朝南为最理想，正房建在北端，卦位为“坎”，称“坎宅”。宅门修在东南“巽”方或正南“离”方皆大吉，如“巽门坎宅”则以东南方为伏位，排布吉凶星位，北向正房为“生气天狼木星”，上吉；西南向为“五鬼廉贞火星”，大凶，一般为厕所使用。在山西民居中，还随处可见风水楼和风水影壁。这些风水楼或风水影壁都建在正房窑洞的屋顶平台上，增加了正房的视觉高度，同时希望本宅能够高于其它宅院，镇住它宅，以接得自然界中吉祥之气。另一方面，正房上高起的风水楼或风水影壁使宅院与人体伸展双臂的姿势相类似。两厢如同双臂，正房如同躯干，风水楼或风水影壁如同头颅，这种自然的环抱姿势利于聚风敛气，也体现出传统“天人合一”的思想表征。

对于那些主房为木构坡顶的住宅，则在主房正脊中央建一小龛，是具有同等功能的精神构件。符镇是风水中避凶的主要方法之一，镇物的作用就是消除民居中呈现“凶兆”的各种不利因素，是在风水择居时无法避免不利因素后的弥补之举。镇物的形式很多，按照民间传统观点，八卦、宝剑、桃枝等物均具有避邪的功能，因此在山西四合院中常见诸如此类的砖雕和木刻图案，它们可以给宅主以心理上的安慰。此外，在住宅的某些关键部位，如路口直冲的地方常设“泰山石敢当”作镇物，这是源于远古时期对灵石的崇拜和信仰。

风水观念还对传统民居村落的规划布局也产生了重要影响。如浙江永嘉苍坡村的民居聚落，经过近两百年自然成长构成一个经规划而略带不正的形态，就是因为受到了风水观念中阴阳五行思想的影响。有学者考察后认为：“在苍坡村西边的山本应是属金平而阔的却成了属于火的尖锐山峰。在北面属水的地方，其实没有足够的水来克制西面的火和南面的本来的火。为了化解过盛的火，苍坡村东南方起了两个长方形池塘。而在村中纵横交叉的河水渠，相信是可以引水流过来克制火的威胁。”又如广东三水乐平镇大旗头村，其聚落选址的依据是“枕山、环水、面屏”的风水模式，反映了人们对兴旺发达的心理祈求。整个村落呈现为坐南朝北、前塘后村的总体布局，以合“塘之蓄水，足以荫地脉，养真气”的风水义理。

自然意识

中国传统建筑一向以取得与自然的协调而著称于世，对于此项特征，李约瑟曾经说过：“中国建筑总是与自然调和，而不反大自然”。自然观是人对生活中的可见的天然世界的认识。在中国古代文明的语言系统中，自然是自然而然的意思。老子以“道”为最高范畴，认为“道”是宇宙的本原而生成万物，亦是万物存在的根据，“道生一，一生二，二生三，三生万物”。庄子继承并发展了老子“道法自然”的思想，他认为自然界本身是最美的，即“天地有大美而不言”。在老庄看来，大自然之所以美，并不在于它的形式，而恰恰在于它最充分、最完全地体现了这种“无为而无不为”的“道”，大自然本身并未有意识地去追求什么，但它却在无形中造就了一切。这种自然观将自然看作包含人类自身的物我一体的概念，人类及山、水、花、草、鱼、虫等都属于同一物质世界体系。

这种自然观深刻地影响到古代中国民居的建筑风尚。它特别注重对自然的直接因借，与山水环境契合无间，建筑以环境为依托，以环境为背景，根据自然条件将建筑融入环境之中。以四川古民居为例，无论城市、乡镇，或是寺观、住宅，其选址都十分注重环境，布局自由、灵活多变。川西南部地区气候多雨、炎热，因此建筑空间处理开敞、流通，庭院、天井密如蜂房；又多设敞口厅、花罩隔断，内外空间交融，空间层次丰富。庭院常种树木花草，形成有院必有园的格局，具有“苔痕上阶绿，阶前草色青”的诗情画意。川西“一”字型、“L”型民居则用竹林、树木为界面，在房前围合室外空间，形成院坝。这种以室外空间为中心的布置原则，正是自然景观意识的反映。

中国传统民居聚落也极为强调与环境合为一体。无论聚落村舍处于丘陵、山地，还是处于平原、河谷，对环境都十分重视，或临河沿路，或依山傍水；小桥曲径，阡陌纵横；荷塘洼池，家禽成群；宅前屋后，林木成荫。建筑与环境达到了相互谐和与共融。如云南的丽江古城，契合山形之势，布局自由。道路街巷随水渠曲直而赋形，房屋建筑沿地势高低而组合，宛自天成，别具匠心，给人以自然淳朴、舒旷悠远之美感。又如安徽徽州宏村，整个村庄从高处看，宛若一头斜卧山前溪边的青牛。这种别出心裁的牛形水系设计，不仅为村民生产、生活用水和消防用水提供了方便，而且调节了气温和环境。

在民居的营造中，“虽由人作，宛若天开”成了中国古代建筑环境追求的意境。文震亨《长物志》中说：“居山水间者为上，村居次之，郊居又次之。吾侪纵不能栖岩止谷，追绮园之踪，而混迹廛市，要须门庭雅洁，室内清靓，亭台具旷士之怀，斋阁有幽人之致，又当佳木怪箨，陈金石图书，令居之者忘老，寓之者忘归，游之者忘倦。”李渔则说：“不能现身岩下，与木石居，故以一卷代山，一勺代水，所谓无聊之极思也。” 提出了民居所追求的环境意向以崇尚自然和追求真趣为最高审美目标。众多古代城镇和村落中，有大量依山循水、随势赋形的环境设计和巧于因借的景观创造，具体而形象地表达了中国传统民居的自然意识。

象征美学

所谓象征性思维，是用直观表现或具体事物表示某种抽象的概念、思想感情或意境的思维形式。中国传统思维的象征性特点与古人对宇宙整体的看法是密切相关的。《周易》作为儒道二家思想的共同渊源，借助于具体的形象符号，启发人们把握事物的抽象意义；借助卦象，通过象的规范化的流动、联结、转换，具体、直观地反映所思考的客观对象的运动、联系；借助六十四卦系统模型，推断天地人物之间的变化。这就是观物取象、立象尽意的象征性思维方式。这种思维方式渗透到古代民居选址布局和建筑营造等方方面面。如山西平遥古城，整个聚落布设有3000多口垛口，以象征儒家先师那里的孔门三千弟子，表达了对儒家文化的尊崇和颂扬。又如福建永定深远楼外环开间数量为72间，房间数量为64间，以“九八七十二”、“八八六十四”来象征族人既忠君又进取的优越感。再如浙江永嘉县的苍坡村，全村呈方形，象征写字的白纸；村南边有一个大水池，象征书写工具砚；水池旁特意安放的长条形石块象征书画用的墨块；而村落中的那条由东向西正对村西的笔架形山峰的街巷，称为“笔街”，象征一支置放于笔架之上的毛笔。整个苍坡村的村落空间布局和环境景观象征着笔、墨、纸、砚这为人所熟知的“文房四宝”，以寄托希冀后人才子辈出、人文荟萃的规划理想和愿望。

中国传统民居的象征性思维更加直接广泛地影响到传统民居的装饰装修。传统民居装饰总是“图必有意，意必吉祥”。民居图案的实质是以营造出吉兆环境为目的，以美的饰纹和造型来寄托祈福求吉的装饰设计，其功能和寓意涉及纳吉、祝福、除恶、警戒等。从形象或装饰意向的角度来看，吉祥图案分为动物纹、祥禽瑞兽纹、植物纹、人物纹、风景纹、几何纹等。这些吉祥图案一般不是对自然属性的摹写，更强调理性观念的形体，具有特定的象征寓意。表现手法大致可归纳为谐音、寓意和符号三种。一为谐音：即借音而述意。如“金玉（鱼）满堂”——金鱼和金鱼缸；“平（瓶）安如意”——花瓶中插着玉如意；“三阳（羊）开泰”——三只羊仰望太阳，开泰是交好运的意思，羊与阳谐音，又是吉祥的祥字略体。二为寓意：借一件物体或一组画面暗喻美好的事物。如：“四合如意”——由四个云卷状的如意头组合而成的图案，象征事事如意，四合即四方之意。“三多”——即佛手、石榴、寿桃。佛福谐音，寓意多福；石榴喻意多子，寿桃喻意多寿。“万事如意”——由两只玉如意和万字格底纹组成的图案，万字格寓意万事等。三为符号：由于民间美术创作的观念是个体意识与集体意识的统一，致使那些与创作者的切身利益相关的客观对象逐渐固定化为观念的替代物，成为特定的符号。如：万字不断头，唐武则天在长寿二年采用，有吉祥万福之意，延伸绘出各种连锁花纹，意为绵长不断，富贵不断头之称。

现存大宅第名录选

胡腾

许驸马府 位于潮州市中山路葡萄巷。宋英宗之女德安公主之驸马许钰的府第。许钰是唐宋“潮州八贤”之一许申的曾孙。始建于宋英宗治平年间（1064－1067年），历代屡有维修，但至今仍较好地保留了始建年代的平面布局及特色。主体建筑为三进五间，木梁建筑结构严谨，装饰古朴大方。为国内罕见的保存较为完整的宋代府第建筑。

孔府 旧称衍圣公府，为历代孔子嫡长孙——衍圣公的官署和私邸。位于山东省曲阜市内孔庙东邻。历代王朝尊崇孔子的同时，泽及后代，对其嫡长孙屡加赐官晋爵，使其成为中国历史最久的贵族世家。孔府始建于北宋，经历代不断扩建，现存宅园占地200余亩，有房舍480余间。建筑群设计遵循礼教与宗法原则，中贯轴线，左右对称，成三路布局。孔府是典型的官衙与内宅合一的贵族庄园，为我国仅次于北京故宫的贵族府第。

孟府 又名亚圣府，是孟子嫡系后裔居住的府第。位于山东邹县城南关，东与孟庙毗邻。始建年代约在北宋晚期，元时封孟子为邹国亚圣公，自此孟府亦称亚圣府，至明代已有相当规模。其建筑布局严谨，主要建筑分布在南北中轴线上，前后共有7进院落，前为大堂官衙，中部为内宅，后为花园，西路为孟氏家学“三迁书院”。

狮子林 位于江苏省苏州市。始建于元至正二年（1342年），原为寺庙园林，许多诗人画家来此参禅。至清康熙年间，寺、园分开，乾隆年间由黄熙重修，取名“五松园”。1917年，上海颜料巨商贝润生（著名建筑大师贝聿铭之叔祖父）购得，恢复“狮子林”旧名。狮子林园、宅、寺合一，住宅区以燕誉堂为代表，建筑高敞宏丽，陈设雍容华贵。传统造园手法与佛教思想相互融合，近代贝氏家族又把西洋造园手法和家祠引入园中。

丘浚故居 位于海南省琼山市府城金花村。丘浚是明代中叶的理学名臣、杰出学者，同海瑞一起被称为“海南双璧”。故居始建于明洪武年间，曾为多进式院落。丘浚于明永乐十九年（1421年）生于故居正室。现存建筑共有前后两进，有前庭、中院、可继堂，丘浚曾作《可继堂记》，为典型的明代风格建筑。

柳氏民居 柳宗元后裔的宅第。位于山西省沁水县土沃乡。柳宗元，河东解州（今运城）人，“唐宋八大家”之一。后柳氏之一大系隐居沁水县，耕读为本。柳氏民居始兴于明永乐四年（1406年），由柳氏后人柳琛中进士后选址建宅。嘉靖二十五年（1546年），柳氏后人柳遇春中进士，再兴土木，历经28载，建13院府邸，完成柳氏民居城堡式庄园建筑的营建。其院宅、祠堂、庙宇、楼台，以及木石雕刻、匾碣墓铭，都极具艺术和文化价值。

綵衣堂 即翁同龢故居。位于常熟古城区翁家巷。翁同龢先后为同治、光绪帝师，一生参与重大政治活动，被康有为誉为“中国维新第一导师”，对中国近代史产生过深远影响。堂始建于明代成化、弘治年间，清道光年间归翁同龢之父翁心存所有。它是一座具有典型江南建筑风格的官绅宅第，其主厅“綵衣堂”有江南地区保存最好的明代包袱锦彩画。

瞻园 位于江苏省南京市。始建于明嘉靖年间，原为明代开国功臣徐达七世孙太子太保徐鹏举府第的西花园。清乾隆皇帝南巡时，曾两次驻跸斯园，取苏东坡“瞻望玉堂，如在天上”，题名“瞻园”。太平天国定都南京时，曾先后作为东王杨秀清、夏官副丞相赖汉英和幼西王萧友和的府第。静妙堂为其主体建筑，是南方常见的两面临池的鸳鸯厅。被称为“金陵第一园”。

胡氏南、北宅子 位于甘肃省天水市。为明代天水“父子乡贤”胡来缙和胡忻之宅第。胡来缙由举人选为县令，官声甚好。胡忻为胡来缙之子，进士出身，官至太常寺少卿，曾多次直颜上奏，被誉为“北海瑞”。其南宅子建于明嘉靖至隆庆年间，为四合院形式三进院落。北宅子建于明万历四十三年（1615年），由6个大小不同的三合院、四合院组成。南、北宅子是甘肃省保存最为完整的明代民居。

豫园　位于上海市南市区。原为明代四川布政使潘允端私人花园，初建于明嘉靖三十八年（1559 年），万历五年（1577 年）扩建。潘允端，其父潘恩是明嘉靖朝刑部尚书，本人因权贵排挤从四川布政使任上退归故里，著有《玉华堂日记》。玉华堂是豫园的主要厅堂，是潘允端读书静修之处。全园建筑精巧，布局细腻，以清幽秀丽、玲珑剔透见长。豫园内还收藏上百件历代匾额、碑刻，大都为名家手笔。

赵用贤宅　明代赵用贤及其子孙居住的宅第。位于江苏省常熟市。赵用贤乃明隆庆五年（1571 年）进士，官至吏部侍郎，与其子琦美同为著名藏书家。此宅坐南朝北，原有轴线三组，今存为主轴三进房屋，宅内大木构架、梁枋彩画、雕花柱础、雕花踢脚砖和丁字斗拱等均为明代原物。书房曰"脉望馆"，即赵氏藏书处。是常熟现存最完整的明代民居。

吕府　位于浙江省绍兴市。明嘉靖年间吏部尚书吕本府第。为吕本退隐乡里后于万历十一年（1583）80 寿辰时所建。府第南向，共十三座厅堂排列组合而成，世称"吕府十三厅"。主体建筑永恩堂，匾额由明神宗所赐，原为正厅，吕本死后改作祠堂。建筑用材硕大，结构简洁，制作规整，彩绘清晰，风格朴素宏伟，是具有代表性的南方明代建筑。

青藤书屋　明代杰出文学家、艺术家徐渭的故居。位于浙江省绍兴市。徐渭，嘉靖、万历年间人，一生贫困潦倒，于书画、诗文、戏曲等领域均有极深造诣，且能独树一帜，对中国文学和艺术有着深远影响。明末画家陈洪绶曾寓居于此。此后此屋虽然数易其主，但仍然较好地保持了原貌。书屋坐北朝南，面积不足两亩，景观布局极为奇巧。徐渭曾自作《青藤书屋八景图记》以记之。

泰宁尚书第　明天启年间兵部尚书李春烨的宅第。位于福建省泰宁县城内。其父为商人，李春烨 16 岁中秀才，直至万历四十三年（1615 年）46 岁时方中进士，可谓大器晚成。尚书第始建于明万历年间至天启年间建成。整体近似长方形，它仿传统的九宫格式"三厅九栋"民居建筑排列形式，呈并列五幢，每幢数进的连片建筑群体。砖刻、石雕、木作装饰精美。为福建省保存最完好的明代大型住宅群。

世太史第　即赵朴初故居。始建于明万历年间，初为刑部给事中刘尚志私宅，后转他人。清同治三年（1864 年）为赵家所得，因赵氏四代相继为翰林故称"世太史第"。清光绪三十三年（1907 年）赵朴初诞生于此。赵朴初曾任中国佛教协会会长。主体建筑分东轴线四进，西轴线三进，建筑风格融北方建筑及徽派建筑于一体，富于浓郁的地方特色。

皇城相府　位于山西省阳城县。清代名相陈廷敬的府邸。陈廷敬是康熙朝文渊阁大学士、经筵讲官，康熙帝之师。皇城相府建筑群分内城、外城两部份，有院落 16 座，房屋 540 间，总面积 36580 平方米。其建筑依山就势，随形生变，层楼叠院，错落有致。内城始建于明崇祯五年（1632 年），外城完工于清康熙四十二年（1703 年）。是集官宦府第、文人故居与地方民居为一体的明清大型建筑群。

张溥宅第　坐落于江苏省太仓市。原为张溥伯父、明崇祯时工部尚书张辅之的宅第，后为张溥所得。张溥，太仓人，明代著名文学家、政治活动家，官至庶吉士，曾组织著名的文人社团——复社。始建于明代天启年间，现存三进组合式的通转走马楼房屋，较完整地保存了明代"尚书府第"的建筑风貌。

白云庄　位于浙江省宁波市。原为明末户部主事万泰的祠庄，后因其子万斯同世称"白云先生"，故名。清康熙七年（1668 年），明末清初著名学者、浙东学派创始人黄宗羲应万泰等邀请前来讲学，在此创"甬上证人书院"，一时名士云集、文人荟萃，以浙东学派的学术要地而驰名中外。万斯同师从黄宗羲，是清初著名的"布衣史家"。主体建筑坐西朝东，南面为万氏故居。

东山凝德堂　位于江苏省苏州市东山镇。堂主系明末著名医学家、温病学派重要代表人物吴有性，其所著《温疫论》开我国传染病学之先河。凝德堂坐北朝南，平面布局呈长方形，其前铺后宅的建筑形式，极富特色。宅内保存有完整的88幅明代建筑彩画，是该建筑的精华所在。凝德堂是明末清初东山地区以宅为铺行医诊病的重要实例。

朗色林庄园　位于西藏山南地区扎囊县。建于16世纪至17世纪西藏帕竹王朝时期。朗色林庄园是扎囊县境内一个封建大贵族的领地，这个家族的著名人物，包括多吉扎寺的两个活佛，大学者班禅·罗桑益西和原地方政府的噶伦。庄园规模宏大，现存建筑有主楼、外围墙、内围墙、雕楼、望楼、壕沟等。是西藏最古老的高层庄园建筑之一。

腰山王氏庄园　位于河北顺平县腰山镇。腰山王氏世祖王锡衮随多尔衮入关，属汉军正黄旗，是河北有名的豪门望族。到第六代族人王命召时，积累了巨大财富，成为大地主兼巨商。庄园始建于清顺治初年，康熙至乾隆年间不断增修扩建而成，原占地279亩，现保存完好的只有四分之一。主要建筑布局成四方形，坐北朝南排列在一条直线上，整座建筑以灰色调为主，古朴大方，堪称北方大型民居建筑的极品。

燕翼围　位于江西省龙南县杨村镇。建于清顺治七年至康熙十六年（1650－1677年）。系赣南富户赖福之，为避明末清初战乱而建。围屋呈方形，基墙为长方体花岗石，上砌坚厚风火墙，全围四层房，对角四边设炮楼。燕翼围高大坚固，功能齐全，集居住建筑与军事堡垒于一身。因其高大易守，可闭关自守一年不出围，而有“高守围”俗称。

种福堂　南宋名臣王渊后裔的宅院。位于浙江省嘉兴市嘉善县西塘镇。北宋为金所灭后，王渊拥立康王赵构为帝，是为南宋高宗。元朝末年，其子孙为了躲避战乱而定居嘉兴，后又移居西塘，成当地望族。种福堂建于清朝顺治康熙年间，共有八进，沿河临街进门。为典型的清代江南大宅民居建筑。

王家大院　位于山西省灵石县静升镇。由历史上灵石县四大家族之一的静升王家于清康熙、雍正、乾隆、嘉庆年间先后建成。静升王氏于清代时由小本买卖逐步发展为豪商巨贾，遂成山西一名门望族。建筑依山势而建，规模宏大，拥有“五巷”、“五堡”、“五祠堂”。其中五座古堡的院落布局分别被喻为“龙”、“凤”、“龟”、“麟”、“虎”五瑞兽造型。木雕、砖雕、石雕极为精美。

醇亲王府　又称北府，光绪帝之父醇亲王奕譞的新府邸。位于北京市西城区后海北沿。前身是清初大学士明珠的宅第。明珠，康熙宠臣，其子纳兰性德为清著名词人。奕譞的原王府在太平湖东里，因光绪帝生于此府，成为潜邸，故光绪继位后醇王必须迁出。为区别，醇王原在太平湖的王府称南府，后海北沿的新王府称北府。西部为王府花园，东部为宅第，分为东、中、西三路。是北京市保存最完好的王府之一。

喀喇沁亲王府　位于内蒙古赤峰市喀喇沁旗王爷府镇。始建于清康熙十八年（1679年），先后有十二代喀喇沁旗蒙古王爷在此袭政。占地面积130余亩，房屋490余间。其建筑规模之大为内蒙古49旗蒙古王府之首。王府建筑仿制北京故宫，气势恢宏，殿宇森严，集塞北地区、蒙古民族、藏传佛教三大建筑特色于一身，被誉为“中国最大的蒙古王府博物馆”。

和硕恪靖公主府　清康熙皇帝第六女和硕恪靖公主下嫁喀尔喀蒙古土谢图汗亲王敦多布多尔济后居住的府邸。位于内蒙古呼和浩特市。约建于康熙三十六年至四十五年（1697－1706年）。康熙二十七年（1688年），为巩固漠北、漠西边防，康熙将爱女恪靖公主下嫁，对最终击败噶尔丹反叛，完成全国大一统版图起过重要政治作用。公主府是一座仿故宫御花园的宫殿式建筑群，为全国保存最完整的清朝公主府。

孚王府　清康熙皇帝第十三子怡亲王允祥的府第。位于北京市东城区。始建于清雍正年间。康熙皇帝去世后，由第四子胤禛即位为雍正皇帝，雍正即位遭到其多数兄弟的反对，允祥是少数支持他的兄弟之一。雍正封允祥为怡亲王，并为他营建了怡亲王府。孚王府坐北朝南，府中建筑布局可分为东、中、西三路，严谨规整，是清代王府的典型建筑，也是北京现存较完整的少数王府之一。

牟氏庄园 位于山东省栖霞县古都镇。系大地主牟墨林及其后裔所建的住宅。牟氏于清雍正年间迁居古镇都，至民国晚期，牟氏共有耕地、山林18万余亩，并在多地开设当铺、钱庄、杂货店、药铺、缫丝厂、油坊、粉坊、咖啡馆等。庄园于清雍正年间始建，到民国时形成至今规模，布局为三组六院形式，有房舍480多间，是较为典型的胶东民居。为中国北方规模最大、保存最为完整的地主庄园之一。

丁氏故宅 位于山东龙口市。丁氏以开当铺、钱庄发家，为清代中期胶东巨富，素有“丁百万”之称。现存的丁氏故宅始建于清雍正年间，建成于道光年间，为丁氏家族“西悦来”支系的住宅。整个建筑形成一个“丁”字，由爱福堂、履素堂、保素堂、崇俭堂四处大院和私家园林漱芳园组成。建筑风格兼具北方贵族府第和胶东民居的神韵。

沈厅 原名敬业堂，清末改名为松茂堂。位于江苏省昆山市周庄镇。系明初大富豪沈万三后裔沈本仁之私宅。建成于清乾隆七年（1742年）。沈厅由三部分组成，前部是水墙门、河埠，中部是墙门楼、茶厅、正厅，后部是大堂楼、小堂楼、后厅屋，是典型的前厅后堂建筑格局。前后屋之间均由过街楼和过道阁所连接，形成庞大的走马楼，为江南同类建筑物所罕见。

网师园 位于带城桥路阔家头巷11号，被誉为苏州园林之“小园极致”。原为南宋淳熙年间吏部侍郎史正志所营“万卷堂”故址，清乾隆年间由光禄寺少卿宋宗元重建，乾隆末又有增修。园小巧精雅，园宅互融，东部为宅第，中部为主园，西部为内园，以水池为中心，周遭建筑错落，花木扶疏，景致层次分明，富于变化。为苏州世家宅园相连布局的典型。

恭王府 又名翠锦园，位于北京西城区。前身为清乾隆时大学士和珅的邸宅。嘉庆四年（1799年）和珅因罪赐死，一度改为庆王府。以后咸丰将庆王府收回，转赐其弟恭亲王奕訢，是为恭王府。侯仁之先生称之为“一座恭王府，半部清代史”。恭王府建筑可分为府邸和花园两部分，融江南园林与北方建筑格局为一体。府邸分为中东西三路，各由多进四合院组成，花园建筑也约略形成中东西三路，散置叠石假山、曲廊亭榭、池塘花木。为北京现存最完整、布置最精的一座清代王府。

渠家大院 地处山西省祁县。晋商巨贾渠氏家族宅第。渠氏是清代著名商业金融资本家，其票号中最著称者为“三晋源”。渠氏当年在晋商票号大本营的祁县县城内建有40个院落，人称“渠半城”。渠家大院现存8个院落，始建于清乾隆年间。整体院落外观为城堡式，高峻威严，气象森然。建筑彩绘华丽，雕刻精良。宅内大戏台更是山西民居戏楼的代表。

柳亚子故居 原名“赐福堂”。位于江苏省吴江市黎里镇。原为清乾隆直隶总督、工部尚书周元理私邸，落成于乾隆四十五年（1780年）之前。柳亚子，近现代著名爱国民主人士和诗人，1922－1937年柳亚子向周家后裔典租居住于此。前后六进，外观高大轩敞、气势雄伟。布局既遵循传统礼制，又具有自身的特色，是同时代、同类型民居建筑中的上乘之作。

锦江楼 位于福建省漳浦县深土镇。清乾隆五十六年（1791年）由漳浦富户林升泽始建，嘉庆八年（1803年），其妻李灿续建。楼圆形，为三圈内通廊式土楼。内圈高三层，一层正北间作为祖堂，二楼木结构内向通廊，三楼全圈无隔间，顶端又凸起一间为主楼。中圈高一层，隔为24间，组成七单元。外圈均为平房，隔为37间。为福建最完好的土楼之一。

蔡元培故居 位于浙江省绍兴市。故居建筑始建于明代晚期，清重建，为蔡氏祖居。蔡元培，出身科举，近代著名政治家、教育家，历任光复会会长、北京大学校长、中华民国教育总长、中央研究院院长等职。蔡元培出生于此。主体建筑坐北朝南，共三进，每进三或五开间，中间有天井相隔，是绍兴传统的“台门”建筑。

黄山八面厅 位于浙江省义乌市上溪镇黄山五村。建于清嘉庆元年至十八年（1796－1813年）。宅主陈子寀，俗称伯寅公，为当时义乌著名的火腿商人。八面厅是宗祠与居住相结合的浙中民居建筑，布局结构独特，在中轴线两侧分别有四个三合院朝向中轴线，形成两条副轴线与中轴线相交，当地把这种做法称为八面朝厅。内部雕刻景致绝伦，为东阳木雕发展到顶峰时期的杰出代表。

关西新围 位于江西省龙南县关西镇。建于清嘉庆三年至道光七年（1798－1827年）。关西新围开基祖徐老四，做木材生意起家，创“西昌”商号。关西新围呈正方形，整体结构如巨大的“回”字，围屋的核心建筑就在中间的“口”字部位，其构造是在客家民居“三进三开”特征基础上扩大为“三进六开”，从而形成“九栋十八厅”大型客家民居的典型建筑。

曹家大院 亦称“三多堂”，位于山西省太谷县。曹氏家族为晋商巨富，清道光、咸丰年间时为中国一举足轻重的庞大商业集团。曹氏家族各门中以“三多堂”一门最为显赫，曹家大院即曹氏三多堂一门所兴建的主要宅院。由15个规模不等的院落组成一个巨大的“寿”字形。布局谨严，建造考究，高低相间而主次分明，错落有致又浑然一体。

康百万庄园 位于河南省巩义市康店镇。康氏家族历经明、清、民国三时代，财势盛极一时，被民间称为“三大活财神”之一。始建于清道光年间。庄园是一座与外界隔绝的砖石结构的城堡型建筑，其围墙环绕山腰一周，临街建楼房，靠崖筑窑洞，濒河设码头，综合了宫廷、庙宇、民房、园林等建筑式样，兼有华北地区和黄土高原的建筑特色。因它背依邙山，面临洛水，又有“金龟探水”之称。

师俭堂 位于江苏省震泽镇。师俭堂系震泽镇望族徐氏家族的堂名。道光年间，徐氏为镇上首富，家族世代经营丝业、米业兼营房地产。始建于清道光年间，重建于清同治三年（1864年）。原三面临水，一面临街，为一集河埠、行栈、商铺、街道、厅堂、内宅、花园等于一体的江南民居古建筑群。是反映晚清水乡工商绅士坐行经商的颇具时代和地方特色的代表性建筑。

大屯土司庄园 位于贵州省毕节市大屯乡。清道光年间彝族土司余象仪始建，后由彝族土司余达父多次扩建、增修。余达父为晚清举人，中年东渡扶桑求学，并参加了同盟会。庄园坐东朝西，依山势而建，层层深进、重重抬高，整体布局为中轴大体对称的三路构筑，各路皆有三重堂宇，其石作、木作以及家具雕刻具有鲜明的彝族特色。为国内鲜见的保存较为完整的清代彝族土司庄园之一。

东莞可园 位于广东省东莞市城区。为莞城人张敬修的私家宅园。张敬修以例捐得官，官至广西按察，后被免职回乡，便修建可园。始建于清朝道光三十年（1850年）。园内建筑多以“可”字命名，如可楼、可轩、可堂等，清一色的水磨青砖结构。布局高底错落，曲折回环，极富南方特色，是广东私人宅园的珍品。张敬修于金石书画、琴棋诗赋，样样精通，又广邀文人雅集，使可园成为清代广东的文化策源地之一。

承志堂 位于安徽省黄山市黟县宏村。清末大盐商汪定贵住宅。建于清咸丰五年（公元1855年）。整栋建筑为木结构，全屋分内院、外院、前堂、后堂、东厢、西厢、书房厅、鱼塘厅、厨房、马厩等，还有搓麻将牌的“排山阁”，吸鸦片烟的“吞云轩”。另有保镖房、佣人房。内部砖、石、木雕装饰富丽堂皇，其木雕在徽派建筑中堪称一流。是世界文化遗产宏村的精华所在。

可园 位于北京市东城区。清光绪年间大学士文煜的宅第花园。建成于咸丰十一年（1861年）。文煜，满洲正蓝旗人，胡雪岩败落时文煜为其最大债权人，曾接收胡雪岩府及胡庆馀堂。宅第由五座院落并联而成，规模广阔，布局谨严，山池亭榭俱全，花园部分仿苏州拙政园和狮子林。可园建筑布局和形式都很灵活，是中国北方私家宅园中保存较好的实例。

郁泰峰宅 位于上海市南市区。清代沙船商郁泰峰的住宅。世居上海县城乔家浜，继父兄事业经营郁森盛沙船号，拥有沙船近二百艘，并开设钱庄、商号、典当等百余家，企业遍布申江。建于清道光五年（1825年），主宅是五开间四进楼房。整幢建筑沿中轴线对称排列，属三进九庭心格局。宅西原有乔氏宜园，后郁氏购得改名“借园”。

遂养堂 位于上海市嘉定区。清工部尚书张祥河宅。张祥河，清松江府人，工诗、文、书、画、篆刻。建成于清道光二十六年（1846年）。占地近10亩，有9进屋宇，现存4进3庭。前两进为5开间的走马楼。南有松风草堂，乃三开间明式圆作厅堂。庭院内有四铜鼓斋，张祥河曾于粤西得汉代伏波将军铜鼓4只，乃以“四铜鼓”为斋名。

俞樾故居 位于江苏省苏州市。俞樾，浙江德清人，号曲园居士，清道光三十年（1850年）进士。曾任翰林院编修、河南学政。罢官后移居苏州，潜心学术达40余载，先后主讲苏州紫阳学院、杭州诂经精舍、上海求志书院等，许多著名学者章太炎、陆润庠、吴大徵等均出自其门下。其曾孙俞平伯亦为著名学者。故居建于同治十三年（1874年），由俞樾亲自规划，住宅西北构筑小园"曲园"，取老子"曲则全"之意。

杨柳青石家大院 又名"尊美堂"。位于天津市杨柳青镇。宅主杨柳青石氏家族为清中叶以后天津著名豪族，天津八大家之一，从事漕运而发家。"尊美堂"为石氏诸堂中最兴盛一支，遂成石氏宅院代名词。石家大院始建于光绪二年（1875年），为典型北方四合院民居，其建筑结构独特，砖木石雕精美，结合了王宫官邸与大户民宅的建筑形式。

姜氏庄园 位于陕西省米脂县。庄园是陕北最大的财主姜耀祖投巨资亲自监修的私宅。建于同治十三年至光绪十二年（1874－1886年）。姜耀祖，清末到民国初期米脂东乡富甲一方的大财主，拥有土地二万亩。整个庄园依山而建，由下院、中院、上院和寨墙、井楼等部分组成，主体建筑为"明五暗四六厢窑"式窑洞院落。整个建筑设计奇妙，工艺精湛，是现存最大的城堡式窑洞庄园。

崇礼住宅 位于北京市东城区。崇礼，汉军正白旗人，清光绪年间大学士，和皇室有姻亲关系。崇礼于同治年间任粤海关监督，中饱私囊而致富，任满回京后即营建了这座豪宅。这座宅院坐北朝南，分主院、跨院和花园三部分，布局宽敞，屋宇华贵，主院正房内部的装修尚保留完整的木隔扇及崇礼亲题刻字，是北方典型的贵族府邸。崇礼住宅曾号称"东城之冠"。

冯子材旧居 原名宫保第，位于广西钦州市沙埠镇。冯子材为晚清著名将领，曾在中法战争镇南关战役中大败法军。清廷因战功授予太子少保加封尚书衔，宫保第因而得名。旧居建于光绪元年（1875年），包括三个小山丘，状如伏虎，周围环以墙垣，屋分三进，每进三栋，每栋三式，构成富有地方特色的"三排九"建筑模式。建筑风格简朴典雅，系典型的晚清南方府第建筑。

杨氏民宅 位于重庆市潼南县双江镇。系该镇首富杨守鲁的家宅。始建于清光绪四年（1878年）。杨守鲁，其父经营的"杨三泰"为当时涪江沿岸最大的商号，两子皆为民国时政府官员。此宅平面按中轴线布局，由四个大单元围成组合式四合院，规模宏大，造型隽逸，雕刻精致，是清代长江上游民间建筑的典型实物。

退思园 清代任兰生宅园。位于江苏省吴江市同里镇。任兰生，曾任安徽兵备道，于清光绪十一年（1885年）革职回乡，遂请本镇画家袁龙设计此园，光绪十三年（1887年）建成。退思园的主题建筑宅分东西两侧，西侧建有轿亭、茶厅、正厅三进，东侧内宅，建有南北两幢各五楼五底的"畹香楼"。园林部分以水为中心，建筑皆紧贴水面，园如浮于水上。是晚清私家园林建筑的经典。

小莲庄 清光绪年间南浔首富刘镛的庄园。位于浙江省湖州市南浔镇。始建于光绪十一年（1885年），后经刘家祖孙三代四十年的经营，由刘镛的长孙刘承干于民国十三年（1924年）落成。因慕元代大书画家赵孟頫湖州"莲花庄"之名，故名"小莲庄"。小莲庄以义庄、家庙和园林三部分组成，小莲庄旁还有刘承干所建现存中国规模最大的私人藏书楼之一——嘉业堂藏书楼。

陈芳家宅 首任清政府驻檀香山总领事陈芳的故居。位于广东省珠海市。陈芳，年轻时到檀香山经商，经营甘蔗种植和制糖业，娶夏威夷国王义妹为妻，被选举担任夏威夷国会议员，后返回故乡，热心于家乡公益事业。此宅建于光绪十二年至十七年（1886－1891年），结合了西方文化及中国建筑传统，整座建筑雕梁画栋，具有突出岭南风格。宅旁陈家花园存有梅溪石牌坊三座，也采用了罕见的西式手法。

吴氏宅第　位于江苏省扬州市。始建于清光绪十四年（1888年），由浙江宁绍道台吴引孙在任上聘请浙江工匠在扬州修建而成。整个宅第为长方形大院落，分为东、西两路，规模宏大，结构精巧，雕工精致，建筑手法融合宁波和扬州传统建筑风格。宅内测海楼为著名藏书楼，全盘模仿宁波藏书楼“天一阁”，名冠一时。

魏氏庄园　位于山东惠民县魏集镇。建于清光绪十六年至十九年（1890 － 1893年），是缙绅地主魏肇庆的宅第。魏氏家族是清代鲁北地区著名的望族，在华北地区经商、设银号、开钱庄和当铺。魏氏庄园占地40余亩，平面布局呈“工”字型，由住宅、花园、池塘、祠堂、广场五个部分组成。庄园将具有中国古代军事防御功能的城垣建筑与北京四合院及南方阁楼式民居融为一体，构成了风格独特的城堡式建筑群。

薛福成故居　原名钦使第，位于江苏省无锡市崇安区。薛福成是中国近代历史上著名的思想家、外交家，曾任驻英、法、意、比等国公使。故居建于清光绪十六年至二十年（1890 － 1894年），因其外交有功，赐其住宅为“钦使第”。宅第有三条轴线组成，主要建筑为木结构楼阁、厅堂，规模宏大，雕刻精细，具有在传统建筑基础上吸收西方文化的建筑风格，以及开放式园林格局。

刘永福旧居　原名三宣堂。位于广西钦州市板桂街。刘永福于1867 — 1885年在越南期间，积极援越抗法，屡败法军，立下赫赫战功，被越南阮氏王朝封为三宣提督。中法战争结束后，刘永福回国定居，于光绪十七年（1891年）营建公馆，即取名三宣堂。三宣堂为院落式布局，共有大小厅房119间，用料考究，工艺精湛，是别具一格的晚清南方府弟建筑。

林本源宅　位于台湾台北县板桥镇。福建漳州移民林氏家族的住宅花园。“林本源”是代表林家的家号，板桥林氏为晚清台湾有名的商业世家。建成于清光绪十九年（1893年）。宅园建筑分为三落旧大厝、五落新大厝和花园别墅三大部分，为典型的台湾客家建筑风格，其巧构精工，闻名岛内外，素有“园林之胜冠北台”之雅号，为台湾现有古式私宅与庭园的代表。

莫氏庄园　清末平湖豪绅莫放梅之宅第。位于浙江省平湖市当湖镇。始建于清光绪二十三年（1897年）。莫放梅为平湖大木材商，历时三年兴建此庄园，耗资十万两白银，此后莫放梅祖孙三代相继在此居住了半个多世纪。主体结构为左中右三组建筑，前后四进，其间点缀三座小巧玲珑的花园，布局对称而又不失灵活，为典型的清末江南民居风格。

喜州严宅　位于云南省大理市喜州镇。宅主严氏，为清光绪年间滇西著名商号“永昌祥”的老板。严宅为“一进四院”格局，又称之为“六合同春”，前边两院为“三合一照壁”式样，即南北西三面是楼房，东面是一堵白族建筑特有的照壁。后边两院中，前院为“四合五天井”，后院为“小四合院”，为典型的传统白族民居。

南浔张氏旧宅　位于浙江省湖州市南浔镇南西街。国民党元老张静江堂兄张石铭的私家住宅。建于清光绪二十五年至三十二年（1899–1906年）。旧宅坐西朝东，分为南、北、中三部分，前面数进为晚清中式建筑，南、中部后进为西欧巴洛克式风格的建筑群。旧宅内保存有大量书法名家的手迹，装修部分大量采用西欧的材料及工艺，集东、西方建筑艺术于一体。

董府　清末著名将领甘肃提督董福祥的府邸。座落于宁夏吴忠市金积镇。董福祥，固原人，曾追随左宗棠参加收复新疆的战役，屡立战功，战后率部戍守西陲十数载。因董福祥官加太子少保衔，又称“宫保府”。始建于光绪二十八年（1902年）。由内寨、外寨、护府河和主体建筑群落四部分组成。主体建筑群布局呈“三庭六院”宫廷式庭院，结构精巧，工艺精湛，在西北地区极为少见。

汪氏小苑　位于江苏省扬州市。清朝末年徽商汪竹铭私宅。民国初年其长子汪泰阶率诸兄弟二次扩建。汪竹铭为清末民初扬州著名盐商。组群布局规整，住宅横为三路并列，纵为主房三进延伸，前后中轴贯穿。小苑以住宅为主，苑则相辅，苑面积不大，故称“汪氏小苑”，小苑为四角花园布局。是扬州现存保存最完好的清末民初盐商住宅之一。

刘氏庄园　四川大地主刘文彩的私家住宅。位于四川省大邑县安仁镇。刘文彩，其先祖为安徽人，明末入川移居大邑县，民国时于军阀混战中攫取军事、政治权力，而获得大量田产。庄园由由南北相望的两个大建筑群老公馆、新公馆组成，始建于清末，至民国末年修建完成。整个庄园为一组中西结合式建筑群，既有中国封建豪门府邸的遗风，又吸收了西方城堡和教堂建筑特色。

春在楼　俗称雕花大楼，位于江苏省苏州市东山镇。建于民国十一年至十四年（1922－1925年），是当时上海棉纱商人金锡之出资，由其弟金植之在东山金家老宅“亲德堂”北侧购地营建。因门面向东，取“向阳门第春常在”之意而命名。春在楼集传统砖雕、木雕、石雕之大成，又大量引进西方建筑技艺，是苏南地区近代民居建筑雕刻艺术承上启下的代表作。

黄家花园　黄金荣家祠、郊居别业。位于上海市徐汇区。始建于民国二十年（1931年）。黄金荣，民国时重要政治人物，上海滩上显赫一时的“三大亨”之首。民国三十六年（1947年）为黄金荣80寿辰，蒋介石曾亲自来黄家花园祝寿。主建筑四面厅名“四教厅”。园具中国古典园林风格，建筑物主体在于中轴线，每一建筑物又旁衬亭台等小建筑物。园内遍植桂树达数十种。

已毁大宅第名录选

胡腾

梁冀宅 梁冀，东汉贵戚权臣，为官二十余年，专擅朝政，以至废立天子。在擅政专权之外，梁冀更大起邸舍园囿，用以显示其权势地位的显赫。梁冀宅园位于洛阳，方圆数十里，据称是调动属县卒徒予以营建，经数年乃成。其宅第部分“堂寝皆有阴阳奥室，连房洞户。柱壁胜镂，加以铜漆。窗璐皆有绮疏青琐，图以云气仙灵。台阁周通，更相临望。飞梁石蹬，凌跨水道”。后梁冀因罪被诛，其家产没官，宅第园林亦因此而被全部拆除。

袁广汉宅园 袁广汉，东汉著名富豪，据称其“藏银巨万，家僮八九百人”。袁氏宅园位于洛阳北邙山下，东西2 公里，南北2.5 公里。宅园内建有重阁修廊，徘徊连属，人行园中，到日斜影偏亦往往不能遍游。激流水注园中，构石为山，高十余丈，连亘数里。山水之间培植着各种奇树异草，又养有众多奇兽珍禽。后来袁广汉因罪被诛，园宅皆没入为官，其中鸟兽草木都被移入皇家上林苑中。

金谷园 西晋石崇的府宅园第，位于河南县金谷涧中（今洛阳西北），也称河阳别业。石崇之富，在西晋时无人能与之相匹敌，金谷园也成了奢华府第的代称。其主要建筑之一“崇绮楼”高可百丈，乃石崇著名美妾绿珠起居之处。《世说新语》描述石崇在金谷园的生活：“姬妾百数，奴仆八百，珍宝半积，堂宇宏丽，丝竹尽当时之选，庖膳穷水陆之珍。”后来石崇的仇家孙秀得势，收斩石崇于东市。至唐时，金谷园已成荒芜一片。

潘岳宅 位于河南洛阳。潘岳，后代又俗称潘安，西晋著名文士，中国历史上有名的美男子。潘安少时即有奇童之称，历任著作郎、给事黄门侍郎等职，参与金谷文人二十四友之游，是其中的首要人物，后在八王之乱中被害。潘岳写有《闲居赋》自记其宅：“背京沂伊，面郊后市。浮梁黝以迳度，灵台杰其高峙。…… 爰定我居，筑室穿池，长杨映沼，芳积树离，菡萏敷披，竹林蓊蔼，灵果参差。”

始宁别墅 东晋至南朝时谢玄、谢灵运祖孙所经营的山居别业，位于会稽始宁县（今浙江上虞）。谢玄，东晋著名将领，宰相谢安之侄，于淝水之战中大败前秦军队。谢灵运，晋宋时著名诗人，有山水诗鼻祖之称。谢玄所建主要是在南山，宅前临江，隔岸见山，山中还别有精舍之处。至谢灵运时，在其祖所建旧宅之北又造新居，于山水间因地形葺构屋宇，还建有经台、讲堂、禅室、僧房等。始宁别墅顺应自然的情趣奠定了后代文人宅园的基调。

湘东苑 南朝梁元帝萧绎登基前所营建的府邸园林，位于江陵子城中，因萧绎当时封湘东王，故园名湘东苑。萧绎自幼博涉群艺，尤其于绘画极有造诣，因此湘东苑的营造颇见其艺术功力。湘东苑穿池构山，长达千米，格局以山为屏障，以水为中心，环池设置殿宇亭榭。宅第的主要建筑有芙蓉堂、禊饮堂、正武堂、连理堂、修竹堂、映月亭、隐士亭、临风亭、临水斋、阳云楼、明月楼等。

虢国夫人宅 位于唐代长安宣义坊。虢国夫人，唐玄宗贵妃杨玉环之姊。杨贵妃得宠于唐玄宗以后，请求唐玄宗将其三个姐姐一起迎入京师，唐玄宗称三人为姨，分别封为虢国夫人、韩国夫人和秦国夫人。三夫人并承恩泽，出入宫掖，势倾朝野，又竞相构筑宅第，每建一堂花费都在千万以上。这其中又属虢国夫人最为豪侈，《旧唐书》记载：“土木被绨绣，栋宇之盛，两都莫比。”又据《明皇杂录》所记，此宅之地夺自中书韦嗣立，新建中堂仅粉刷墙壁一项就预算工钱二百万，后实际支付还远过此数。

薛涛宅 位于唐代成都碧鸡坊。薛涛，唐代名妓和女诗人，姿容美艳，性敏慧，八岁能诗，洞晓音律，多才艺，声名倾动一时。当时成都的最高地方长官剑南西川节度使韦皋特别赏识薛涛，常命她来侍酒唱和，袭应宾客。从韦皋、高崇文、段文昌到李德裕，西川节度使共历十一届，他们均与薛涛有诗酒往来，关系极为特殊。此宅为薛涛晚年居所，宅边遍种菖蒲，宅内建有吟诗楼。

平泉庄　唐李德裕所建的别墅。位于唐东都洛阳城外。李德裕，唐代后期著名宰相、文学家。唐敬宗宝历初（约825年），李德裕开始营建平泉庄，周围五公里，其间建台榭不下百余，有书楼、瀑泉亭、流杯亭、钓台之属。因为他曾两度拜相，因此修建时即有许多人将远方奇石珍木，名贵禽兽送来，移于园中，致使园中景致有若仙府。李德裕先后题写了不少咏怀平泉庄的诗文。为唐代时最有名的私人别墅之一。毁于唐末。

白氏履道里宅　唐代诗人白居易府第。太和三年（829年），白居易以刑部侍郎告病归洛阳，履道里宅建在洛阳城东南，占地十七亩，"屋室三之一，水五之一，竹九之一"，又凿池塘、岛、桥于园中。后又在池东筑粟廪，池北建书库，池西修琴亭。宅园中环境优美，亭台水榭，竹木掩映。白居易自誉其宅云："都城风土水木之胜在东南隅，东南之胜在履道里，里之胜在西北隅。西闬北垣第一第，即为白叟乐天退老之地。"

富弼宅　又名富郑公园，因富弼封郑国公而得名。位于河南洛阳。富弼，北宋名臣，历仕真、仁、英、神宗四朝，官居宰相，为政清廉，为人恭俭，曾主持宋辽和谈，数十年无兵事，并与范仲淹等共同推行庆历新政，后因反对王安石新法而称疾求退。富弼宅分宅、园两部分，宅在园之西。据李格非《洛阳名园记》记载，富弼"自还政事归第，一切谢宾客，燕息此园，几二十年。亭台花木，皆出其目营心匠，故逶迤衡直，闿爽深密，皆曲有奥思。"

王拱宸宅　位于河南洛阳道德坊（今洛阳南关）。王拱宸，北宋大臣，历仕仁、英、神宗三朝，曾反对范仲淹庆历新政，王安石主持新法后参与富弼为首的"耆英会"，成为新法反对派。建于北宋熙宁（1068－1077年）年间。王拱宸宅营第甚侈，其主要建筑中堂起屋三层，上曰"朝元阁"，被人戏称为"巢居"。这种三层楼住宅在当时较为少见。

乐圃　北宋年间朱长文所构的隐居之所，在苏州城内西北隅。朱长文虽在19岁时已举进士，后因坠马伤足而不愿从吏趋，于是此地就成了他自己的隐居之所。依孔子所谓"乐天知命故不忧"，以及颜子"在陋巷而不改其乐"之意，名园为"乐圃"。乐圃占地约三十亩，当中辟为住宅，宅东置米仓、鹤室、蒙斋，宅西为园圃，以山林田野情趣为主要风格。其旧址后为苏州名园环秀山庄。

梦溪　即沈括住宅，位于江苏镇江。沈括，北宋著名思想家、科学家，在世界科技史上享有很高名望。据沈括《梦溪自记》中说，大约元佑元年（1086年）时，他到了镇江，看见城内东南隅这块地方，与自己十多年前梦中所游之地一样。于是，沈括在此买地建房，称之为梦溪。梦溪有土丘，其上栽有花卉，名曰百花堆，坡上建有茅舍，作为民居，又有岸老堂，可俯视梦溪。土丘以西是大片竹林，林中有轩、堂。其传世之作《梦溪笔谈》就在这里写成。

石湖别墅　南宋著名诗人范成大的旧居，位于平江府吴郡（今苏州南郊）石湖之畔。当年石湖周约10多公里，是太湖的内湾。湖东田圃相属、水港纷错。水光山色，颇为胜绝。范成大是南宋诗人中为官最为显达者。在居官之际，即开始营造石湖别墅，《苏州府志》称其别墅中有农圃堂、北山堂、千岩观、天镜阁、玉雪坡、锦绣坡、说虎轩、梦渔轩、绮川亭、明鸥亭诸胜。及其晚年以疾告退，荣归故里，就以此为宅，自号石湖居士。

韩侂胄宅 又名南园。位于杭州灵隐山下，滨临西湖。韩侂胄，南宋著名权臣。此宅原为御花园，庆元二年（1197年）吴皇后赐与韩侂胄。宅中有奇葩美木、清泉秀石、虚堂广厦、飞观杰阁。主要建筑“许闲堂”，由宋宁宗亲自题名。庆元五年（1200年），韩侂胄在此宅宴请陆游，请陆游作《南园记》，后又作《阅古泉记》以记其宅。陆游评价南宋以来私宅“莫能及南园之仿佛者”。

贾似道宅 又名“半闲堂”，位于杭州西湖葛岭。贾似道，南宋末权相。此宅原属皇家，由宋度宗赐予贾似道。此时蒙古攻南宋甚急，贾似道仍大兴土木，增建厅堂楼台。建成后的贾府前挹孤山，后据葛岭，两桥映带，一水横穿，宅内又飞楼层台，凉亭燠馆，华邃精妙。主要建筑“半闲堂”，是贾似道处理政务之地。另有“多宝阁”，用以收藏古玩珍宝。“养乐园”、“红梅阁”则是其金屋藏娇之所。贾似道荒废政事，镇日于此宅中寻欢作乐，故有“朝中无宰相，湖上有平章”之说。

遂初园 金代著名文士赵秉文宅园。位于河北磁州滏阳（今河北磁县）。赵秉文，宦至翰林侍读学士、礼部尚书，金代文坛盟主，诗、文、书、画皆工，著有《闲闲老人滏水文集》。遂初园占地三十余亩，主要建筑名“闲闲堂”，两侧建筑为读易思玄之所。另有味真庵、悠然台、琴筑轩、翠真亭、伫香亭等。

石亨宅 位于明代北京东城黄华坊（今石大人胡同）。石亨，明代著名权臣。景泰七年（1456）石亨帮助明英宗重登皇位，被封武清侯，英宗命所司为石亨营建住宅，石亨又在赐第旁大肆营建，遂成此宅。该府浩大，以宏伟华丽闻名当时。后英宗登翔凤楼上，看到这座偌大的府第，产生对石亨的不满。石亨后以“图谋不轨罪”下狱死，宅第没收入官。明万历年间，明神宗女寿宁公主下嫁冉兴让，将此宅改赐给冉驸马。冉驸马为府第取名宜园，为东城八大名园之一。清末宅废。

随园 袁枚宅园，位于南京北门桥外小仓山。袁枚，清代乾嘉时著名文学家。随园本称隋园，系康熙年间，织造隋公建宅于此，后渐倾颓。袁枚于乾隆年间购得此宅，加以改建后名曰随园。随园的建筑多楼，亭榭面水，游廊周接，各自成区。其宅内则居室，外则园林。因《红楼梦》作者曹雪芹所在的曹家，康熙年间任江宁织造，失势后迁居北京，隋园便建于南京曹宅的故址上，所以袁枚在《随园诗话》中说：“雪芹撰《红楼梦》一部，备记风月繁华之盛。中有所谓大观园者，即余之随园也。” 此说为胡适所赞同。

图书在版编目（C I P）数据
中国气质·大宅第／戴志康主编．－上海：文汇出版社，2006.11
ISBN 7-80741-103-1

Ⅰ.中...　Ⅱ.戴...　Ⅲ.居民－建筑艺术－中国
Ⅳ.TU241.5

中国版本图书馆CIP数据核字（2006）第128177号

特别鸣谢：上海证大集团

中国气质·大宅第

主　　编／戴志康
执行主编／郜晓琴
撰　　稿／胡腾　郜晓琴　陈东东　张乐天
摄　　影／施政　糜红恩　赵亢　唐浩
图　　片／郜晖　郑邦谦
翻　　译／李绚天
责任编辑／陈飞雪
装帧设计／周夏萍　陈晓菲
责任出版／王春晔
出版发行／文匯出版社
地　　址／上海市威海路755号
邮　　编／200041
经　　销／全国新华书店
印　　刷／上海精英彩色印务有限公司
版　　次／2006年11月第1版
印　　次／2006年11月第1次印刷
开　　本／787×1092　1/16
字　　数／200千
插　　图／324幅
印　　张／16.25
印　　数／1—1500
书　　号／ISBN7-80741-103-1/G·049
定　　价／180.00元